AF536230

R
ROMEON
VERLAG

Inhaltsverzeichnis

Einleitung

Aserbaidschan liegt ebenso wie seine Nachbarländer Armenien und Georgien im Kaukasus. Bis vor kurzem war es einfacher nach Georgien oder Armenien zu reisen, aber im Jahre 2017 hat Aserbaidschan seine Visapolitik umgestellt und das Verfahren sehr erleichtert.

Nun gehört auch Aserbaidschan zu den einfach und unkompliziert zu bereisenden Zielen und ist deshalb nicht nur für Kaukasus-Fans eine echte Alternative, sondern auch für Städtereisende. Das Land ist für private und geführte Rundreisen sehr attraktiv. Das Reisen im ganzen Land, bis in die abgelegenen Winkel, ist problemlos und bedenkenlos möglich. Im Großraum Baku ist das Reisen wegen der modernen Infrastruktur der Hauptstadt noch dazu sehr bequem.

In Aserbaidschan treffen sich die verschiedensten Kulturen. Im Norden überwiegt der russische Einfluss, im Süden der Einfluss des Irans. Über die Sprache hat auch die Türkei ihren Einfluss. Das Ergebnis ist eine besonders interessante Mischung.

Obwohl das Land hauptsächlich muslimisch geprägt ist, wird der Islam hier sehr progressiv gelebt. Alkohol wird fast überall getrunken.

Das Land besitzt viele historische und architektonische Sehenswürdigkeiten, ist aber auch landschaftlich in weiten Teilen sehr reizvoll. In den kleinen Bergdörfern des Großen und Kleinen Kaukasus scheint die Zeit stehengeblieben zu sein. Im ganzen Land kann man auf die freundlichen, hilfsbereiten, nie aufdringlichen Bewohner treffen.
Zu Aserbaidschan gehört die Exklave Nachitschewan, ein besonderes Ziel für Reisende, die abseits der üblichen Wege reisen wollen.

Ich habe Aserbaidschan als großartiges, vielfältiges, sicheres und sehr interessantes Reiseland kennengelernt. Es war sehr einfach, das Land auf eigene Faust zu bereisen. Da es allerdings touristisch noch am Anfang steht, nicht alle Hinweisschilder so deutlich sind, wie ich es aus anderen Urlaubsländern gewohnt bin, möchte ich meine Kenntnisse mit diesem Buch weitergeben.

Um die Erwartungen an dieses Buch richtig einzuordnen:
In diesem Reiseführer wird die Konfliktregion Bergkarabach nur im Überblick und mit allgemeinen Informationen vorgestellt. Zu dieser Region gibt es keine Reiseempfehlungen und keine Reisetipps.

→S.19 „Bergkarabach Konflikt“
→S.190 „Bergkarabach“
→S.229 „Visum/ Visa“
→S.232 „Vorsichtsmaßnahmen“

Außerdem sind in diesem Reiseführer keine Empfehlungen zu Hotels und Restaurants enthalten. Die Angebote dazu und die persönlichen Vorlieben sind ebenso unterschiedlich wie vielfältig, so dass man sich selbst im Internet bei den bekannten Suchmaschinen informieren und ggf. die Hotelübernachtungen auch sofort buchen kann.

Abb. 1: Großer Kaukasus bei Sheki

Aktuelle Zahlen und Daten im Überblick

Gründung	28.05.1918
Unabhängigkeit	18.10.1991
Staatsform	Republik
Legislative	Nationalversammlung, 125 Abgeordnete
Hauptstadt	Baku
Einwohner (offiziell)	2.000.000
(inoffiziell)	3.800.000
Größe	86.600 km²
- davon	3.170 km² Republik Arzach
- und incl.	5.500 km² Autonome Republik Nachitschewan
Einwohner	10.400.000
Bevölkerungswachstum	1,3 % / Jahr
Bevölkerungsdichte	119 Einwohner / km²

Länge der Landesgrenze	ca. 2.600 km
Nachbarländer	Russland, Georgien, Iran, Armenien und Türkei
Küstenlänge	ca. 800 km
Küste	Kaspisches Meer
Höchster Punkt	4.466 m Bazardüzü Dagi im Großen Kaukasus
Tiefster Punkt	- 28 m, am Kaspischen Meer
Längster Fluss	Kura, etwa 1.500 km
Größter See	Sarisu, etwa 67 km²
Amtssprache	Aserbaidschanisch
Währung	1 Manat (AZN oder ₼) = 100 Qəpik (Qäpi) Kurs zum Euro (2020) ca. 2:1
Zeitzone	Deutschland + 3h (zur Sommerzeit +2h) es gibt generell keine Sommerzeit
Telefonvorwahl	+ 994
Internet-TLD	.az
Flagge Grün:	Symbol für den Islam
Halbmond:	Ein weiteres Symbol des Islam
Stern:	Symbol für die acht perso-arabischen Buchstaben, mit denen der Name „Aserbaidschan" geschrieben wurde
Wappen	seit 1991, basiert auf dem ähnlichen Wappen von 1918

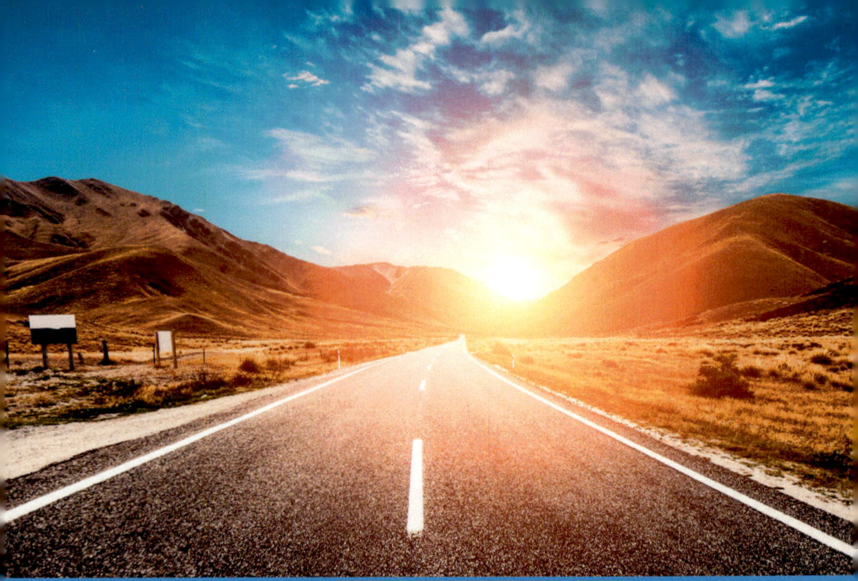

Highlights und Reiseziele im Überblick

Baku (S.90)
moderne Weltstadt mit historischer Altstadt am Kaspischen Meer

Halbinsel Absheron (S.115)
Ölförderung, Feuertempel, Nationalpark, Strände, Salzsee und brennender Berg

Qobustan State Reserve (S.131)
Petroglyphen in felsiger Landschaft, ein Zeugnis der Besiedlung seit tausenden Jahren

Qobustan Schlammvulkane (S.132)
ein eindrucksvolles Naturphänomen, das hier besonders häufig vorkommt

Shamakhi (S.126)
alte Khansgräber „Eddi Gyumbez“ und eine alte Moschee

Candycane Berge (S.123)
die Ausläufer des Großen Kaukasus sehen aus wie riesige Zuckerstangen

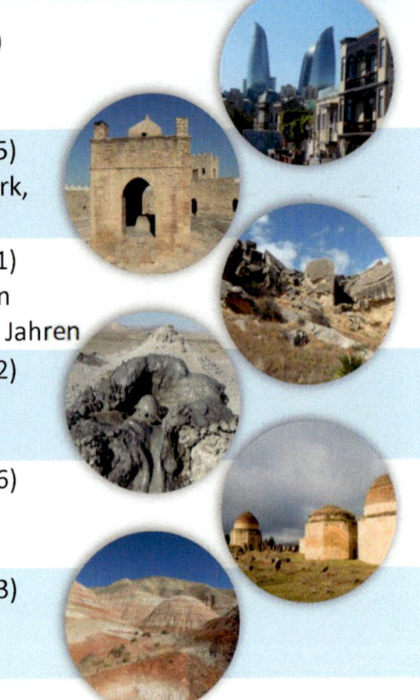

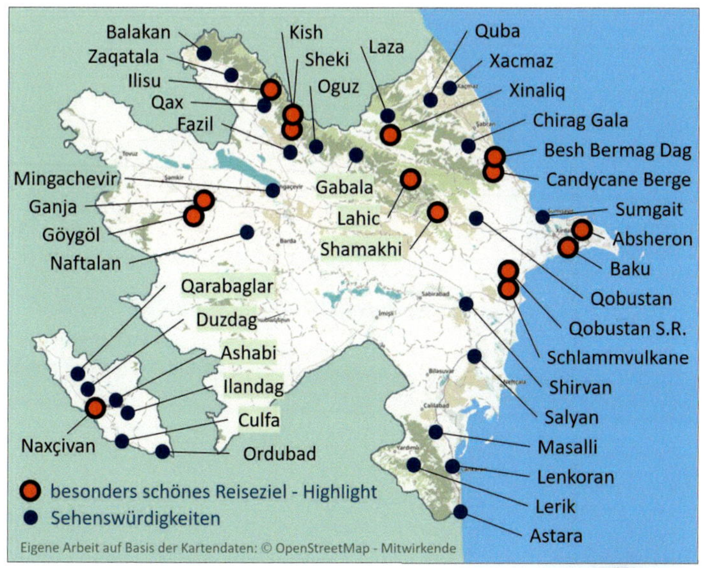

Besh Barmag Dag (S.122)
einer der berühmtesten Berge im Kaukasus, eine Pilgerstätte für Abergläubige

Xinaliq (S.140)
5.000 Jahre altes Bergdorf in 2.200 m Höhe, inmitten des Großen Kaukasus

Lahic (S.146)
traditionelles Bergdorf im Großen Kaukasus, im Tal des Girdimancay

Sheki und Kish (S.156/ 159)
Khanpalast, schöne Altstadt sowie ein Bergdorf mit historischer Bedeutung

Ilisu (S.161)
typisch kaukasisches Bergdorf am Treffpunkt zweier großer Gebirgstäler

Ganja und Göygöl (S.169/ 174)
die einstige Hauptstadt und eine frühere deutsche Siedlung im Kleinen Kaukasus

Nachitschewan (S.195)
die Hauptstadt der Autonomen Republik Nachitschewan sowie deren Umland

Allgemeine Informationen

Geschichte

Vor- und Frühgeschichte

Die besondere Lage Aserbaidschans, zwischen den hohen Bergen des Kaukasus und dem Kaspischen Meer, hat in vielfacher Weise die geschichtliche Entwicklung bestimmt. Hier kreuzten sich schon seit Anbeginn des Handels zwischen Europa und Asien die Karawanenwege, die den Orient und das Abendland miteinander verbanden. Wegen dieser exponierten Lage entwickelten sich in Aserbaidschan viele Kulturen und Gemeinschaften, von denen einige Zeugnisse heute noch vorhanden sind.

In der Gegend von Nachitschewan wurden bereits vor ca. 7.000 Jahren Lehmhäuser gebaut. Hier wurden auch Knochen von Haustieren und domestizierten Pferden gefunden.

Die Felsengravierungen in Qobustan bei Baku sind fast 12.000 Jahre alt. Die Darstellungen von Stieren, Pferden, Haustieren und Tänzen, die auch heute noch im Orient bekannt sind, liefern deutliche Hinweise. Besonders interessant ist es, dass in den historischen Darstellungen auch Boote vorkommen, deren besondere Bauart vom norwegischen Wissenschaftler Thor Heyerdahl erforscht wurde. Dabei gelangte er zu Erkenntnissen, die auf eine Verbindung Skandinaviens mit Aserbaidschan hindeuten.

Der erste Staat „Aratta", auf dem Gebiet des heutigen Aserbaidschans, soll bereits vor mehr als viertausend Jahren entstanden sein. Die antiken Nachfolgestaaten wurden von Dynastien türkischen Ursprungs regiert.

Diese türkischstämmigen Völker besiedelten das Gebiet seit der Antike. Sie waren Feueranbeter und Anhänger des Zarathustrismus, einer der ältesten Religionen der Welt, die heute noch ca. 300.000 Anhänger hat.

Der Name „Aserbaidschan" entstammt dem Türkischen und bedeutet „Land, edle Menschen, Bewahrer des Feuers".

Antike

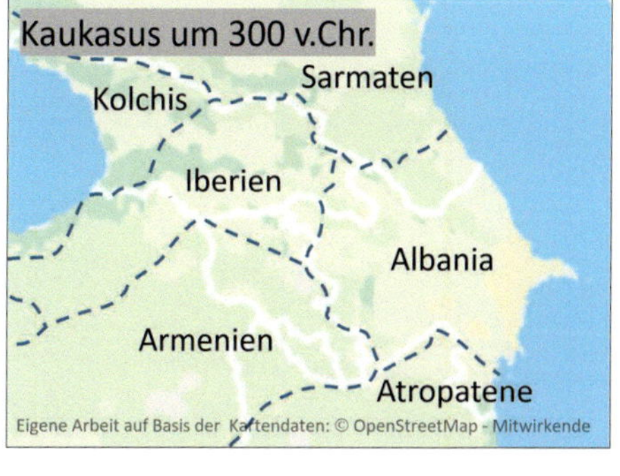

Unter Antike wird in etwa der Zeitraum zwischen 900 v.Chr. und 600 n.Chr. verstanden.

Im 9. Jh.v.Chr. entstand ein neuer Staat Manna, der im 7. Jh.v.Chr. unter die Herrschaft des Meder-Reiches kam.

Schließlich eroberte Alexander der Große, bzw. Alexander III. von Makedonien die Region. Nach seinem Tod im Jahre 323 v.Chr. bildete sich bald ein neues kaukasisch-albanisches Reich.

Im 4. Jh.v.Chr. entstanden daraus zwei aserbaidschanische Staaten, im Norden das kaukasische Königreich Albanien bzw. „Albania" und im Süden das unabhängige Königreich „Atropatene".

Die Völker Albanias gehörten unterschiedlichen Nationalitäten an, haben aber nichts mit dem europäischen Albanien an der Adria, zwischen Montenegro und Griechenland, zu tun. Eine Verbindung konnte nie nachgewiesen werden.

Das Land wurde 65 v.Chr. durch die römischen Streitkräfte unter der Führung von Gnaeus Pompeius Magnus, dem römischen Feldherrn, besetzt und damit zu einem Vasallen des Römischen Reiches.

Im 1. Jh.v.Chr. existierten mehrere kaukasisch-albanische Königrei-

che, deren Grenze zu Armenien damals vom Fluss Kura gebildet wurde.
Es kam häufig zu Kriegen gegen die Nachbarstaaten Armenien und Iberien, einem antiken georgischen Staat im Kaukasus.
Zu Beginn unserer Zeitrechnung waren die Völker Albanias von den Parthern, einem iranischen Volk, abhängig.
Im Jahre 313 nahm Albania das Christentum an, in dem der König Urnayr das Christentum zur Staatsreligion erklärte.
Der Islam und die zarathustrische Religion blieben auch weiterhin verbreitet. Die albanische Kirche vertrat das Christentum, war aber unabhängig von anderen christlichen Kirchen.
Nach dem Zerfall des iranischen Partherreichs auf dem Gebiet des heutigen Irans, zu Beginn des 3. Jhs., wurde kaukasisch Albanien gegen Ende des 4. Jhs. zum Vasallen des Sassanidenreiches, dem zweiten persischen Großreich im Altertum.
Im 6. Jh. eroberte Kyros II., der sechste persische König der Achämeniden-Dynastie, das heutige Aserbaidschan. Im Jahr 642 besetzten muslimische Araber ganz Persien und damit auch Albania.

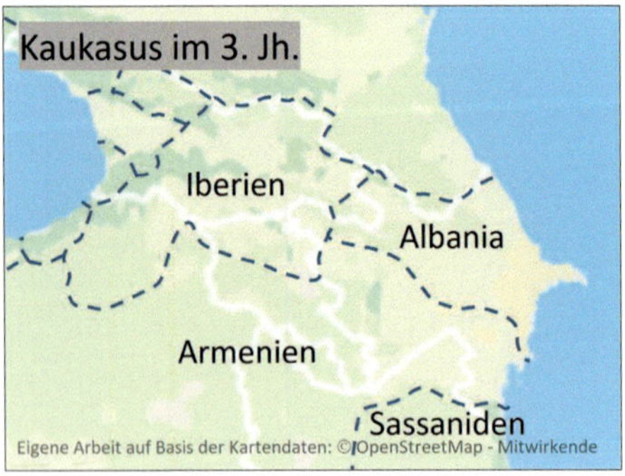
Kaukasus im 3. Jh.
Iberien
Albania
Armenien
Sassaniden
Eigene Arbeit auf Basis der Kartendaten: ©OpenStreetMap - Mitwirkende

Immer mehr Nomaden aus Zentralasien und Persien sowie Hunnen und Chasaren siedelten sich nach und nach an. Albania existierte etwa bis ins 9. Jh. als selbstständiger Staat.

Mittelalter

Unter Mittelalter versteht man etwa den Zeitraum zwischen dem 7. und 14. Jahrhundert.
Im Norden des heutigen Aserbaidschans entstanden im 7. Jh. die Staaten Derbent und Lekia. Bis ins 8. Jh. fielen arabische Truppen in diese Region ein und islamisierten das Land komplett. Dadurch verschwanden fast sämtliche Kirchen.
Ende des 8. Jhs. wurde das Reich der Schirwanschahs mit der Hauptstadt Shamakhi gegründet und am Ende des 9. Jhs. im Westen des Landes der neue Staat Ganja. Später entstanden in diesem Gebiet die Staaten Aserbaidschan und Aran. Kaukasisch Albania, das Königreich Albanien im nördlichen Kaukasus, wurde zu dieser Zeit

vom georgischen Staat Heretien erobert und hörte auf zu existieren.

Im 9. und 10. Jh. wanderten die Volksstämme der Oghusen, ein früherer türkischer Stammesbund, in dieses Gebiet ein.

Ab dem 11. Jh. kam es zu wiederholten Einfällen der Seldschuken, muslimische Türken, in das Gebiet Aserbaidschans, die schließlich ab Mitte des Jahrhunderts das ganze Land beherrschten.

Nachdem das Nachbarland Georgien gegenüber Aserbaidschan erstarkte, unterwarfen die Georgier Ende des 11. Jhs. die aserbaidschanischen Staaten Schirwan, Ganja, Lekia und Derbent.

1220 wurde der Süden Aserbaidschans vom iranischen Schah „Choresm“ erobert, während der Norden vom Mongolen Dschingis Khan (1162 - 1227) überfallen und ebenfalls erobert wurde. Wenig später, noch im 13. Jh., wurde auch der Süden Aserbaidschans von den Mongolen erobert. Der Staat der Schirwanschahs war zu dieser Zeit nur noch ein untergeordneter Teil im Mongolenreich. Nach vielen kriegerischen Auseinandersetzungen mit den Nachbarländern war das Reich Schirwan 1336 wieder unabhängig. Es war nun fast so groß wie das heutige Aserbaidschan. Allerdings waren noch einige kleinere Teile unter georgischer Herrschaft.

Ende des 14. Jhs. eroberte Timur Lenk (1336 - 1405), ein grausamer Militärführer und Eroberer aus Zentralasien, neben Persien auch weite Teile in Kaukasien und errichtete ein neues, mongolisches Reich. Im Laufe des 15. Jhs. wurden die Mongolen durch den erneut erstarkten Staat der Schirwanschahs wieder vertrieben. Dieser Staat nahm bald wieder große Teile des heutigen Aserbaidschans ein.

Frühe Neuzeit

Die Safawiden aus Persien gründeten im 15. Jh. ihr Reich im Süden Aserbaidschans unter Ismail (I.), der 1502 in Täbris zum ersten persischen Schah der Safawiden gekrönt wurde. Innerhalb des persischen Reiches spielte diese Dynastie der Safawiden eine wesentliche Rolle, sodass nicht nur die aserbaidschanischen Städte

Baku und Shamakhi, sondern auch die aserbaidschanische Sprache in Persien großen Einfluss hatten.
Im zweiten Osmanisch-Safawidischen Krieg (1578 - 1590) nahmen die Osmanen Aserbaidschan ein, allerdings eroberten die Perser dieses Gebiet noch bis zum Ende des 16. Jhs. wieder zurück.
Das Khanat Karabach entstand im Jahre 1606 und verteidigte sich lange erfolgreich gegen die Überfälle der Perser. (→S.19)
Schah „Abbas der Große“ (oder Abbas der I.), der aus der Dynastie der Safawiden stammte, regierte das Persische Reich zwischen 1587 und 1629. Die Bedeutung Aserbaidschans innerhalb Persiens nahm unter seiner Herrschaft ab. Auch die Hauptstadt Persiens wurde 1598 von Qazvin im Norden nach Isfahan im Süden Persiens verlegt, wodurch Aserbaidschan nur noch eine Provinz von Persien war.
Von 1722 bis 1723 kam es zum ersten Russisch-Persischen Krieg, ein persischer Feldzug Peters des Großen. Der russische Zar wollte den russischen Einfluss auf die kaukasische und die kaspische Region ausdehnen. Im Ergebnis des Krieges musste Persien große Gebiete im Nord- und Südkaukasus, sowie die Städte und dazugehörigen Regionen Derbent, Baku, Gilan, Schirwan Māzandarān und Astarabad, an Russland abtreten. Die Regionen Sheki, Schirwan und Salyan konnten sich im Zuge dieses Krieges wieder von allen fremden Mächten unabhängig machen.
1736 hat Nader Schah Afschar (1688 - 1747) ganz Aserbaidschan für Persien zurückerobert. Persien reichte nun vom Kaukasus im Norden bis zum Persischen Golf im Süden und bis zum Indus im Osten, im heutigen Pakistan. Nader Schah Afschar regierte Persien von 1736, bis er im Jahre 1747 ermordet wurde. Dadurch konnten in Aserbaidschan wieder unabhängige Khanate entstehen wie z.B. Sheki, Schirwan, Baku, Quba, Derbend, Talysh, Ganja, Karabach, Nachitschewan, Jerewan, Salyan, Cavad, Tabriz, Urmiya, usw. Diese bekriegten sich jedoch untereinander bis 1800.
Zu Beginn des 19. Jhs. führten das Russische und das Persische Reich

Abb. 4: eine schwäbische Familie in Helenendorf bei Ganja, 19. Jh.

erneut Kriege um die Vorherrschaft in dieser Region. So kam es zwischen 1804 und 1814 sowie zwischen 1826 und 1828 zu Russisch-Persischen-Kriegen.
Zunächst fielen Nachitschewan und Jerewan an das Russische Reich, später auch die Turkmantschai im heutigen Iran.
Die im Anschluss an diese Kriege 1828 festgelegte Grenze ist bis heute die aktuelle Grenzlinie zwischen Aserbaidschan, Armenien und Iran.
Anfang des 19. Jhs. führten die napoleonischen Kriege und der Hunger zunächst 140 Familien aus Württemberg als Siedler in den Kaukasus. (Abb. 4) Sie gründeten Helenendorf, das heutige Göygöl und Annenfeld, das heutige Shamkir, beide Städte unweit von Ganja.
(Ganja →S.169; Göygöl →S.174)

Neuzeit

1844 erfolgte die weltweit erste Erschließung einer Erdöllagerstätte auf Initiative des russischen Ingenieurs Semjonow in einem Ölfeld bei Baku. 1868 wurde vom russischen Zaren Alexander II. eine Lizenz zum Bohren nach Erdöl erteilt und 1871 begann die Förderung von Erdöl im großen Stil. In der Folge des 1. Weltkrieges beendete die sog. Februarrevolution in Russland im März 1917 die Zarenherrschaft. Darauf folgte die Oktoberrevolution 1917, die 1922 zur Gründung der Sowjetunion führte. Die provisorische russische Regierung setzte ein Komitee zur Verwaltung des südlichen Kaukasus ein. Dieses hatte das Ziel, aus den späteren Nachfolgestaaten Georgien, Armenien und Aserbaidschan eine Union zu schaffen, die Transkaukasische Demokratisch-Föderative Republik. Ab ihrer Gründung am 22. April 1918 existierte diese Union nur 5 Wochen.

Am 28. Mai 1918 wurde die erste Demokratische Republik Aserbaidschan (ADR) mit der Hauptstadt Ganja (ab September 1918 war die Hauptstadt Baku) gegründet. Jedoch waren die Rahmenbedingungen für den neuen Staat alles andere als günstig. Zwischen Frühjahr und Herbst 1918 kam es im Land zu zahlreichen Konflikten, die in Pogromen und Massakern gegen die Muslime und die Armenier gipfelten. (→S.20)
Dennoch war die Demokratische Republik Aserbaidschan die weltweit erste säkulare Demokratie eines islamisch geprägten Staates. Laut Verfassung wurden allen Bürgen gleiche Rechte garantiert, einschließlich des politischen Wahlrechts für Frauen.
Im Bemühen nach internationaler Anerkennung des unabhängigen Staates nahm eine Delegation der ADR an den Verhandlungen zum Friedensvertrag von Versailles (1919 - 1920) teil und erhielt im

Januar 1920 die Zusage einer internationalen Anerkennung.
Doch Unabhängigkeit der Demokratischen Republik Aserbaidschan wurde bereits im April 1920 durch den Einmarsch sowjetischer Truppen beendet. Lenin, der Regierungschef der Russischen Sozialistischen Föderativen Sowjetrepublik (RSFSR), rechtfertigte die Invasion damit, dass Russland ohne das Öl aus Baku nicht überleben könne. Von aserbaidschanischer Seite gab es gegen diese Invasion kaum Gegenwehr, denn man war seit 1919 mit den Kämpfen gegen Armenien um das Gebiet von Bergkarabach gebunden und damit auch geschwächt. Zunächst regierte eine russische Besatzungsregierung von Baku aus. Nur wenige Tage später, am 28. April 1920, gründete man die Aserbaidschanische Sozialistische Sowjetrepublik (ASSR), die am 12. März 1922 gemeinsam mit den ebenfalls durch die RSFSR besetzten Georgien und Armenien, Teil der Transkaukasischen Föderalunion wurde. Diese wiederum wurde am 13. Dezember 1922 zur Transkaukasischen Sozialistischen Republik umgewandelt, die damit als Sowjetrepublik ein Teil der UdSSR war.
Am 5. Dezember 1936 wurde diese Union der drei Kaukasusländer wieder aufgelöst, denn insbesondere aus Aserbaidschan und Georgien kam mit Beginn der 30er Jahre zunehmend Kritik am Staatenbund auf. Fortan waren Georgien, Armenien und Aserbaidschan wieder eigenständige Unionsrepubliken innerhalb der Sowjetunion. Als Teil der Sowjetunion begann direkt nach der Gründung der Aserbaidschanischen Sozialistischen Sowjetrepublik ein verhältnismäßig friedlicher Umbau der Gesellschaft nach sowjetischem Leitbild.
In den Schulen wurden die russische Sprache und Kultur besonders gefördert. Man führte das kyrillische Alphabet ein, anstatt des bis dahin verwendeten arabischen bzw. lateinischen Alphabets. Moscheen und Synagogen wurden geschlossen sowie in- und ausländischer Besitz enteignet.
Ab den 30er Jahren wurde versucht, die Nomaden sesshaft zu machen, um mit Kollektivierung eine industrielle Landwirtschaft mit allen Vor- und Nachteilen für Mensch und Natur einzuführen.
Nachdem 1985 Michael Gorbatschow in der UdSSR begann, mit Glasnost und Perestroika (zu Deutsch: Offenheit und Umgestaltung) auf die wirtschaftlichen und gesellschaftlichen Probleme und die Unzufriedenheit der Menschen in der Sowjetunion zu reagieren, sah man nun auch wieder die Chance gekommen, die Grenzen neu zu gestalten und an die ethnischen Realitäten anzupassen.
Im Jahre 1988 beantragte deshalb die armenische Bevölkerung, dass Bergkarabach aus der Aserbaidschanischen Sowjetrepublik herausgelöst wird und in die armenische Sowjetrepublik übergeht.

In einer Art bürgerkriegsähnlichem Zustand kam es 1988 auch zu mehreren ernsthaften Auseinandersetzungen zwischen den Volksgruppen in der Aserbaidschanischen Sowjetrepublik.

Glasnost und Perestroika führten schließlich zum Zerfall der UdSSR. So beschloss auch in Baku der Oberste Sowjet der Sowjetrepublik Aserbaidschans am 23.09. 1989 die Souveränität. Damit gab es aber einen weiteren Konflikt mit der Zentralregierung der UdSSR in Moskau, die offiziell natürlich noch die Kontrolle hatte.

Wegen der andauernden Auseinandersetzungen zwischen den Volksgruppen wurden schließlich im Januar 1990 durch Moskau der Ausnahmezustand über Aserbaidschan verhängt und Truppen entsendet. Während der militärischen Auseinandersetzungen gab es hunderte Tote und Verletzte, allein in Baku waren es 170 Tote.

Die Reformen und die Umgestaltung der UdSSR durch Gorbatschow gingen für viele ehemalige Weggefährten Gorbatschows zu weit. Sie wollten in einem Putsch - im August 1991 - den Staatspräsidenten der Sowjetunion Michail Gorbatschow absetzen, das Land wieder unter Kontrolle bringen sowie den Zerfall stoppen. Der Putschversuch war zwar nach drei Tagen beendet und auch Gorbatschow zunächst wieder im Amt, aber damit war auch klar, dass der Zerfall der Sowjetunion nicht mehr zu stoppen war. Nur wenige Tage nach diesem Putschversuch in Moskau, am 30. August 1991, rief Aserbaidschan seine Unabhängigkeit aus. Es wurde so zum Mitbegründer und Mitglied der GUS, der Nachfolgeorganisation der UdSSR, der Gemeinschaft Unabhängiger Staaten.

Der erste Präsident, Ayaz Mütallibov, regierte nur acht Monate, vom 18.10.1991 bis 14.05.1992. Seine Wahl galt als unfrei, deshalb sollten schnell freie Wahlen nach westlichem Vorbild folgen.

Am 07.06.1992 gewann Abulfaz Eltschibey diese ersten freien Wahlen. Auch er hatte nur eine kurze Amtszeit von ca. einem Jahr bis zum 25.06.1993, weil der inzwischen offene Krieg gegen Armenien und der Kampf um Bergkarabach seinen politischen Tribut forderten.

Abb. 5: Heydar Aliyev, 1997 (1923 - 2003)

Abb. 6: Ilham Aliyev, 2014

Am 3. Oktober 1993 wurde der ehemalige Chef der kommunistischen Partei in Aserbaidschan, Heydar Aliyev, der auch dem Politbüro in Moskau angehörte, zum Präsidenten gewählt. Zuvor hatte er sich vom Marxisten zum Nationalisten gewandelt und die neue Partei „Neues Aserbaidschan“ gegründet. Nun setzte er sich für die Unabhängigkeit seiner Heimat ein. Unter seiner Führung wurde 1995 das Präsidialsystem eingeführt. Unter Aliyev, der das Land mit harter Hand regierte, konnten auch die politischen Unruhen und der schwelende Konflikt mit Armenien (→S.19) beruhigt werden. Es kam zu Stabilität im Land.

Als sich die Gesundheit Aliyevs verschlechterte, ernannte er seinen Sohn Ilham Aliyev, geb. am 24.12.1961, zum Ministerpräsidenten. Er setze ihn 2002 als seinen, wie er meinte, würdigen Nachfolger im Präsidentenamt auch gegen andere aussichtsreiche Kandidaten durch.

Am 15.10.2003 wurde Ilham Aliyev in den Wahlen zur Präsidentschaft, die von internationalen Organisationen als nicht frei, unfair bzw. manipuliert bezeichnet wurden, vom Volk bestätigt. Kurze Zeit später verstarb Heydar Aliyev am 12.12. 2003 in den USA. Ilham Aliyev regiert das Land bis heute.

Zum Gedenken an seinen Vater sieht man heute im ganzen Land Statuen, Denkmäler und Plakate, die Heydar Aliyev darstellen, Museen, die ihm gewidmet sind sowie Plätze und Straßen, die seinen Namen tragen. Die Ehefrau von Ilham Aliyev, Mehriban Aliyev, ist die Vizepräsidentin von Aserbaidschan.

Abb. 7: Heydar Aliyev Denkmal in Quba

Bergkarabach Konflikt

In der Region von Bergkarabach (→S.190) herrscht seit Anfang des letzten Jahrhunderts ein dauerhaft angespanntes Verhältnis zwischen Armenien und Aserbaidschan.

Historische Ursachen

Die Armenier besiedelten dieses Gebiet bereits vor 3.000 Jahren.
Die armenische Kultur wurde schon früh vom christlichen Leben beeinflusst. Seit dem 4. Jh. ist das Christentum die offizielle Religion, sodass hier viele armenisch-orthodoxe Kirchen aus dem Mittelalter zu finden sind.
Auch die Aserbaidschaner, deren ursprüngliche Kultur seit dem 8. Jh. durch den Islam von Persien beeinflusst wurde, sehen in der Region von Bergkarabach ihre Wurzeln.
So ist diese Region für große Teile der armenischen und der aserbaidschanischen Bevölkerung von großer Bedeutung.
Das Khanat Karabach, das sich einerseits lange erfolgreich gegen persische Übergriffe zur Wehr setzte, aber andererseits auch zahlreiche benachbarte armenische Fürstentümer beherrschte, bestand zwischen 1606 und 1822. Anschließend gewann Russland die Vorherrschaft in dieser Region. Im Ergebnis des 3. Russisch-Persischen Krieges (1804 - 1813) wurde im Vertrag von Gulistan - ein Dorf in Bergkarabach - endgültig die russische Vorherrschaft anerkannt. Ab 1822 war das Khanat Karabach schließlich eine russische Provinz.
Unter der Herrschaft der russischen Zaren wurden u.a. neue Sitten und Bräuche, Gesetze sowie die russische Sprache eingeführt. Insbesondere die islamisch geprägte Bevölkerung in Aserbaidschan wollte sich an diese neuen Regelungen nicht anpassen. Das führte schließlich dazu, dass die russischen Machthaber die christlichen Armenier bevorzugten, u.a. bei der Vergabe von hohen Ämtern in der Ölindustrie und der Staatsverwaltung in Baku. Außerdem wurde die Ansiedlung der christlichen Bevölkerung (größtenteils Armenier) in muslimisch geprägten Gegenden gefördert. Die Aserbaidschaner fühlten sich dadurch im eigenen Land zunehmend diskriminiert. Es entstand eine Feindschaft zu den privilegierten Armeniern.

Beginn des Konfliktes

Zu Beginn des 20. Jhs. begriffen die aserbaidschanischen Einheimischen die Privilegierung der Armenier immer mehr als Ungerechtigkeit. Schließlich entwickelte sich daraus die Feindseligkeit zwischen diesen Völkern.
Es bedurfte im Jahre 1905 nur noch eines Funkens, der das Pulverfass zum Explodieren brachte. Ein Mord an zwei Aserbai-

dschanern führte zu großen Unruhen in armenischen Vierteln von Baku. Diese Auseinandersetzungen breiteten sich bis Bergkarabach aus und führten bis zum Folgejahr zu zahlreichen Opfern. Diese landesweiten Konflikte wurden immer brutaler ausgetragen. Es kam zu großen Zerstörungen und tausenden Toten auf beiden Seiten.

Das Verhältnis der Armenier und der Aserbaidschaner war ab diesem Zeitpunkt zerrüttet. Es entstand auf beiden Seiten ein Nationalismus, gerichtet vor allem gegen das jeweils andere Volk.

Weitere Entwicklungen

Im Frühjahr 1918 kam es in Baku und zahlreichen anderen Städten des Landes zu Pogromen gegen die Aserbaidschaner mit über 50.000 Opfern.

Am 28. Mai 1918 entstanden die beiden unabhängigen Staaten „Demokratische Republik Armenien" und die „Aserbaidschanische Demokratische Republik".

Die Feindschaft der Völker bestand jedoch weiter und wurde zunehmend offen ausgetragen.

Im Herbst 1918 rächten sich die Aserbaidschaner für die Gräueltaten im Frühjahr. Es kam in Baku zu Pogromen gegenüber den Armeniern mit bis zu 30.000 Opfern. Im Frühjahr 1920 ereigneten sich in Shushi (→S.192) erneut Massaker gegen die armenische Bevölkerung, wieder mit etwa 30.000 Opfern.

Noch im selben Jahr wurden diese unabhängigen Republiken unter russischer Herrschaft zu den Sowjetrepubliken „Armenische SSR" und „Aserbaidschanische SSR".

Um Konfliktherde zu beruhigen, sah es die Nationalitätenpolitik der Kommunistischen Partei der Sowjetunion unter der Führung von Josef Stalin vor, den großen Volksgruppen auch innerhalb der Sowjetrepubliken autonome Gebiete mit Selbstverwaltung zu ermöglichen, um die Identität und die Eigenständigkeit aller Volksgruppen zu wahren.

Allerdings war das Ergebnis im Falle von Bergkarabach nicht glücklich: Zunächst schloss man das umstrittene Gebiet um Bergkarabach an die Armenische SSR an und nur ein Jahr später, im Jahr 1921, wurde dies wieder rückgängig gemacht und der Aserbaidschanischen SSR angeschlossen, obwohl Bergkarabach damals mit einem Anteil von mehr als 90 % von Armeniern bewohnt war.

Bergkarabach wurde nun zwar zu einem autonomen Gebiet mit eigener Verwaltung und Kultur, dennoch begünstigte dieser Status die Unzufriedenheit der Armenier in Bergkarabach, weil sie Bestandteil der „falschen" Unionsrepublik waren.

Bis zum Ende der Sowjetunion konnte der schwelende Konflikt um Bergkarabach, auch innerhalb der zwischen 1922 bis 1936 bestehenden Transkaukasischen Sozialistischen Föderativen Sowjetrepublik, beruhigt bleiben, obwohl seitens Armenien in vier Memoranden regelmäßig vergeblich der Anschluss an Armenien gefordert wurde.

Das Ende der UdSSR

Mit Glasnost und Perestroika unter Michael Gorbatschow (→S.16) sahen die verschiedenen ethnischen Gruppen erneut die Gelegenheit, ihre Unabhängigkeit zu fordern.

Zunächst bat man 1988 in Moskau darum, dass Bergkarabach aus der Aserbaidschanischen Sowjetrepublik herausgelöst und in die armenische Sowjetrepublik eingegliedert wird.

Am 12. Juli 1988 wurde Bergkarabach in „Autonomes Gebiet Arzach" umbenannt und der Austritt aus der Sowjetrepublik Aserbaidschan verkündet.

Die Regierungen in Moskau und Baku beharrten jedoch auf den bestehenden Grenzen. Im September 1988 wurde der Ausnahmezustand verhängt. In der Folge kam es zu Flucht und Vertreibung. Ende 1989 erklärten die Einwohner von Bergkarabach einseitig den Anschluss von Bergkarabach an Armenien.

Noch vor den Unabhängigkeitserklärungen Armeniens am 21. September 1991 und Aserbaidschans am 18. Oktober 1991 erklärte Bergkarabach am 2. September 1991 die Unabhängigkeit und gründete die neue Republik Arzach.

Die Grenzen sind seitdem umstritten. Es kam nach wenigen Monaten zum offenen Krieg.

Bergkarabach-Krieg

Im Bergkarabach-Krieg von 1992 bis 1994 und den vorangegangenen Auseinandersetzungen ab 1988 verloren etwa 30.000 Menschen ihr Leben. Eine Mio. Menschen wurden vertrieben, Aserbaidschaner flohen aus Armenien und Armenier flohen aus Aserbaidschan.

Die Armenier siegten in diesem Krieg und konnten Bergkarabach sowie große Teile der angrenzenden aserbaidschanischen Gebiete zwischen Bergkarabach und der armenischen Grenze unter ihre Kontrolle bringen. Am 12. Mai 1994 trat ein Waffenstillstandsabkommen in Kraft.

Die selbsternannte Republik Arzach hat etwa 145.000 Einwohner und wird international von keinem Staat der Welt anerkannt, noch nicht einmal von Armenien selbst.

Bergkarabach gilt völkerrechtlich als Teil Aserbaidschans.

Entwicklung seit 1994

Dem Waffenstillstand folgten für lange Zeit keine Gespräche zur Lösung des Konfliktes, weil beide Seiten auf ihren Positionen beharrten. Es blieb eine angespannte Situation zwischen Krieg und Frieden. Etwa 20.000 armenische Soldaten sicherten seitdem die Waffenstillstandslinie zu

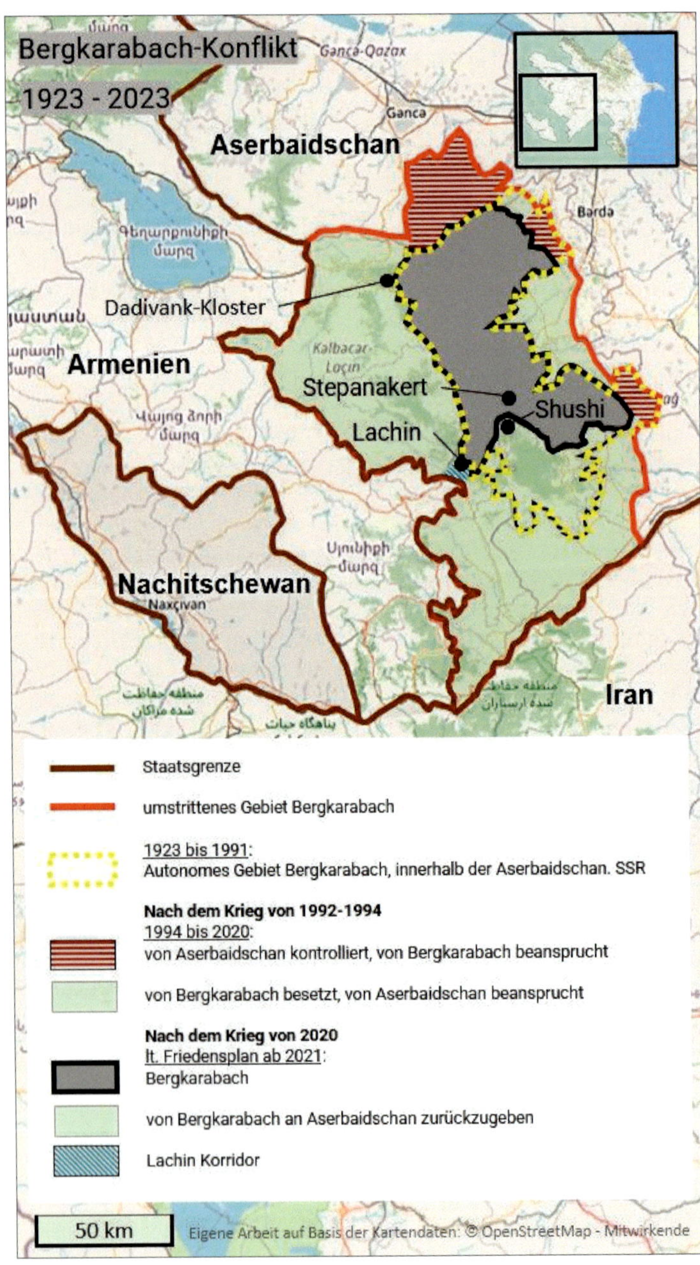
Bergkarabach-Konflikt
1923 - 2023
Ganca-Qazax
Ganca
Aserbaidschan
Barda
Dadivank-Kloster
Armenien
Kalbacar-
Laçın
Stepanakert
Shushi
Lachin
Nachitschewan
Naxçıvan
Iran
Staatsgrenze
umstrittenes Gebiet Bergkarabach
1923 bis 1991:
Autonomes Gebiet Bergkarabach, innerhalb der Aserbaidschan. SSR
Nach dem Krieg von 1992-1994
1994 bis 2020:
von Aserbaidschan kontrolliert, von Bergkarabach beansprucht
von Bergkarabach besetzt, von Aserbaidschan beansprucht
Nach dem Krieg von 2020
lt. Friedensplan ab 2021:
Bergkarabach
von Bergkarabach an Aserbaidschan zurückzugeben
Lachin Korridor
50 km
Eigene Arbeit auf Basis der Kartendaten: © OpenStreetMap - Mitwirkende

Aserbaidschan. Immer wieder kam es dennoch zu bewaffneten Auseinandersetzungen, die heftigsten in den Jahren 2008, 2014 und 2016.

Krieg 2020

Am 12. Juli 2020 brachen Gefechte an der armenisch-aserbaidschanischen Grenze aus, weit entfernt vom umstrittenen Gebiet in Bergkarabach.

Im September 2020 nahmen die Kämpfe deutlich zu und eskalierten zu einem Krieg, wie zu Beginn der 90er Jahre. Auch Söldner verbündeter Staaten waren an den Kämpfen beteiligt.

Es kam erneut zu Vertreibungen, großen Zerstörungen sowie zu mehr als 7.000 Toten, darunter auch hunderte Zivilisten.

Aserbaidschan konnte rund ein Drittel des Gebietes von Bergkarabach von Armenien zurück erobern.

Friedensplan vom 9. November 2020

Am 9.11.2020 wurde mit der Vermittlung Russlands ein Waffenstillstandsabkommen unterzeichnet, das vorsah, Armenien aus weiten Teilen der besetzten Gebiete abzuziehen und eine Verbindungsstraße zwischen Armenien und den verbleibenden Gebieten von Bergkarabach einzurichten, den sog. „Lachin"- Korridor. Die Einhaltung dieses Abkommens wird von 2.000 russischen Soldaten überwacht.

2021 bis heute

Der Kriegszustand wurde von den Konfliktparteien bis März 2021 aufgehoben, doch Armenien geriert wegen der großen Gebietsverluste in eine innenpolitische Krise.

Bereits im Mai 2021 eskalierten erneut die Zusammenstöße an der armenisch - aserbaidschanischen Staatsgrenze, wieder außerhalb der Region Bergkarabach.

Im Frühjahr 2022 verständigten sich die Armenien und Aserbaidschan darauf, unter der Vermittlung der EU einen Friedensvertrag aushandeln. In Armenien kam es jedoch zu Demonstrationen gegen mögliche Zugeständnisse der Regierung bei den Friedensverhandlungen.

Im September 2022 kam es erneut zu schweren Kämpfen mit insgesamt 150 Toten.

Eine weitere Zuspitzung des Konfliktes begann am 12. Dezember 2022. Aserbaidschanische vermeintliche Umweltaktivisten blockierten den Lachin - Korridor. Dadurch waren die 120.000 Einwohner in Bergkarabach von der Versorgung durch Armenien komplett abgeschnitten. Eine humanitäre Krise drohte.

Während die UNO um Vermittlung gebeten wurde, beschränkten sich die stationierten russischen Soldaten darauf, die Situation zu beobachten, jedoch nicht einzugreifen. Dies entsprach nicht dem Geiste des Abkommen vom November 2020, in dem verein-

bart wurde, dass Russland die Einhaltung dieses Abkommens überwachen sollte. Die Armenier waren mit der passiven Rolle Russlands unzufrieden. Die Friedensverhandlungen galten vorerst als gescheitert.
Mitte Februar 2023 hat Armenien den Entwurf für einen Friedensvertrag vorgelegt. Man ist nun entschlossen, mit einem Vertrag einen langfristigen Frieden zu erreichen.
Der Internationale Gerichtshof in Den Haag entschied, dass Aserbaidschan den Lachin - Korridor nach Bergkarabach freigeben muss.

Natur, Klima und Geographie

Allgemein

Aserbaidschan ist im weltweiten Vergleich ein relativ kleines Land und mit einer Gesamtfläche von 86.600 km² nur etwas größer als Österreich. Von der Gesamtfläche entfallen 5.500 km² auf die Autonome Republik Nachitschewan, eine vom Hauptland abgetrennte Exklave. (→S.193) Weitere 3.170 km² werden von der selbsternannten „Republik Arzach" in der Region Bergkarabach beansprucht (→S.190).
Die verbleibenden 77.930 km² entsprechen in etwa der Größe Tschechiens.

Asien oder Europa

Die Trennung der Kontinente Europa und Asien ist wegen der fehlenden eindeutigen Grenze, insbesondere zwischen dem Schwarzen und dem Kaspischen Meer, schwierig.
Es gibt keine historische bzw. völkerrechtliche Definition dieser Grenze, aber unterschiedliche Betrachtungsweisen.
In einer Interpretation der Grenze zwischen den Kontinenten wird die nördlich des Kaukasus gelegene Kuma-Manytsch-Senke als Grenze angesehen.
In einer weiteren Interpretation, die sich als eine moderne Sichtweise zunehmend durchsetzt, wird der Kaukasus als Wasserscheide zwischen Nord und Süd, als Grenze zwischen Europa im Norden und Asien im Süden, angesehen.
Somit befindet sich Aserbaidschan am Übergang zwischen Europa und Asien.
Je nachdem welcher Grenzinterpretation man folgt, liegt Aserbaidschan vollständig oder fast vollständig in Asien.

Nachbarländer

Aserbaidschan grenzt im Norden an Russland, im Westen an Georgien, Armenien sowie an die Türkei und im Süden an den Iran. Aserbaidschan wird durch Armenien in zwei Landesteile getrennt. So ist die „Autonome Republik Nachitschewan" eine Exklave. Sie hat eine nur 15 km lange Grenze zur Türkei.

Aserbaidschan hat eine Ost-West-Ausdehnung von etwa 500 km und eine Nord-Süd-Ausdehnung von etwa 400 km.

Landschaftsbild

Die Landschaft ist sehr vielfältig. Etwa 40 % sind Gebirge, 11 % Wälder und knapp 5 % Wasserflächen. Der größte See ist der Sarisu mit einer Fläche von etwa 67 km². In den tiefer liegenden Regionen des Landes gibt es Feuchtgebiete und trockenere Landschaften. Etwa die Hälfte der Fläche ist Ackerland.

Abb. 8: Reliefkarte

Berge und Gebirge

Die Landschaft ist geprägt von den drei wesentlichen Gebirgszügen, dem Großen und dem Kleinen Kaukasus sowie dem Talyshgebirge, die zusammen etwa 40 % der Landesfläche einnehmen. Die höchsten Berge befinden sich im Großen Kaukasus, der Bazardüzü (4.466 m) und der Shahdag (4.243 m), im Shahdag Nationalpark (→S.71). Im Kleinen Kaukasus ist der Gamisdag mit 3.724 m der höchste Gipfel (→S.169).

Flüsse

Aserbaidschan ist durch seine 24 Flüsse und mehr als 8.000 Wasserläufe sehr reich an Süßwasser. Der längste Fluss ist die Kura mit 1.365 km. Sie entspringt in der Türkei, durchquert Georgien und fließt ins Kaspische Meer. Der Aras ist mit etwa 1.070 km der längste Nebenfluss der Kura. Der Aras ist zunächst Grenzfluss zu Armenien und später Grenzfluss zwischen Iran und der aserbaidschanischen Exklave Nachitschewan.

Inseln

Im Kaspischen Meer liegen einige Inseln, die zu Aserbaidschan gehören. Die meisten sind klein und unbesiedelt. Die Insel Nargin ist die größte. Sie liegt 5 km vor Baku.

Auf den Inseln Bulla und Pirallahi sind bedeutende Erdölvorkommen gefunden worden.
Die Insel Dasch Sirja liegt am Ostende der Halbinsel Absheron.

Schlammvulkane

Aserbaidschan hat einige geologische Besonderheiten.
Hier gibt es etwa 300 Schlammvulkane und damit mehr als die Hälfte der weltweit existierenden Schlammvulkane. (→S.132)
Diese haben aber mit dem bekannten Vulkanismus nichts zu tun, denn es tritt keine Lava aus, sondern nur kalter Schlamm und Erdgas. Das Phänomen beruht darauf, dass Gas, zum Großteil leicht entzündliches Methan, aus der Erde entweicht und dabei Grundwasser mit an die Erdoberfläche fördert.

Es kann vorkommen, dass besonders große Gasblasen aufsteigen und hundert Meter hohe Stichflammen erzeugen.

Abb. 9: Schlammvulkane bei Qobustan

Der kalte Schlamm enthält viele Mineralien und ihm wird eine gesundheitsfördernde Wirkung für die Haut zugeschrieben.

Klima

Obwohl Aserbaidschan - geographisch betrachtet - in der Subtropischen Zone liegt, gibt es hier vier von insgesamt fünf Klimazonen der Erde.
Dies sind die Subpolare-, die Gemäßigte-, die Subtropische- und die Tropische Zone.

Innerhalb des Landes gibt es sehr große klimatische Unterschiede, weil die einzelnen Landesteile sehr unterschiedliche Höhenlagen und dadurch bedingt auch deutlich unterschiedliche Temperaturen und Niederschlagsmengen haben.

Abb. 10: Talish Berge, Yardimli Masalli

Kaukasus

Im Großen und Kleinen Kaukasus herrscht feuchtes Kontinentalklima. In den Höhenlagen gibt es, abgesehen von den trockenen Sommermonaten, insgesamt sehr viele Niederschläge und niedrige Temperaturen. Die durchschnittlichen Temperaturen liegen im Sommer bei 5°C und im Winter bei -3°C bis -10°C, je nach Höhe. Die jährliche Niederschlagsmenge in den Bergen beträgt zwischen 1.300 l/m² und 1.600 l/m².

Kura-Ebene

In der Kura-Ebene, in der Mitte des Landes, herrscht Halbwüstenklima, das bedeutet, milde Winter und sehr heiße sowie trockene Sommer.

Lenkoran-Tiefland

Im Lenkoran-Tiefland im Süden herrscht feuchtes, subtropisches Klima. Hier fallen mit durchschnittlich 1.800 l/m² im Jahr sehr viele Niederschläge. (zum Vergleich: in Deutschland 2019: 730 l/m²). In den Sommermonaten fällt deutlich weniger Niederschlag.

Die Temperaturen liegen im Mittel bei 27°C und erreichen Höchstwerte von mehr als 40°C. Die Winter sind dagegen sehr feucht und mit tagsüber durchschnittlich 6°C recht mild.

Küstengebiete

Im Küstenstreifen am Kaspischen Meer herrscht subtropisches, feucht-warmes Klima.

Im Jahresdurchschnitt liegen die Temperaturen bei angenehmen 13 - 14°C. In den Sommermonaten ist es mit bis zu 26°C im Durchschnitt recht heiß und schwül, wobei auch Höchstwerte von 40°C erreicht werden. Im Winter ist es bei durchschnittlichen 4°C recht mild.

Die durchschnittliche Jahres-Niederschlagsmenge beträgt im Küstenstreifen zwischen 900 - 1.400 l/m².

Pflanzenwelt

Aufgrund der außergewöhnlichen geographischen Bedingungen in Aserbaidschan ist auch die Pflanzenwelt mit etwa 4.200 Pflanzenarten sehr vielfältig.

Insbesondere im Großen Kaukasus ist die Vegetation besonders artenreich.

Etwa 10 % der Pflanzen sind endemisch.

Von Wald bedeckt sind etwa 11 % der Landesfläche.

Es fällt auf, dass es besonders viele sehr alte Baum- und Pflanzenarten gibt, darunter Laub- und Mischwälder, mit Buchen, Eichen, Birken, Kastanien und Kiefern. Auch seltene Arten wie der Seidenbaum und die Lotuspflaume sind hier beheimatet.

Eine besondere Kiefernart, die Eldarkiefer, ist ein endemisches Gewächs. Sie kommt, allen klimatischen Veränderungen zum Trotz, schon seit vielen Millionen Jahren hier vor.

Die Kastanienblättrige Eiche, die Orientbuche und der Eisenbaum sind weitere uralte und endemische Baumarten. Diese wachsen nur in den Wäldern des Hirkan Nationalparks.

Tierwelt

Durch die vielfältigen geografischen Verhältnisse und Klimazonen ist auch die Tierwelt sehr artenreich.

Insgesamt leben mehrere tausend Tierarten in Aserbaidschan. Darunter befinden sich etwa 100 Säugetierarten wie z.B. Braunbären, Wölfe, Goldschakale, Streifenhyänen, Eurasische Luchse, Leoparden, Hirsche, Gazellen, Gämsen, Wildschweine und Stachelschweine, aber auch zahlreiche Reptilien und Nagetiere.

Einige der Tiere stehen bereits unter Artenschutz wie der Leopard, der Wolf, die Kopfgazelle und der Bär.

Das Karabagh-Pferd ist eine endemische Pferdeart aus dem Kaukasus, die in der Region Bergkarabach lebt und auch gezüchtet wird. Dieses Pferd gilt als Nationaltier. Die Rasse ist die älteste Pferderasse Asiens. Mit ihr wurden immer wieder neue Pferderassen gezüchtet. Die Pferdezüchtung hat eine lange Tradition. Eine Besonderheit des Karabagh-Pferdes ist, dass es bei Gefahr ganz still stehen bleibt, anstatt wegzurennen. Im Gebirge und im unwegsamen Gelände kann dies das Leben retten.

Das Kaspische Meer ist der größte See der Erde. Das Wasser hat nur einen geringen Salzgehalt. An der Küste bietet das Meer vielen Tierarten einen Lebensraum.

Hier lebt z.B. die Kaspische Robbe. Sie ist endemisch. Die Robben folgen ihrer Beute entsprechend

den Jahreszeiten. Im Winter bevorzugen sie das flache Wasser im Norden, im Sommer das warme Wasser im Süden des Kaspischen Meeres. Der Bestand ist durch Jagd und Wilderei sehr gefährdet.
Auch zahlreiche Fischarten leben im Kaspischen Meer. Unter ihnen ist der Stör, dessen Rogen als Kaviar bekannt ist. Außerdem gibt es z.B. Forellen, Rotaugen, Barben, Karpfen, Aale, Hechte und Grundeln.

In Aserbaidschan gibt es etwa 360 Vogelarten. Unter ihnen sind auch Zugvögel, die zum Überwintern kommen, andere Vogelarten leben permanent hier. Am Kaspischen Meer und an den Seen im Land leben z.B. Fischadler, Pelikane, Flamingos und Reiher. Der Kaukasus ist der Lebensraum für viele Greifvogelarten, darunter Steinadler, Kaiseradler, Adlerbussarde, Merline, Rohrweihen, Kornweihen und Steppenweihen.

Abb. 11: Karabagh-Pferd

Umwelt und Naturschutz

Ökologische Probleme

Mit dem Beginn der Erdölförderung, Mitte des 19. Jh., begannen auch die Probleme für die Umwelt.
Seitdem wird die Umwelt von der Öl- und Schwerindustrie, aber auch durch die Landwirtschaft, immer stärker in Mitleidenschaft gezogen.

Die Probleme ergeben sich durch die Erdölförderung, die Verschmutzung mit Müll und Industrieschadstoffen sowie durch Pestizide, Überweidung, Versalzung der Böden.
Die Halbinsel Absheron bei Baku, auf der von Beginn an die Erdölförderung ohne jede Umweltschutzanforderungen betrieben wird, ist eine der ökologisch am

meisten belasteten Region der Welt.
Ein weiteres großes Umweltproblem sind die Waldrodungen. Sie führen zur fortschreitenden Erosion von Böden und zur zunehmenden Verwüstung.
Auch das Grundwasser ist teilweise mit Öl verunreinigt.
Unter der Wasserverschmutzung im Kaspischen Meer leiden vor allem die Meerestiere. Auch der Tourismus muss sich darauf einstellen.
Die Luftverschmutzung durch die Abgase der ölverarbeitenden Industrie und den immer weiter zunehmenden Autoverkehr ist eine weitere Umweltbelastung.

Umweltschutz

Der Umweltschutzgedanke erreichte die Gesellschaft in den 1980er Jahren. Damals waren bereits große Flächen des Ackerlandes von Pestiziden und Dünger stark kontaminiert. Seitdem hat sich das Umweltbewusstsein stetig verbessert.
Aserbaidschan hat sich durch die Unterzeichnung aller internationalen Konventionen zum Natur- und Umweltschutz und zur Einhaltung der üblichen Umweltstandards verpflichtet.
Seit 2001 gibt es ein Umweltministerium. Leider hat dieses Umweltministerium keine Zuständigkeit und auch keinen Einfluss auf die Erdölwirtschaft und deren Förderprozesse. Vor allem die großen Ölfirmen haben immer noch Sonderrechte und Ausnahmeregelungen.
Auch die dem Ministerium zur Verfügung stehenden Budgets sind kaum ausreichend, um die immensen Aufgaben zu bewältigen. Deshalb konzentriert sich das Umweltministerium auf die Einrichtung von Naturparks, um die weitere Wüstenbildung und Entwaldung aufzuhalten und auch um den bedrohten Tieren einen Lebensraum zu bieten.
Es wurden inzwischen einige Umweltschutzgesetze erlassen, die dabei helfen, die Situation zu verbessern. Insgesamt hat sich in den letzten Jahren der Umweltschutz und das Bewusstsein einer Verantwortung gegenüber der Umwelt deutlich verbessert.
Dennoch scheint sich die Öffentlichkeit mit vielen Problemen abgefunden zu haben, wie z.B., dass das Meer mit einem Ölfilm überzogen ist und oft nach Petroleum riecht.

Gesundheitliche Folgen

Aus all diesen Umweltbelastungen, denen auch die Bevölkerung ausgesetzt ist, ergeben sich direkte gesundheitliche Folgen wie Lungen-, Verdauungs- und Herz-Kreislauf-Beschwerden sowie Krebs. Die durchschnittliche Lebenserwartung ist mit 73 Jahren niedriger als in den Nachbarländern. (Deutschland: 81 Jahre) Im weltweiten Vergleich belegt Aserbaidschan damit nur einen hinteren Platz.

Wirtschaft

Ab 1991: Unabhängigkeit und freier Markt

Seit August 1991 ist Aserbaidschan zum zweiten Mal in seiner Geschichte unabhängig.

Die Wirtschaft des Landes sollte in die Marktwirtschaft überführt werden. Aber wegen des Zerfalls der Sowjetunion zu Beginn der 1990er Jahre ist auch die mit der Sowjetunion eng verbundene Wirtschaft im Kaukasus zusammengebrochen.

Die Einführung der Marktwirtschaft und die Öffnung der Wirtschaft stagnierte. Die ehemaligen sowjetischen Kombinate der Erdöl- und Chemie-Industrie blieben zunächst verstaatlicht.

In der Landwirtschaft konnte zwar ein Großteil der etwa 800 Sowchosen und 600 Kolchosen rasch privatisiert werden, aber die Effizienz wurde kaum verbessert, denn es entstanden mehr als 150.000 private und fast 10.000 genossenschaftliche Betriebe.

Somit hatte Aserbaidschan in den ersten beiden Jahren der Unabhängigkeit einen deutlichen wirtschaftlichen Rückgang. Im Jahre 1992 betrug das Bruttoinlandsprodukt nur noch etwa 56 % des Jahres 1990.

Neben der Entkopplung vom Wirtschaftsverbund innerhalb der Sowjetunion hatte das Land auch schwer an den Folgen des Krieges gegen Armenien, um Bergkarabach (→S.21/ S.190) zu tragen.

In diesem Krieg zwischen 1992 und 1994 starben 30.000 Menschen. Etwa 1 Mio. Menschen wurden vertrieben, außerdem tausende Betriebe, hunderte Siedlungen, tausende Kilometer Wasserleitungen, Gaspipelines, sowie Stromleitungen und Bewässerungsanlagen zerstört.

Diesen wirtschaftlichen Problemen folgten extrem hohe Inflationsraten in den Jahren 1993 von 1.130 %, 1994 von 1.660 % sowie 1995 von 410 %.

Das Bruttoinlandsprodukt lag im Jahre 1994 (2,3 Mrd. USD) bei etwa 30 % im Vergleich zu dem Niveau von 1990.

Ab 1995: Ölboom

Das Bruttoinlandsprodukt stieg nach 1995 (2,4 Mrd. USD) mit erstaunlich hohen Wachstumsraten und erreichte den vorläufigen Höhepunkt im Jahre 2014 mit 75 Mrd. USD.

Ab 1998 stieg der Ölpreis über mehrere Jahre rasant. Das Land erlebte, vor allem gestützt auf die Öl- und Gasindustrie, ein regelrechtes Wirtschaftswunder mit durchschnittlichen jährlichen

Wachstumsraten zwischen den Jahren 2000 bis 2010 von über 15 %.

Im Jahre 1997 hatte die Privatwirtschaft einen Anteil von etwa 40 % an der gesamten Wirtschaftstätigkeit. Im Jahre 2000 wurde damit begonnen, auch die großen staatlichen Unternehmen zu privatisieren.

Abb. 12: Ölindustrie

Ab 2014: Rezession durch Ölpreisverfall

Ab 2014 halbierte sich der weltweite Ölpreis innerhalb kürzester Zeit. Aserbaidschan wurde davon hart getroffen.

Das Bruttoinlandsprodukt von rund 60 Mrd. Euro im Jahr 2014 halbierte sich auf knapp 30 Mrd. Euro im Jahr 2016.

Auch die offizielle Landeswährung, seit 1992 der Manat (AZM) und seit 2006 der Neue Aserbaidschanische Manat (AZN) wurde in Folge der Krise drastisch abgewertet. Am 21.12.2015 wurde der Wechselkurs freigegeben. Dadurch verlor die Währung über Nacht mehr als 30 % . Inzwischen hat die Währung seit Mitte 2015 etwa 50 % an Wert verloren.

Im Land sieht man heute noch die Bauruinen aus dieser Zeit, gestoppte Investitionen, leerstehende oder unfertige Häuser, Freizeitparks und Hotelanlagen.

Auch das ehrgeizige Großprojekt um den „Azerbaijan Tower“, einem 1.050 m hohen Turm auf den Khazar-Inseln, etwa 25 km südlich von Baku, wurde gestoppt. Eigentlich sollte der Turm 2019 fertiggestellt sein.

Seit dem Einbruch des Ölpreises im Jahre 2014 hat Aserbaidschan große wirtschaftliche Schwierigkeiten, vor allem weil sich die gesamte Wirtschaft auf dem Öl- und Gasreichtum abgestützt hatte, ohne das Land wirklich gegenüber ausländischen Investoren zu öffnen und weitere wirtschaftliche Entwicklungen voranzutreiben.

Nun besteht für Aserbaidschan die Notwendigkeit, sich von der früheren Wirtschaftspolitik abzuwenden, wenn man nicht einfach nur auf höhere Ölpreise hoffen und warten will.

Eine Chance liegt in der Öffnung des Landes und des Marktes zur Förderung einer breit aufgestellten Wirtschaft.

Auch die Einnahmen aus dem zunehmend geförderten Tourismus dürften in der Zukunft eine größere Rolle spielen.

Bodenschätze und Rohstoffe

Aserbaidschan ist sehr reich an Bodenschätzen.

Erdöl ist der wichtigste Bodenschatz. Das hier geförderte Erdöl ist qualitativ hochwertig. Die erste Bohrung erfolgte 1847 und die regelmäßige Förderung begann 1871. Seit 1947 fördert man offshore vor der Küste. (→"Land des Feuers" , S.37 ff).

Es gibt mehr als 300 weitere Rohstoffvorkommen, deren Abbau sich heute schon rentieren würde, dazu zählen: Eisen, Kupfer, Molybdän, Gold, Baryt, Alunit (beides sind Mineralien aus der Klasse der Sulfate), Quecksilber, Silber, Zink, Kadmium, Kobalt, Marmor, Schwefelkies, Steinsalz und Bauxit. Etwa ein Drittel der Vorkommen sind heute durch Minen zum Abbau erschlossen.

In der Stadt Naftalan, im Westen des Landes (→S.178), wird Mineralwasser und Öl für medizinische Heilzwecke gewonnen.

Erdöl und Erdgas

Die Grundlage für das enorme Wirtschaftswachstum war und ist das Öl, auf dessen Basis eine von Russland weitgehend unabhängige Wirtschaft aufgebaut werden konnte.

Die Ausbeutung der Öl- und Gasfelder ist für Aserbaidschan ein bedeutender Wirtschaftsfaktor, der einen wesentlichen Anteil am Bruttoinlandsprodukt hat.

Die Erdöl- und Erdgasvorkommen im Bereich des Kaspischen Meeres sind gigantisch. Im Vergleich zu anderen Lagerstätten der Welt wurde hier das Fördermaximum bei Weitem noch nicht erreicht. Deshalb wird diese Region wahrscheinlich auch in Zukunft weiter an Bedeutung gewinnen.

Geopolitisch ist diese Region sehr wichtig für die zukünftige Energieversorgung sowohl von Europa als auch für China und Indien.

Über die bestehenden und neu

Abb. 13: Erdölförderung vor der Küste bei Baku

erbauten Pipelines ist der Export des Öls und des Gases in die verschiedenen Regionen sehr einfach möglich.
Seit 2020 liefert Aserbaidschan über die Südkaukasus Pipeline (→S.34) Erdgas nach Europa.
Im Sommer 2022 wurde mit der Europäischen Union vereinbart, die Liefermengen für Erdgas von heute 8 Mrd.m³ pro Jahr auf 20 Mrd.m³ pro Jahr ab dem Jahre 2027 zu erhöhen.
Über die bestehenden Pipelines ist dies vermutlich nicht möglich.

Baku-Noworossijsk-Pipeline

Diese Erdöl-Pipeline führt über eine Länge von 1.300 km von Baku nach Noworossijsk in Russland, am Schwarzen Meer. Sie wurde 1997 in Betrieb genommen und hat eine jährliche Kapazität von lediglich 1,5 Mio. Tonnen.
Aliyevs Strategie war es, die Unabhängigkeit Aserbaidschans gegenüber Russland, vor allem auf Basis der vorhandenen Energievorkommen, auszubauen. Deshalb standen die Verwendung und die günstige Modernisierung dieser vorhandenen Pipeline nicht im Vordergrund. Außerdem führte der Trassenverlauf dieser Pipeline durch Tschetschenien, das 1991 seine Unabhängigkeit erklärte. Ab 1994 versuchte Russland mit militärischen Mitteln sowohl Tschetschenien als auch die Baku-Noworossijsk-Pipeline ieder unter Kontrolle zu bekommen.
Der Konflikt endete schließlich mit dem in der Volksbefragung am 03.03.2003 gewählten Verbleib Tschetscheniens in der Russischen Föderation. Die Pipeline ist bis heute in Betrieb.

Baku-Tiflis-Ceyhan-Pipeline

Der Bau dieser neuen Erdöl-Pipeline wurde 1998 beschlossen und 2002 begonnen.
Seit 2006 fließt das Öl von Baku nach Ceyhan am Mittelmeer in der Türkei.
Die Pipeline ist 1.760 km lang und hat eine Jahreskapazität von 50 Mio. Tonnen. Die verlängerte Trassenführung durch die Umgehung von Armenien und des Irans machte den Bau mit 2,5 Mrd. USD sehr teuer, wurde aber auf Druck der europäischen Ölimporteure und insbesondere der USA durchgesetzt.
Die Position der Türkei wurde durch diese Pipeline gestärkt. Russland hat dagegen die Kontrolle über Aserbaidschan verloren. Der Export von Erdöl über diese Pipeline stärkt die Eigenständigkeit des Landes.

Südkaukasus-Pipeline

Auch der Erdgasexport nach Europa ist für Aserbaidschan über eine Pipeline möglich.
Die Südkaukasus-Pipeline (oder die Baku-Tiflis-Erzurum-Pipeline) ist eine Erdgas-Pipeline von Baku über Tiflis nach Erzurum in der Türkei.

Die Pipeline ist 690 km lang und wird von BP betrieben. Der Bau dieser Pipeline wurde 2003 begonnen und 2006 fertiggestellt.

Sie verläuft parallel zur Baku-Tiflis-Ceyhan-Erdöl-Pipeline mit einer Jahreskapazität von zunächst 7 Mrd.m³ Gas (später bis zu 14 Mrd.m³). Die Kosten betrugen eine Milliarde US-Dollar.

Seit 2019 ist die Südkaukasus-Pipeline an die Transanatolische Pipeline (TANAP) angebunden, die das Erdgas durch die Türkei nach Griechenland transportiert.

Baku-Supsa Pipeline

Die Baku-Supsa-Erdöl-Pipeline ist im Wesentlichen eine renovierte Pipeline aus der Sowjetzeit mit mehreren neu gebauten Abschnitten.

Der Bau dieser 830 km langen Pipeline mit einer Jahreskapazität von etwa 7,5 Mio. Tonnen zwischen Baku und Supsa in Georgien wurde 1996 zwischen den Präsidenten von Aserbaidschan und Georgien, Heydar Aliyev und Eduard Shevardnadze, beschlossen. 1999 begann der Betrieb der Pipeline, der allerdings zwischen 2006 und 2012 immer wieder, aufgrund technischer Mängel und den notwendigen Reparaturen, unterbrochen werden musste. Wegen des bis heute ungelösten Südossetien-Konflikts, zwischen Georgien und Russland, schloss der Betreiber (BP) 2008 die Pipeline vorübergehend.

Ein kurzes Teilstück führt, nach einer Grenzverschiebung im Jahre 2015, nun durch die potentielle Konfliktregion Südossetien.

Deshalb wird von den Betreibern eine Verlegung der Pipeline in der Zukunft für möglich gehalten.

Forstwirtschaft

Etwa 12 % der Fläche Aserbaidschans, etwa 10.000 km², sind bewaldet. Waldbrände und unkontrollierter Holzeinschlag, wegen der Nachfrage durch den wachsenden Bauboom, stellen große Gefahren für den Waldbestand dar. Brennholz ist in ländlichen Gebieten ein wichtiger Energieträger.

Abb. 14: Landwirtschaft in der Tiefebene

Landwirtschaft

Die Landwirtschaft ist nach dem Energiesektor der zweitstärkste Wirtschaftssektor im Land.

Auch für die Landwirtschaft bieten die klimatischen Verhältnisse optimale Bedingungen, sodass das Land über eine große Vielfalt an eigenen Agrarprodukten verfügt.

Die Haupterzeugnisse der Landwirtschaft sind Tierprodukte, Obst, Gemüse, Getreide, Baumwolle, Nüsse, Kartoffeln, Wein, Tee und Tabak.

Nach der Unabhängigkeit im Jahre 1991 war in der Landwirtschaft eine erhebliche Umstrukturierung notwendig, denn das Kollektiv-System der Sowjetzeit lähmte private Initiativen. Sämtliche Technik und vor allem das Bewässerungssystem war veraltet und musste erneuert werden. Außerdem ist durch den Krieg mit Armenien um Bergkarabach wichtige landwirtschaftliche Infrastruktur wie Betriebe, Wasserleitungen und Bewässerungsanlagen zerstört worden.

In Aserbaidschan werden etwa 48.000 km² landwirtschaftlich genutzt, das sind knapp 58 % der Landesfläche. Ein Teil der Flächen wird durch mehr als 40.000 km lange Kanäle und Pipelines bewässert.

Heute versorgt sich Aserbaidschan selbst zu 90 % mit Fleisch, zu 80 % mit Eiern, zu 75 % mit Milchprodukten, zu 65 % mit Speiseöl und zu 50 % mit Butter.
Um eine noch bessere Versorgung der Bevölkerung mit einheimischen Nahrungsmitteln zu erreichen, hat man sich zum Ziel gesetzt, die Landwirtschaft zu modernisieren und weiter umzugestalten.

Maschinenbau

Der Maschinenbau ist in Aserbaidschan noch unterentwickelt. Lediglich die Herstellung von Maschinen und Anlagen für den Bedarf der Öl- und Gasindustrie erfolgt durch lokale Unternehmen. Die Produktion von Landmaschinentechnik und Bohrausrüstungen soll durch staatliche Investitionen im neuen Metallurgie-Komplex (Sumgait) gesteigert werden.

Bausektor

Der Bausektor hatte zu Beginn der 2000er Jahre einen enormen Wachstumsschub mit jährlichen Steigerungsraten von durchschnittlich 25 %. Dadurch erreichte er mit 20 % einen relativ großen Anteil am Bruttoinlandsprodukt. Neben dem Wohnungsbau kommen die Impulse für den Bausektor vor allem aus Infrastrukturprojekten im Straßenbau, private Investitionen in Hotelbauten und Gesellschaftsbauten, die allerdings seit 2015 mit den niedrigen Ölpreisen stark zurückgegangen sind. Viele Gebäude stehen als Bau- und Investitionsruinen seitdem halbfertig über das gesamte Land verteilt.
(→S.32)

Abb. 15: Baku Skyline und Boulevard

Land des Feuers

Erdöl und Erdgas sind die beiden wichtigsten Energieträger unserer Zeit. Im weltweiten Durchschnitt decken Erdöl und Erdgas etwa 55 % des gesamten Energiebedarfs, d.h. des Bedarfs an Energie für Strom, Transport und Verkehr, aber auch für Wärme und technische Prozesse. Im Weiteren decken Kohle etwa 27 %, Biokraftstoffe und Abfälle knapp 10 %, Kernkraft 5 % und Wasser 3 % der verbrauchten Energie.

Die alternativen Energien spielen insgesamt noch eine untergeordnete Rolle.

Außerdem ist das Erdöl inzwischen ein wichtiger Rohstoff für die chemische Industrie zur Herstellung moderner Produkte wie Kunststoffe, Kleidung, Farben, Lacke, Arzneimittel, Kosmetika sowie Wasch- und Reinigungsmittel.

Aserbaidschan heißt übersetzt „Land des Feuers". "Azar" ist das alte persische Wort für Feuer.

Schon im 9. Jh. war bekannt, dass das Gebiet um Baku über Öl- und Gasvorkommen verfügte. Das Erdöl trat an einigen Stellen an die Oberfläche und sammelte sich in Gruben oder wurde auch bei Brunnenbohrungen gefunden.

Dieses Öl verwandelte sich bei dem Kontakt mit Sauerstoff zu asphaltähnlichem Bitumen.

Man verwendete es zunächst z.B. zum Abdichten von Booten oder zum Schmieren von Wagenrädern, später auch als Heilmittel, Lichtquelle oder Brennstoff.

Das Erdöl von Baku wurde also schon seit sehr langer Zeit wirtschaftlich genutzt.

Als Marco Polo im Jahre 1264 die Region um Baku besuchte, berichtete er später von Ölfontänen, Ölgruben und von spektakulären Schlammvulkanen sowie dem ewigen Feuer am brennenden Berg auf Absheron.

Das Öl sammelte man in Gruben, schöpfte es von dort in Weinschläuche oder Ledersäcke und anschließend wurde es mit Kamelen z.T. auch nach Arabien und Indien transportiert.

Abb. 16: Lomonossow (1711 - 1765)

Der Umfang und die Art der Ölgewinnung sowie die Nutzung des Öls blieben über viele Jahrhunderte hinweg fast unverändert. Die Schächte, aus denen man das Erdöl gewann, wurden von Hand gegraben. Ende des 16. Jhs. hatten diese Schächte schon Tiefen von mehr als 30 m.

Bereits damals begannen die ersten Naturforscher damit, sich Gedanken über die Entstehung des Öls zu machen. So der russische Naturforscher Michail Wassiljewitsch Lomonossow.

Er vertrat erstmals im Jahre 1757 die Idee, dass das Erdöl biotischen Ursprungs sei. Nach seiner Theorie sind die Meeresorganismen nach ihrem Absterben zum Meeresgrund gesunken und haben dort im Laufe von Jahrmillionen dicke Schichten gebildet.

Wegen des hohen Anteils organischen Materials entstand daraus später Faulschlamm, der sich allmählich zersetzte und von weiteren Sedimenten überdeckt wurde. Unter Druck und bei hoher Temperatur soll daraus schließlich Erdöl entstanden sein.

Aus damaliger Sicht eine sicherlich plausible Theorie, denn von den unermesslichen Vorkommen, die bis heute gefördert wurden, wusste man noch nichts.

Das damals gefundene Erdöl lag zudem in sehr geringen Tiefen.

Die Erdölförderung zu Beginn des 19. Jh. war noch immer reine Handarbeit.

Erst die industrielle Revolution führte einerseits zu steigendem Bedarf an Rohstoffen und begünstigte andererseits die technische Entwicklung neuer Fördermethoden sowie neuer Techniken zur Weiterverarbeitung des Rohöls.

1844 konnte man unter der Leitung des russischen Ingenieurs Semjonow (1801 - 1863) mit einem einfachen Schlagbohrsystem einen 21 m tiefen Brunnen bohren und damit eine Ölquelle erschließen. Für die Ölförderung wurde noch im selben Jahr im Ölfeld von Bibi-Eibat die erste mechanische Ölpumpe in Betrieb genommen. Dieses Ölfeld wird heute noch genutzt und ist damit das älteste, noch in Förderung stehende Ölfeld der Welt. Der Bericht Semjonows an den Zaren

Abb. 17: Ludwig Nobel (1831 - 1888)

Abb. 18: Ölquellen der Brüder Nobel in Balakhani, einem Vorort von Baku

Russlands, über die erste Ölbohrung, gelangte erst vier Jahre später an den Zarenhof in Petersburg. Die offizielle Dokumentation erfolgte somit erst im Jahre 1848 und damit noch 11 Jahre vor der ersten Erdölbohrung von Edwin L. Drake 1859 bei Titusville in Pennsylvania.

1863 begann in der weltweit ersten Kerosinfabrik in Baku die Produktion von Brennstoffen, die bald die bisherigen Brennstoffe wie destillierter Alkohol, Talg und Walfischspeck als Leuchtmittel ersetzten.

Der größte Aufschwung Bakus war nach 1868 möglich, als der russische Zar Alexander II. die Lizenzen zum Bohren nach Öl erteilte und 1872 die Ölquellen zum Kauf anbot. Damit begann die Erschließung der Ölvorkommen in großem Maßstab und die intensive Nutzung des Erdöls.

In den folgenden Jahren stieg die Produktion schnell an und damit interessierten sich Unternehmer und Finanziers aus aller Welt für Baku.

Auch die beiden Brüder des bekannten Sprengstoff-Erfinders, Alfred Nobel aus Schweden, Ludwig und Robert, waren von Beginn an dabei.

Eigentlich waren sie in den Kaukasus gereist, um stabiles Walnussholz für Gewehrschäfte zu suchen. Aber sie fanden hier kein Holz, denn das Holz war schon in den vielen Bohrtürmen verbaut.

Sie kauften schließlich Anteile an Ölquellen, gründeten die Firma „Branobel“ und setzten bald schon Dampfmaschinen zur Ölförderung ein, sodass Branobel zu einem der größten Unternehmen des zaristischen Russlands aufstieg.

Um das Öl schneller zu den Ölraffinerien zu transportieren, bauten Sie in Baku eine Pipeline innerhalb der Stadt. In kurzer Zeit entstanden etwa 230 km lokale Ölpipelines und weitere Ölraffinerien in Baku.

In den folgenden vier Jahrzehnten wurden in der Umgebung von Baku tausende Erdölbohrungen eingebracht. Oft stießen die Arbeiter dabei auf Ölvorkommen, die unter hohem Druck standen, sodass Fontänen mehr als 100 m hoch in die Luft schossen und das Öl wochenlang in die Umgebung lief. Die Region um Baku wurde bekannt für diese Ölfontänen.

Aber der Handel und Export von Öl war zunächst noch schwierig, denn man füllte das Öl in Holzfässer (daher die Maßeinheit Barrel - zu Deutsch: Fass = 159 Liter) und transportierte diese mühsam mit Segelschiffen über die Wolga nach Russland, über Petersburg schließlich nach Europa. Wegen des enormen Holzbedarfs für den Bau von Bohrtürmen und Ölfässern bestand großer Holzmangel in der gesamten Region, sodass es auch einen Engpass an den für den Transport benötigten Holzfässern gab. Das brachte Ludwig Nobel zu seiner Idee eines neuartigen Tankschiffs für den Öltransport.

Im Jahre 1878 stellten die Brüder Nobel schließlich ihren selbst konstruierten, ersten Öltanker (mit Namen: Zarathustra) in Schweden fertig.

Dieses weltweit erste Öltankschiff hatte 21 Zisternentanks und eine ölgefeuerte Kesselanlage. Der Dampfer wurde nach der Fertigstellung in Schweden zunächst wieder komplett zerlegt, anschließend in Teilstücken über Kanäle nach Baku transportiert und wieder zusammengebaut. Der Dampfer wurde ein Jahr später (1879) in Betrieb genommen. Später baute man die Zisternentanks wieder aus und baute einen Wärmeschutz zwischen Laderaum und Schiffsantrieb ein. So konnte der gesamte Schiffsraum als Öltank genutzt werden. Damit war dieses Schiff sehr nahe an der Bauart späterer moderner Öltanker. Die „Zarathustra“ war für die Nobels rund 30 Jahre für den Öltransport zwischen Baku, dem Iran und Russland im Dienst. Allerdings war die Bauart von den

Abb. 19: Zarathustra bzw. Zoroaster

Abb. 21: Alphonse Rothschild (1827 - 1905)

Nobels nicht patentiert worden, sodass diese bald von den Amerikanern kopiert wurde.

Die Nobels wohnten im Osten von Baku, in ihrer Villa Petrolea (→S.111), inmitten riesiger Siedlungen für die Ölarbeiter, die sog. „Schwarze Stadt".

Auch die Rothschild-Brüder interessierten sich seit Ende der 1870er Jahre für die Ölfelder um Baku. Baron Alphonse Rothschild (1827 - 1905), Sohn des berühmten Bankiers James Rothschild, gründete später die „Caspian and Black Sea Oil Company". Sie konzentrierten sich hauptsächlich auf den Export und setzten beim Transport des Öls auf die Eisenbahn. Sie bauten eine Eisenbahnlinie nach Batumi in Georgien, die Transkaukasische Eisenbahn, die im Jahre 1883 fertiggestellt wurde.

Von Batumi am Schwarzen Meer war der Transport des Öls in Tankschiffen auch nach Amerika und Europa möglich.

Ende der 1880er Jahre zählten die Rothschild-Brüder zu den führenden Exporteuren von Erdöl bzw. Erdölprodukten.

Auch der bekannte russische Chemiker und Entwickler des „Periodensystems der Elemente" Dmitri Mendelejew (1834 - 1907) wurde vom Ölrausch in Baku angezogen. Er gilt als einer der Wegbereiter der russischen Ölindustrie. Er entwickelte 1882 mit der ununterbrochenen Öldestillation eine neue Methode zur Raffinierung des Öls.

Mendelejew vertrat als einer der Ersten die These des nichtbiotischen, d.h. nicht fossilen Ursprungs von Erdöl.

Abb. 20: Dmitri Mendelejew (1834 - 1907)

Abb. 22: Branobel - Ölproduktion der Brüder Nobel in Baku

In Europa und Amerika wurden Ende des 19. Jhs. die Maschinen und Eisenbahnen mit Kohle betrieben, am Kaspischen Meer bei Baku aber mit Petroleum.

Der 1893 erfundene Dieselmotor revolutionierte bald die komplette Antriebstechnik.

1905 kamen etwas mehr als die Hälfte des weltweit geförderten Öls aus Baku.

Schon im Jahre 1906 wurde parallel zur bestehenden Eisenbahntrasse nach Batumi die erste überregionale Pipeline in Betrieb genommen, finanziert von den Rothschilds. Diese 833 km lange Pipeline von Baku nach Batumi in Georgien, am Schwarzen Meer, hatte eine Kapazität von 900.000 Tonnen Petroleum pro Jahr. 1912 übernahm Shell mit 80 % die Mehrheit an Rothschilds Ölfirma „Caspian and Black Sea Oil Company".

Nach der Oktoberrevolution in Russland im Jahre 1917 wurden von den neuen Machthabern in Moskau die etwa 300 Ölgesellschaften verstaatlicht, weil die Sowjetunion die Devisen aus dem Ölexport brauchte.

Aserbaidschan erklärte sich wenige Monate später, am 28.05.1918, zu einem unabhängigen Staat. Gleich danach machte man die Verstaatlichung der Ölgesellschaften wieder rückgängig.

Da die Ölvorkommen von Baku für die junge Sowjetunion sehr wichtig waren, wurde Aserbaidschan im April 1920, nach knapp zwei Jahren der Unabhängigkeit, wieder von der Sowjetunion besetzt und als Sowjetrepublik der UdSSR angeschlossen. (→S.15)

Die Ölförderung konnte nun unter der ständig steigenden Nachfrage und Dank der besseren Möglichkeiten für den Abtransport und

den Handel, sowie der zunehmend besseren Möglichkeiten der Förderung durch Maschinen, immer weiter gesteigert werden.
Das damals größte Ölfeld der Region Baku „Bibi-Eibat“ lag größtenteils offshore vor der Küste von Baku. Da es damals noch keine Offshore-Förderanlagen gab (erst ab 1947 begann weltweit gesehen die Förderung von Erdöl vor der Küste), wurden zwischen 1909 und 1927 in der gesamten Bucht etwa 3 km² Meer trockengelegt. Dies war damals das zweitgrößte Wasserbauprojekt der Erde, nach dem Bau des Panamakanals 1881/ 1905 - 1914.
Bis 1941 steigerte man die Erdölförderung auf mehr als 23 Mio. Tonnen pro Jahr. Das entsprach etwa drei Viertel der Förderleistung in der Sowjetunion.
Erdöl war auch schon im 2. Weltkrieg besonders entscheidend. Nachdem die deutschen Truppen näher rückten, setzte man alles daran, dass die Ölquellen und Transporteinrichtungen nicht in deutsche Hände fielen. Deshalb wurden etwa 700 Ölquellen rund um Baku mit Beton verschlossen und die wichtige „Baku-Batumi-Pipeline" teilweise abgebaut. Damit endete der erste Öl-Boom von Baku.
Nach dem 2. Weltkrieg begann der Wiederaufbau der Ölförderung mit der Erschließung der Ölfelder. Dazu schüttete man riesige künstliche Inseln vor der Küste auf. Der größte Inselkomplex, mit etwa 2.000 Ölbohrungen, ist der 70 km² große "Neft Dashlari" (zu Deutsch: Ölfelsen), dessen Aufbau im Jahre 1958 begann. 45 km vor der Küste sind hier rund 1.300 kleinere Inseln und Plattformen über Brücken miteinander verbunden. Auf „Neft Dashlari“ wohnen und arbeiten permanent etwa 2.000 Menschen.
Zu Beginn der fünfziger Jahre kamen noch knapp 40 % des in der Sowjetunion geförderten Erdöls aus Baku.
Mit dem Aufbau der Erdölindustrie in anderen Teilen der UdSSR sank der Anteil und betrug 1980 nur noch etwa 3 %.

In den fünfziger Jahren des letzten Jahrhunderts kamen erneut Zweifel an der Theorie auf, dass Erdöl biotischen Ursprungs sei.
Einer der bekannten Vertreter der Theorie der abiotischen Ölbildung war der russische Wissenschaftler Nikolai Alexandrowitsch Kudrjawzew, der 1959 die biotische Theorie der Erdölentstehung von Lomonossow verwarf. Nach seiner Meinung ist es unwahrscheinlich, dass so große Mengen Erdöl, die aus so großen Tiefen gefördert wurden, aus fossilen Biomassen entstanden sind. Verständlich, wenn man bedenkt, dass die Menschheit heute etwa einhundert Mio. Barrel Erdöl pro Tag verbraucht. Zur besseren Vorstellung: das sind mehr als 5 km^3 Erdöl jedes Jahr, also 5 Würfel mit einer Kantenlänge von jeweils 1 km. Die Ölkonzerne haben sicherlich Interesse an hohen Ölpreisen. Begrenzte Verfügbarkeit ist eine plausible Rechtfertigung für das Preisniveau. Dementsprechend wird in der öffentlichen Diskussion die biotische Öltheorie vom fossilen Energieträger Öl als Faktum dargestellt, obwohl es inzwischen auch wissenschaftlich anerkannte alternative Thesen gibt.

Abb. 23: N.A. Kudrjawzew (1893 - 1971)

Kultur, Leben und Gesellschaft

Bevölkerung

Aserbaidschan hat etwa 10,4 Mio. Einwohner. Die Mehrheit (53 %) lebt in Städten.
Das Bevölkerungswachstum beträgt etwa 1,3 % pro Jahr. Das ist im weltweiten Vergleich recht viel, wenn man die Vergleichsdaten aus der Welt (1,05 %) und der EU (0,2 %) sieht.
Der Altersdurchschnitt der Gesamtbevölkerung ist relativ niedrig, denn etwa 23 % der Menschen sind jünger als 14 Jahre. Die Lebenserwartung der Einwohner ist im Vergleich zu Deutschland deutlich geringer.

Sie beträgt bei Männern etwa 70 Jahre und bei Frauen etwa 76 Jahre (zum Vergleich: Deutschland ca. 79/ 84 Jahre).

Aserbaidschaner und Türken sind sowohl ethnisch, aber auch sprachlich und kulturell, miteinander verwandt.

In Aserbaidschan leben neben ca. 92 % Aserbaidschanern auch noch andere Völker und Minderheiten. Zu Ihnen gehören Lesgier (ein Volk in Lesgistan, einer nördlichen Kaukasusregion im Gebiet das Flusses Samur), Armenier (hauptsächlich in der Region um Bergkarabach), Russen, Georgier, Talyschen (in der Region der Talysh Berge im Süden), Awaren, Taten (ein iranischsprachiges Volk, das in der Republik Dagestan lebt) sowie weitere kleinere Minderheiten.

Seit Beginn des 19. Jhs. siedelten sich bis zu 20.000 Deutsche aus dem Königreich Württemberg in Siedlungen, die unter dem russischen Zar Alexander I. gegründet wurden, an z.B. Helenendorf (heute: Göygöl, →S.174), Annenfeld, Georgsfeld, Traubenfeld und Eigenfeld. Während des 2. Weltkrieges wurden fast alle Deutschen nach Sibirien deportiert, sodass heute keine Nachkommen dieser deutschen Siedler mehr in Aserbaidschan leben.

Im Nachbarland Iran leben heute etwa 14 Mio. Aserbaidschaner. Das sind nicht nur rund 16 % der Bevölkerung des Irans, sondern auch mehr als in Aserbaidschan selbst.

Seit Anfang der 1990 Jahre besteht ein Konflikt mit Armenien, um die Zugehörigkeit von Bergkarabach (→S.95).

Offiziell gehört diese Region zu Aserbaidschan, wird aber als Exklave von Armenien verwaltet.

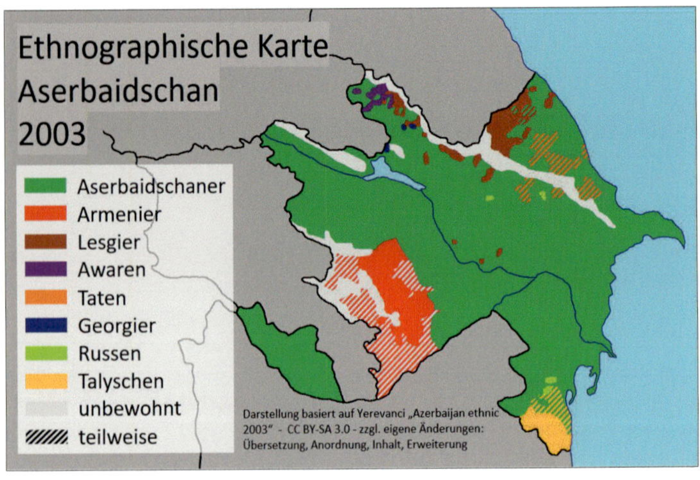

Annährend 600.000 Aserbaidschaner sind seit Beginn des gewaltsamen Konfliktes aus der Region Bergkarabach in andere Regionen des Landes geflohen.
In Nachitschewan (→S.94) leben knapp 400.000 Aserbaidschaner, inzwischen fast ohne Armenier oder andere Minderheiten. Die Armenier, die früher einen Anteil von etwa 30 % der Bevölkerung in dieser Region hatten, sind nach Beginn der gewaltsamen Konflikte in den 1990er Jahren fast vollständig nach Armenien ausgewandert. (→S.15/ S.190)

Sprache

Aserbaidschanisch ist die Amtssprache und die Hauptverkehrssprache. Sie wird von ca. 92 % der Bevölkerung gesprochen.
Bis 1991 war auch Russisch Amtssprache. Noch heute können viele Aserbaidschaner Russisch.
Für ca. 7,5 Mio. Einwohner ist Aserbaidschanisch die Muttersprache und für weitere 4 Mio. die Zweitsprache. Außerdem sprechen rund 15 Mio. Menschen im Iran Aserbaidschanisch, das entspricht etwa 25 % der iranischen Bevölkerung.
Das Aserbaidschanische lässt sich in zwei Hauptdialekte unterteilen. Das Nordaserbaidschanische, das vorwiegend in Aserbaidschan gesprochen wird und das Südaserbaidschanische, das vor allem im Iran gesprochen wird. Beide Dialekte lassen sich wiederum in viele weitere kleinere Dialekte unterteilen. Aserbaidschanisch wird auch als Azeri bezeichnet und ist eine Turksprache, die so eng mit dem Türkischen verwandt ist, dass man sich gegenseitig weitestgehend verstehen kann.
In den Schulen werden hauptsächlich Englisch und Russisch als Fremdsprachen gelehrt.
Etwa die Hälfte der Bewohner Aserbaidschans spricht zusätzlich zur Muttersprache eine Fremdsprache.
Bis etwa 1918 wurde Aserbaidschanisch in arabischen Schriftzeichen geschrieben. Anschließend, bis 1992, schrieb man in kyrillischer Schrift. Seitdem werden aber lateinische Buchstaben verwendet, angelehnt ans Türkische.
Neben Aserbaidschanisch werden im Land aber auch zahlreiche Minderheitensprachen gesprochen, so z.B. Awarisch, Georgisch, Talisch, Buduchisch, Lesgisch, Juhuri, Chinalugisch, Krysisch, Cek, Rutulisch, Tsachurisch, Tatisch und Udisch. Mehrere dieser Sprachen der Minderheiten sind vom Aussterben bedroht.
In der Autonomen Republik Bergkarabach, die nicht mehr unter der Kontrolle der aserbaidschanischen Regierung steht, wird fast ausschließlich armenisch gesprochen.

Religion und Tradition

Seit 1995 schreibt die Verfassung die Trennung von Staat und Religion vor. Es werden allen Konfessionen die gleichen Rechte und Religionsfreiheit eingeräumt. Die Religionen existieren friedlich nebeneinander.

Aserbaidschan ist ein sehr tolerantes Land, gegenüber jeder Art von religiösen Minderheiten.

Es sind mehr als 50 Glaubensgemeinschaften offiziell registriert. Der aserbaidschanische Staat tut viel dafür, um die religiöse Freiheit jedes Einzelnen zu erhalten.

Seitdem im 8. Jh. Aserbaidschan von arabischen Eroberern eingenommen wurde (→S.14), hat sich auch deren Religion, der schiitische Islam, verbreitet.

Heute leben in Aserbaidschan 93 % Muslime (davon 85 % Schiiten, 15 % Sunniten).

Während der Zeit, als Aserbaidschan als Sowjetrepublik ein Teil der Sowjetunion war, haben sich viele Menschen von ihrer Religion distanziert und die Religionen nicht mehr gepflegt.

Dazu beigetragen hat die Verbreitung der sozialistischen Weltanschauung und die damit einhergehende Trennung von Staat und den Religionen.

Nur eine kleine Minderheit von etwa 10 % der Muslime übt ihren Glauben regelmäßig aus. Die meisten Aserbaidschaner praktizieren den Islam nur an religiösen Feiertagen wie dem Opferfest, dem Ramadan oder dem Frühlingsfest. (→S.49).

Mit der Unabhängigkeit Aserbaidschans 1991 erlebt der Islam aber eine Art Renaissance. Immer mehr Menschen wenden sich dem Islam zu, insbesondere durch den iranischen Einfluss im Süden des Landes.

Etwa 5 % Christen leben in Aserbaidschan. Die meisten von ihnen sind russisch-orthodox. Baku hat drei russisch-orthodoxe, eine lutherische und eine katholische Kirche. Landesweit gibt es 40 christliche Gemeindehäuser und 30 Kirchen.

Armenisch-apostolische Christen leben seit dem Krieg gegen Armenien um Bergkarabach nur noch in den Gebieten von Bergkarabach. Armenisch-apostolische Kirchen werden seitdem nicht mehr genutzt oder wurden abgerissen.

Etwa 30.000 Juden leben in Aserbaidschan, die meisten von ihnen in Baku.

Sie sind teilweise europäischer Herkunft, teils Taten und teils Juden aus Georgien.

Es gibt in Baku Synagogen und eine jüdische Schule, an der auch hebräisch gelehrt wird.

Im Land gibt es außerdem sechs Synagogen und fünf jüdische Schulen.

Feste und Festivals

Islamisches Opferfest - Gurban Bayram

Das islamische Opferfest wird unter dem Namen „Gurban Bayram“ gefeiert. Es ist das höchste islamische Fest, das zum Höhepunkt des Haddsch, der Pilgerfahrt nach Mekka, gefeiert wird. Das Fest dauert vier Tage. Das genaue Datum ist abhängig vom islamischen Mondkalender und kann deshalb zu jeder Jahreszeit stattfinden, es verschiebt sich im Sonnenkalender rückwärts um meist elf Tage pro Jahr.

Beim Opferfest gedenkt man dem Propheten Ibrahim, der nach der Überlieferung eine göttliche Probe dadurch bestanden hatte, weil er dazu bereit war, seinen Sohn Ismael zu opfern. Die Opferbereitschaft Ibrahims war dem Allah genug und Ibrahim konnte alternativ einen Widder opfern.

Zu diesem Familienfest wird traditionell ein Kamel oder eine Ziege geschlachtet und in einer meist mehrtägigen Feier auch gegessen.

Ramadan - Ramazan Bayram

Der neunte Monat des islamischen Mondkalenders, der Ramadan, ist der Fastenmonat der Muslime. Nach der islamischen Auffassung wurde in diesem Monat der Koran als Richtlinie für die Menschheit sowie als Zeichen des rechten Weges herabgesandt. Das Ende des Fastenmonats wird im direkten Anschluss mit dem Fest des Fastenbrechens (Aserbaidschanisch: Ramazan Bayram), gefeiert. Dieser ist der zweithöchste islamische Feiertag, der mit großen Familienfeiern und opulenten Festessen begangen wird. Man besucht die Moscheen zu Gebeten, macht sich gegenseitig Geschenke und gibt Spenden für gemeinnützige Zwecke.

Der Ramadan wird von den meisten Muslimen auch eingehalten.

Frühlingsfest - Novruz Bayram

Novruz Bayram ist traditionell das persische Neujahrsfest, wird aber weniger als Neujahrsfest, sondern mehr als Frühlingsfest begangen.

Novruz Bayram, am 20./21. oder 21./22. März, ist das Frühlingsfest und in Aserbaidschan ein staatlicher Feiertag.

Es ist bis heute eines der beliebtesten Feste des Landes. Das kann auch daran liegen, dass alle Bürger eine ganze Woche frei bekommen. Außerdem erhalten alle Familien Feiertagsgeld von der Regierung. Mit Musik und Tanz wird der Frühlingsanfang und die Tag-und-Nacht-Gleiche (das Äquinoktium) gefeiert, denn „Novruz“ bedeutet übersetzt “der neue Tag”. Überall im Land kann man sehen, wie mit den beiden Spielfiguren Kechal, der den

Frühling repräsentiert, und Kos, der den Winter repräsentiert, der Sieg des Frühlings über den Winter nachgespielt wird. Sie kämpfen mit bunt bemalten Eiern, die aneinander geschlagen werden. Mit Nüssen, Süßigkeiten, Trockenfrüchten und Gebäck werden die Tische geschmückt. Auf dem Lande gehören auch Pferderennen, Hahnenkämpfe und Kraftspiele zum typischen Festtagsprogramm.

In den vier Wochen vor dem eigentlichen Festtag laufen im ganzen Land die Vorbereitungen zum Feiertag auf Hochtouren. So werden an den vier Dienstagen vor dem Feiertag die vier Elemente Wasser, Wind, Erde und Feuer gefeiert. Einen Monat lang steht Festtagskost auf dem Speiseplan.

Abb. 24: Festtagstisch zum Novruz Rayram

In Aserbaidschan feiert man gerne und es gibt immer etwas zu feiern.

- das Aprikosenfestival in Goranboy (Ende Juni)
- das Seidenstraßen-Musikfestival in Sheki (Juni / Juli)
- das Wassermelonenfest in Sabirabad (Juli)
- das Salzfestival am Rosa Salzsee bei Masazir in Absheron (Juli)
- das Pilaf-Festival in Baku (Anfang September)
- das Granatapfelfestival in Goychay (Oktober)
- das Teppichfestival in Quba (Oktober)
- das Apfelfest in Quba (Oktober)
- das Festival des Tees in Lenkoran (Anfang November)
- das Kaki-Festival in der Gegend von Balakan (Anfang November)
- das Haselnussfest in Zaqatala (November)

Küche

Etwas ganz Besonderes und wirklich sehr beeindruckend ist die reiche und schmackhafte Küche Aserbaidschans. Unter den vielen Gerichten ist eines schmackhafter und interessanter als das andere.

Da Aserbaidschan ein muslimisches Land ist, gibt es hier kein Schweinefleisch. Es werden Hammel, Lamm, Rind und Geflügel sowie alle Arten von Gemüse gegessen. Es gibt auch viele Fischgerichte, weil das Land einerseits am Meer liegt, aber auch zahlreiche Flüsse und Seen hat. Besonders beliebt sind der Stör und der schwarze Kaviar des Störs.

Man verwendet gern sehr viele verschiedene Kräuter.

Aufgrund der reichen Kupfervorkommen entwickelte sich das Land seit 6.000 v.Chr. zu einem Zentrum des Kupferhandwerks. So verwendete man früher fast nur Geschirr aus Kupfer und auch heute ist dieses traditionelle Geschirr in einigen Regionen des Landes verbreitet.

Folgende landestypische Gerichte sind zu empfehlen:

Kuku

Kuku (oder Goyerti küküsü) ist eine traditionelle aserbaidschanische Vorspeise, die aus frischen Kräutern und Spinat in Kombination mit Eiern zubereitet wird.

Abb. 25: Kuku

Plov

Plov wird auch "König der Speisen" genannt, weil dieses Nationalgericht als etwas ganz Besonderes gilt. Es ist ein Gericht aus Reis, das beliebig mit Kräutern und besonderen Gewürzen wie Safran, Zimt und Kümmel variiert wird. Es gibt viele verschiedene Varianten von Plov. Das Kounna Plov wird mit Hammelfleisch, das Shirin Plov mit Trockenfrüchten, das Toyug Plov mit Hähnchenstückchen, das Sheryanchi Plov mit Eiern und Zwiebeln und das Chilov Plov wird mit Fisch und Bohnen zubereitet. Südlü Plov ist eine Art Milchreis.

Abb. 26: Plov

Gara

Abb. 27: Gara

Gara ist ein Gericht aus gebratenem Rinder- oder Hühnerfleisch und Trockenfrüchten. Plov wird gerne zusammen mit Gara serviert.

Dolma

Abb. 28: Dolma - gefüllte Weinblätter

Dolma sind gefüllte Weinblätter, die auf viele verschiedene Arten zubereitet werden. Dazu verwendet man Hackfleisch, Reis und unterschiedliche frische Gewürze. Dolma sind aus der aserbaidschanischen Küche nicht wegzudenken.

Lavangi

Abb. 29: Lavangi

Lavangi, ein Lieblingsessen in Aserbaidschan, ist gefülltes Hühnchen oder gefüllter Fisch. Meist wird Karpfen, Rutilus oder Stör verwendet, der mit gerösteten Zwiebeln, Walnüssen, Pflaumen, Kirschen oder dem Samen der Granatäpfel, also süß, gefüllt wird. Es wird eine sehr interessante Kombination der Aromen erreicht.

Gurza

Abb. 30: Gurza Knödel

Gurza ist Teil der nationalen Küche und eine Variante von mit Lammfleisch und Zwiebeln gefüllten Knödeln.
Namensgeber dieser Knödel ist die Gurza-Schlange, die auf der Halbinsel Absheron lebt und mit ihrem Rautenmuster auf dem Rücken dem Teig der Knödel ähnelt.

Khangal

Khangal ist ein traditionelles Nudelgericht aus kleinen gekochten Teigquadraten, die mit Butter, Hackfleisch und einer Joghurt-Knoblauch-Sauce, manchmal auch mit gebratenen Zwiebeln und Rührei serviert werden.

Abb. 31: Khangal

Guru Khingal

Guru Khingal ist gebratenes Lammhackfleisch und Zwiebeln auf flachen Nudeln, bestreut mit dem Samen der Granatäpfel. Auf die Nudeln wird Naturjoghurt gegeben, der das ölige Fleisch perfekt ausbalanciert. Neben Reis werden ebenso sehr viel Brot und einfaches Fladenbrot gegessen.

Abb. 32: Guru Khingal

Piti

Piti-Suppe ist eine Suppe aus Hammelfleisch und Erbsen. Sie kann individuell mit Kirschen, Pflaumen oder Safran verfeinert werden. Das Besondere an dieser Suppe ist, wie diese gegessen wird:
Zunächst schüttet man die Flüssigkeit auf einen Teller und isst diese zusammen mit Brot. Anschließend werden die festen Teile der Suppe mit der Gabel im Krug zerkleinert und danach zum Essen auf einen Teller gestürzt.
Sehr zu empfehlen!

Abb. 33: Piti mit Lamm, Kartoffeln, Kastanien und Erbsen

Dovga

Dovga ist eine Suppe mit Spinat, Joghurt und Reis, mit oder ohne Fleischklößchen.

Je nach Jahreszeit wird die Suppe kalt oder warm serviert.

Abb. 34: Dovga Suppe

Ovdukh

Ovdukh ist eine kalte Suppe mit Joghurt, gekochtem Fleisch, hartgekochten Eiern und Salatgurkenstreifen. In unterschiedlichen Versionen wird die Suppe mit Dill, Minze, Estragon oder Koriander gewürzt. Weil sie kalt ist, wird sie vor allem im Sommer gegessen.

Abb. 35: Ovdukh Suppe

Kufta Bozbash

Große Fleischbällchen zu einer köstlichen Brühe mit Kartoffeln, Erbsen und Hammelknochen gekocht, machen Kufta Bozbash zu einer der nationalen Suppen.

Je nach Region werden verschiedene Gewürze und oder auch getrocknete Pflaumen ergänzt.

Abb. 36: Kufta Bozbash

Dushbara Suppe

Dushbara ist eine Suppe aus Teigknödeln, die im Inneren mit Hackfleisch gefüllt sind. Die Suppe wird in Lammbrühe gekocht und meist mit einem Kännchen Essig am Tisch serviert.

Abb. 37: Dushbara Suppe

Gebratene Dushbara

Eine weitere Variation der aserbaidschanischen Dushbara-Knödel sind die gebratenen, mit Hackfleisch gefüllten Knödel, die vorzugsweise so klein sein sollen, dass bis zu 10 Stück auf einen Löffel passen.

Abb. 38: gebratene Dushbara mit Sauce

Qutab

Qutab ist ein dünner Teig, in dem vor dem Backen frische Kräuter eingerollt werden. Diese Teigtaschen werden auf einer wokförmigen umgedrehten Pfanne gebacken, die als Saj bezeichnet wird. Qutab wird, oft auch frisch zubereitet, am Straßenrand angeboten. Das sollte man unbedingt einmal probieren.

Abb. 39: Qutab

Lavash

Lavash ist ein ungesäuertes, crêpe-artiges Fladenbrot, das man eigentlich aus Zentralasien kennt. Die Brote werden z.B. mit Käse, Spinat, Kartoffeln, Fleisch oder Fisch gefüllt und geröstet.

Abb. 40: Lavash

Tandoori-Brot

Das Tandoori-Brot ist das traditionelle aserbaidschanische Brot.

Es wird in einem Lehmofen gebacken. Dieser Ofen heißt Tandoor und hat dem Brot seinen Namen gegeben.

Abb. 41: Tandoori-Brot

Fischgerichte

Die nationale Küche ist reich an Fischgerichten. Der Stör ist eine der bekanntesten Delikatessen, oft wird auch Zander oder Lachs angeboten.

Abb. 42: Gebratener Fisch Lavangi

Desserts

In Aserbaidschan kennt man eine Vielzahl an Nachspeisen und Gebäcken. So gibt es viele beliebte Süßigkeiten, die an die süße Baklava aus der Türkei erinnern, aber meist eine angenehme, milde Süße haben.

Firni

Firni ist ein Dessert der afghanischen Küche, das aus Reismehl hergestellt wird. Es ist eine Art süßer Reispudding mit Kardamom, Mandeln, Nüssen und Zucker.

Abb. 43: Firni

Shaker Churek

Der traditionelle Shaker-Churek-Keks, der nur aus wenigen Zutaten besteht, wird fast immer während des Frühlingsfestes „Novruz" gebacken. Er ist einer der beliebtesten Kekse des Landes.

Abb. 44: Shaker Churek Kekse

Pakhlava

Pakhlava ist der Klassiker, ein reichhaltiges, süßes Dessertgebäck aus verschiedenen Teigschichten mit Nüssen (Walnüsse, Mandeln oder Pistazien). Es entstand im Osmanischen Reich und ist heute typisch für die Küche des Nahen Ostens und Zentralasien .

Abb. 45: Pakhlava

Shekerbura

Shekerbura ist ein süßes Gebäck in Halbmondform, gefüllt mit gemahlenen Mandeln, Haselnüssen oder Walnüssen und Zucker.

Abb. 46: Shekerbura

Halva

Halva ist eine aserbaidschanische Art der türkischen Baklava, das aus Weizen und Malz hergestellt wird.
Die Zutaten sind gemahlener Sesam, Mehl oder Grieß, Nüsse, Zucker und Honig sowie Safran oder Rosenwasser. Das sehr süße und würzige Gebäck wird gern zum Tee gegessen.

Abb. 47: Sheki Halva

Tee

In Aserbaidschan gibt es vor allem schwarzen Tee. Dieses Nationalgetränk wird traditionell im Samowar zubereitet und in winzigen Gläsern serviert.

Abb. 48: schwarzer Tee

Sherbet / Sharbat

Sherbet ist ein süßes und kaltes Getränk aus Fruchtsäften, Zucker und oft auch Rosenwasser.
Sherbet stammt ursprünglich aus dem Iran, dort ist er aber im Vergleich zu den aserbaidschanischen Sherbets schwerer und dickflüssiger. Es gibt ihn in vielen verschiedenen Geschmacksrichtungen.

Abb. 49: Sherbet

UNESCO Kulturerbe

Weltkulturerbe Stätten

Zum UNESCO Weltkulturerbe gehören drei Stätten in Aserbaidschan:

1. der ummauerte Teil von Baku, die historische Innenstadt mit dem Schirwanschah Palast und dem Jungfrauenturm (seit 2000)
2. Felsenbilder und die Kulturlandschaft des Qobustan-Nationalparks (seit 2007)
3. Altstadt von Sheki mit dem Khanpalast (seit 2019)

Liste des immateriellen Kulturerbes

Die Liste wurde von der UNESCO im Jahre 2008 eingerichtet, um das immaterielle Kulturerbe weltweit stärker in das öffentliche Bewusstsein zu rücken. Dazu gehören:

1. aserbaidschanische Gesangs- und Instrumentalmusik mit hohem Improvisationsanteil (seit 2008)
2. aserbaidschanische Ashiqs-Kunst (seit 2009)
3. traditionelle aserbaidschanische Teppich-Webkunst (seit 2010)
4. Herstellung der Tar und die Kunst auf der Tar, eine Langhalslaute, zu spielen (seit 2012) → Abb. 50
5. Kunst und Symbolik von Kelaghayi, der Herstellung von Seidenkopftüchern und deren Tragen (seit 2014)
6. Kupferschmiedekunst in Lahij (seit 2015)
7. Neujahrs- und Frühlingsfest, Novruz (seit 2016)
8. Backen von Fladenbrot, Lavash (seit 2016)
9. Kunst des Bauens und Spielens der Kamantsche, ein Saiteninstrument (seit 2017) → Abb. 51
10. Tradition der Herstellung von Dolma, gefüllte Weinblätter (seit 2017) (→ Dolma S.52)
11. Kultur, Volksmärchen und Musik um die epische Figur „Dede Korkut“ (seit 2018) → Abb. 52

Abb. 50: Briefmarke mit Aserbaidschanischen Tar

Abb. 51: die Vorderseite der 1-ANZ Note: die Kamantsche

Abb. 52: Briefmarke zum Epos "Dede Korkut"

Kunst und Kultur

Das Kunsthandwerk hat eine lange Tradition. In vielen Geschäften im Land erhält man neben Souvenirs auch handgeknüpfte Teppiche, Seidengewebe, Stickarbeiten, Kupfer- und Holzwaren.

Teppichknüpfkunst

Die Geschichte des Teppichknüpfens auf dem Gebiet Aserbaidschans reicht höchstwahrscheinlich mehrere tausend Jahre zurück. Bei Ausgrabungen wurden entsprechende Geräte und Werkzeuge gefunden, mit eindeutigen antiken Darstellungen von Teppichen.

Marco Polo berichtete nach seinen Reisen im 13. Jh. von den prächtigen aserbaidschanischen Teppichen.

Die UNESCO hat bereits 2010 die berühmte, aserbaidschanische Teppichknüpfkunst als erhaltenswertes Kulturgut in die Liste des Welterbes aufgenommen. Lange Zeit war die Teppichweberei bzw. Teppichknüpferei die einzige nennenswerte Einnahmequelle des Landes. Heute ist Aserbaidschan einer der führenden Exporteure von Orientteppichen. Bis zu 20.000 m² Teppich werden pro Jahr ins Ausland exportiert. Etwa 90 % aller mit der Herkunftsbezeichnung „Kaukasus" versehenen Teppiche stammen aus Aserbaidschan.

Seit 2014 hat Aserbaidschan ein neues, beeindruckendes Teppichmuseum mit ebenso eindrucksvoller, themenbezogener Architektur, direkt am Boulevard in Baku. (→S.102)

Der hohe Stellenwert der Teppichkunst wird den Besuchern schnell bewusst.

Im Museum, das die größte aserbaidschanische Teppichsammlung der Welt besitzt, werden nationale Teppiche sowie Webtechniken und Webinstrumente ausgestellt.

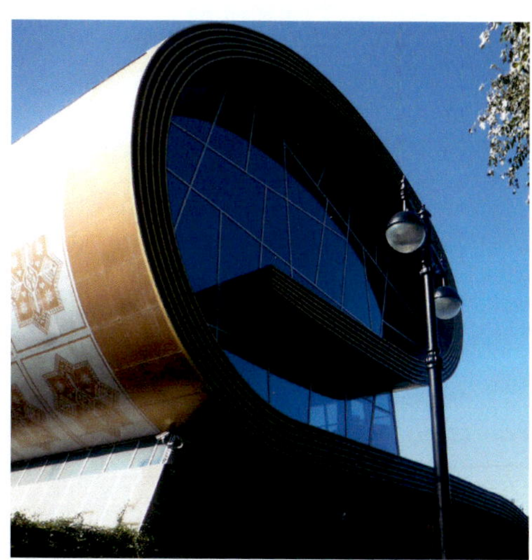

Abb. 53: Teppichmuseum in Baku

Abb. 54: Shebeke-Fenster

Shebeke-Fenster

Shebeke-Fenster haben auch über die Grenzen Aserbaidschans hinaus eine lange Tradition.

Die Herstellung der Shebeke-Fenster, der kunstvollen Glasfenster im Holzrahmen, ist ein besonderes Kunsthandwerk. Die Fenster bestehen aus kleinen, bunten Glasstückchen, die in dünne Holzrahmenteile mit Fugen gesteckt werden.

Sie sind in vielen Kirchen und Moscheen sowie alten Palästen im ganzen Land verwendet worden. Besonders eindrucksvolle Beispiele für die Kunst findet man im Khanpalast in Sheki (→S.82) und in der Moschee in Gaoja. Die Kunst der Herstellung dieser Shebeke-Fenster entstand im 18. Jahrhundert. Buntes Muranoglas aus Italien ist im Handel gegen Gewürze nach Aserbaidschan gelangt. Kleine Mosaikstücke aus buntem Glas werden passgenau, ohne Verwendung von Nägeln oder Leim, in einen Holzrahmen aus Kastanien- oder Walnussholz eingesetzt. Durch rein formschlüssiges Zusammensetzen von Rahmenteilen und Glasteilen wird eine hohe Stabilität des gesamten Fensters erreicht. Wenn die Sonne scheint, erstrahlt der jeweilige Raum in buntem Licht. Innerhalb der alten Stadtmauern von Sheki gibt es noch kleine Werkstätten, in denen einige erfahrene Handwerker diese Fenster nach altem Vorbild herstellen.

Malerei und bildende Kunst

In der langen Geschichte des Landes haben die Aserbaidschaner eine reiche und unverwechselbare Kultur mit langer Tradition geschaffen. Ein Großteil dieser Kunst ist dekorative und angewandte Kunst. Einer der bekanntesten Maler des Landes ist Sattar Bahlulzade (1909 - 1974), dessen expressionistische Landschafts-

Abb. 55: Nationales Kunstmuseum

gemälde erstaunlich bunt sind und etwas an Van Gogh erinnern. Das Nationale Kunstmuseum befindet sich in Baku. Das 1936 eröffnete Gebäude stellt mehr als 17.000 Exponate wie Gemälde, Skulpturen, Keramiken aus verschiedenen Epochen aus.

Architektur

Die Architektur wurde von den verschiedenen Eroberern geprägt und beeinflusst. Diese haben ihre Bauten und Baustile im Laufe der Geschichte hinterlassen. Im 6. und 7. Jh. entstanden kaukasisch-albanische Kirchen, danach mit dem aufkommenden Islam die Moscheen, Koranschulen, Bäder und Mausoleen.

Mit dem Öl im 19. Jh. kam das Geld nach Baku. In der Folge wurden zahlreiche Herrenhäuser für die reichen Industriellen errichtet. Unter deren Einfluss entstanden auch zahlreiche Gesellschaftsbauten wie Theater, Museen, die Oper, aber auch Krankenhäuser und Schulen.

Mit dem Beginn der Zugehörigkeit Aserbaidschans zur UdSSR entsprach auch der Baustil dem typischen Baustil jener Zeit, dem Konstruktivismus. Diese Stilrichtung ist von schlichten geometrischen Formen geprägt, bei der nicht die Ästhetik oder die Kunst, sondern die Funktion im Vordergrund stand. In den dreißiger Jahren wurde bereits die Rückkehr zur Tradition gefordert, sodass die Architektur wieder ästhetischer wurde. Ein typisches Bauwerk für dieses Umdenken ist der alte Bahnhof von Baku.

Abb. 56: Historischer Bahnhof in Baku

Die Architektur in Aserbaidschan verbindet heute typische Elemente aus Ost und West miteinander. Nach der Jahrtausendwende hat sich der Baustil Bakus wieder stark verändert. Durch den Ölboom (→S.37ff) war genug Geld vorhanden, um zahlreiche moderne Bauten zu errichten, die Baku einen ganz besonderen Charme eingebracht haben. Zu den bekanntesten Gebäuden gehören die Flame Towers, das Teppichmuseum, das Heydar Aliyev Center, das Nationalstadion und auch die U-Bahnhöfe von Baku, die für ihr üppiges Dekor bekannt sind.

Literatur

Abb. 57: Nizami Mausoleum in Ganja

Die aserbaidschanische Literatur hat schon seit Jahrhunderten eine große kulturelle Bedeutung. Sie reflektiert die Besonderheiten und die vielfältige Geschichte des aserbaidschanischen Volkes, sowie dessen geistiges Wachstum. Die Literatur spielte bei der Entstehung der nationalen Identität eine bedeutende Rolle.

National bedeutende Schriftsteller werden in der Gesellschaft sehr geachtet. In vielen Städten befinden sich Denkmäler für bekannte Schriftsteller. Insbesondere Nizami Ganjavi, der in persischer Sprache schrieb, ist ein Nationalheld. Er lebte in Ganja und verfasste im 12. Jh. einige sehr bekannte Geschichten und Gedichte. „Lejli und Medschnun" zählt zu seinen bekanntesten Werken, das oft als Vorbild für die Tragödie „Romeo und Julia“ von Shakespeare betrachtet wird.

Mohammed Fuzüli ist einer der herausragendsten Dichter der klassischen aserbaidschanisch-türkischen Literatur aus dem 16. Jahrhundert. Er schrieb Gedichte in aserbaidschanischer, persischer und arabischer Sprache. Er gestaltete auch die Geschichte von Nizami „Lejli und Medschnun“ weiter aus und machte sie so noch bekannter.

Nur wenige aserbaidschanische Bücher wurden ins Deutsche übersetzt. Darunter sind Werke von Essad Bey (geb. 1905 in Baku, gest. 1942 in Positano) und von Anar Rzayev (geb. 1938 in Baku).

Abb. 58: Nizami Ganjavi (1141–1209)

Sport

In den letzten Jahren gab es viele Bemühungen, internationale Sportereignisse nach Aserbaidschan zu holen und das Land auf diesem Wege bekannter zu machen. Mit Sport und Sportereignissen wird Politik gemacht.

Bei Olympischen Sommerspielen sind die Athleten aus Aserbaidschan schon länger relativ erfolgreich vertreten.

Aserbaidschan hatte sich für die Ausrichtung der Olympischen Spiele 2016 und 2020 beworben, ist jedoch gescheitert.

Im Jahre 2015 wurden in Baku die ersten Europaspiele ausgetragen. An diesen ersten Europaspielen waren 6.000 Athleten aus 50 Staaten in 20 Sportarten vertreten. Die nationalen Verbände für Leichtathletik und Schwimmen waren jedoch gegen diese Spiele, sodass deshalb nicht alle Top Athleten in Baku erschienen.

Fußball wird auch in Aserbaidschan immer beliebter. „Neftci Baku“ und „FK Garabag Agdam“ sind Fußballvereine, die bereits in der Europa League mitspielten. Zwischen 2008 und 2014 war Berti Vogts der Trainer der aserbaidschanischen Fußball-Nationalmannschaft.

Im 2015 neu errichteten Nationalstadion Baku (→S.113) wurden die Europaspiele 2015, das Endspiel der UEFA Europa League 2018/19 sowie vier Spiele der Fußball-Europameisterschaft 2021 ausgetragen.

Seit 2016 wird in Baku auch ein Formel 1 Grand Prix Rennen ausgetragen. (→S.109) Ähnlich wie in Monaco führt die Strecke auf einem etwa sechs Kilometer langen Kurs durch die Stadt.

Eine beliebte Sportart ist neben Gymnastik, Judo, Gewichtheben und Boxen auch das Freestyle Wrestling, das traditionell ein Nationalsport ist.

Der eigentliche Nationalsport ist Schach. Der Schachweltmeister zwischen 1985 und 2000 Garri Kasparow (* 1963 in Baku) hatte zwar 2005 seine aktive Karriere beendet, dennoch gibt es immer noch eine große Anzahl aktiver Großmeister in Aserbaidschan.

Abb. 59: Schachspieler auf dem Boulevard in Baku

Naturschutzgebiete, Reservate und Nationalparks

Die ersten drei Naturschutzgebiete Aserbaidschans entstanden mit den Göygöl, Zaqatala und Gizilaghaj bereits in den dreißiger Jahren des 20. Jhs.. Im Jahre 1969 wurden weitere sieben Naturschutzgebiete gegründet, unter ihnen die Reservate Shirvan, Aghgol und Altiaghach.

Bei der Gründung des Ministeriums für Natur- und Umweltschutz im Jahre 2001 standen bereits ca. 5 % der Fläche unter Naturschutz. Seitdem wird die Fläche der Schutzgebiete stetig vergrößert.

Heute gibt es insgesamt zehn Nationalparks, die alle zwischen 2003 und 2018 gegründet wurden. Der erste Nationalpark war der Zangazur-Nationalpark, der Jüngste ist der Gizilaghaj Nationalpark.

Außerdem gibt es zahlreiche Naturreservate (→S.85) und Schutzgebiete (→S.89), die insgesamt bereits mehr als 10 % der Landesfläche einnehmen. Ziel ist es, die Gesamtfläche der Nationalparks, Naturreservate und Schutzgebiete in der Zukunft insgesamt auf eine Fläche von 15-20 % des Staatsgebiets auszuweiten.

Die touristische Nutzung der Nationalparks ist noch recht neu. Deshalb ist auch die Infrastruktur kaum ausgebaut. Es gibt wenige Hinweisschilder, markierte Wanderwege und sonstige Informationen.

Für alle Nationalparks bestehen strenge Zugangsregeln. Parks, die für Besucher geöffnet sind, können nur mit einem Ticket betreten werden, das im Voraus gekauft wurde. Die Gebühr ist gering und beträgt ca. 1 €/ Tag. Tickets kann man online kaufen unter:
http://e-xidmet.eco.gov.az

Genehmigung und Banküberweisung können mehrere Wochen dauern. Sie sollten rechtzeitig vor Ihrem Besuch diese Buchung vornehmen. Am Parkeingang müssen Sie Ihren Ausweis und die Zahlungsbestätigung vorlegen.
Während des Besuchs im Nationalpark gelten Verhaltensregeln wie rücksichtsvolles Verhalten, Vermeidung von Schmutz und Lärm, auf den ausgewiesenen Wegen zu bleiben sowie den Anweisungen des Nationalparkpersonals zu folgen. Bei Verstößen gegen die Regeln muss man mit Strafen rechnen.
Mit einer besonderen Erlaubnis ist es möglich, an bestimmten Stellen zu jagen oder zu angeln. Eine Versicherung, die Unfälle im Nationalpark abdeckt wie Infektionskrankheiten oder Verletzungen durch wilde Tiere (z.B. Schlangenbisse) wird empfohlen.

Alle allgemeinen und aktuellen Informationen zu den Nationalparks sowie Zugangsregelungen und Angebote sind auf der offiziellen Website des Ministeriums für Natur- und Umweltschutz zusammengestellt: www.eco.gov.az

Absheron Nationalpark

Allgemeines

Der Absheron Nationalpark befindet sich auf der Halbinsel Absheron nordöstlich von Baku. Der Park ist mit nur knapp 8 km² der kleinste Park und besteht hauptsächlich aus Grasland. Im Jahre 2005 wurde der Park von einem Naturschutzgebiet, das bereits 1969 gegründet wurde, in einen Nationalpark umgewandelt.

Natur

Der Nationalpark an der äußersten Spitze der Halbinsel bietet auf den Salzwiesen für Wasservögel wie Enten, Möwen und Seeschwalben, aber auch für Kaspische Robben eine Zufluchtsstätte und Heimat. Außerdem leben hier Füchse, Schakale, Schildkröten und Wasserschlangen.

Abb. 60: Nationalpark Absheron

Touren, Wanderungen und Erlebnisse

Vom Besucherzentrum aus beginnen zwei Trails, jeweils mit gleichem Hin- und Rückweg.

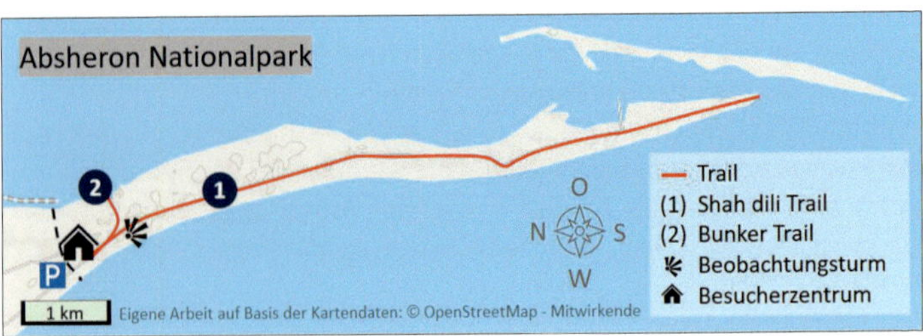

Besucherzentrum und Museum

Besucherzentrum
40°17'47.7"N 50°20'56.2"E
40.296591, 50.348937
78WX+JH Zirya

Im Verwaltungsgebäude des Nationalparks gibt es das Besucherzentrum und im Museum eine kleine Fotoausstellung.

Der Eingang zum Nationalpark befindet sich etwa 70 km von Baku entfernt. Auf dem Weg durch die Halbinsel Absheron, bis zum Eingang des Nationalparks, sind an vielen Stellen Ölbohranlagen zu sehen. Man hat deshalb nicht den Eindruck, in direkter Nähe zu einem Naturschutzgebiet zu sein.

Abb. 61: Absheron Nationalpark

Altiaghach Nationalpark

Allgemeines

Der Altiaghach Nationalpark befindet sich im Nordosten Aserbaidschans, am Fuße des Großen Kaukasus, am Fluss Gilgilchay, in einem Gebiet, in dem Halbwüstenklima herrscht. Ganz in der Nähe liegen die Städte Khizi und Altiaghach. Im Jahre 2004 wurde der Nationalpark auf dem Gebiet des bereits seit 1990 bestehenden Naturreservats gegründet. Der Park hat eine Fläche von mehr als 110 km² und erstreckt sich über Höhenlagen zwischen 800 m und 2.000 m. Für die Einwohner von Baku ist der Park ein beliebtes Erholungsgebiet.

Natur

Der Park wird geprägt durch leichte Hügel und Täler und den Fluss Gilgilchay mit seinen Nebenflüssen, mit Quellen, Wiesen und Wäldern. In den Laubwäldern findet man viele verschiedene Baumarten wie Kaukasische Eichen, Hainbuchen, Eschen und Birken.

Abb. 62: Altiaghach Nationalpark

Braunbären, Füchse, Marder und Wölfe haben hier ihren Lebensraum. Besonders schön ist es zwischen März und Juni, wenn die Orchideen, Primeln und Gladiolen auf den weiten Wiesen blühen.

Touren, Wanderungen und Erlebnisse

Es werden mehrere Autotouren und unterschiedlich anspruchsvolle Wandertouren angeboten. Ein Weg führt z.B. entlang des Flusses nach Altiaghach (22 km). Weitere Routen führen in die Berge nach Kyzylkazama (17 km) oder von Khizi nach Khirak (14 km).

Auf einem Rundweg kann man über die Berge zu den Ortschaften Beyakhmedyurd und Vardah (↺ 12 km ↕300 m ◷ 3,5 h) wandern.

Am Eingang des Nationalparks ist es möglich, Wanderkarten und Tourenführer sowie nähere Informationen zu den Zeltplätzen zu erhalten. Außerdem stehen Ferngläser, Kompasse, Fahrräder und Zelte zum Ausleihen zur Verfügung.

Besucherzentrum und Museum

Besucherzentrum
40°55'21.7"N 49°02'12.0"E
40.922700, 49.036660
W2FP+3M Khalanj

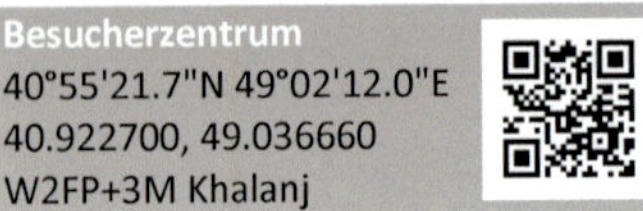

Der Park ist etwa 110 km von Baku entfernt. Man fährt über die E119 bis Gilazi, hier von der Autobahn ab und landeinwärts 28 km bis Khizi bzw. 45 km bis nach Altiaghach. Das Besucher- und Informationszentrum sowie das Museum zum Altiaghach Nationalpark befinden sich im Verwaltungsgebäude des Nationalparks, am Eingang zum Park, etwa 5 km nach Khizi.

Khizi

Khizi
40°54'43.5"N 49°04'20.0"E
40.912084, 49.072231
W36C+RV Xizi

Die Rayonhauptstadt Khizi liegt direkt neben dem Nationalpark. Sie ist bekannt für die ungewöhnliche Natur in der näheren Umgebung zum Nationalpark, die Candycane Berge (→S.123), die wegen der rot-weißen Streifen ihren Namen erhalten haben. Die Farben entstehen durch Eisenverbindungen im Grundwasser.

Abb. 63: Candycane Berge bei Khizi

Samur-Yalama Nationalpark

Allgemeines

Der im Jahre 2012 gegründete Nationalpark befindet sich an der Nordspitze von Aserbaidschan, direkt an der Küste des Kaspischen Meeres und direkt an der russischen Grenze, im Rayon Xacmaz. (→S.135)

Der Nationalpark ist 117 km² groß und größtenteils von Wald bedeckt. Es ist der einzige Wald des Landes, der bis zur Küste am Kaspischen Meer

Abb. 64: Wald im Samur-Yalama Nationalpark

reicht. In den Mischwäldern wachsen Baumarten wie Eiche, Hainbuche, Erle, Pappel, Kirsche und Ahorn.
Im Park leben Wildschweine und Waschbären. Im Inneren des Parks gibt es wunderschöne Schluchten sowie viele Quellen, Bäche und Flüsse, in denen Fischarten wie Brasse und Kutum (ein typischer Fisch für das Kaspische Meer und seiner Zuflüsse) vorkommen.
Auch bedrohten Tierarten wie Schilfkatze, Luchs, Kaukasischer Hirsch, Falke, Fischadler bietet der Park einen Lebensraum.
Das Gebiet von Xacmaz ist als "Obstparadies" bekannt. Am Straßenrand zwischen Nabran, Yalama und Khudat werden an zahlreichen Verkaufsständen einheimisches Obst, Obstsäfte, getrocknete Früchte und Gemüse angeboten. Bekannt sind vor allem die großen roten, süßen und saftigen Khachmaz-Kirschen.

Touren, Wanderungen und Erlebnisse

Allmählich entwickelt sich in den letzten Jahren der Tourismus im Samur-Yalama Nationalpark. Inzwischen kann man auf einigen kleinen Trails das Gebiet im Nationalpark erkunden. Detailinformationen werden im Tourist Information Center in Xacmaz angeboten.

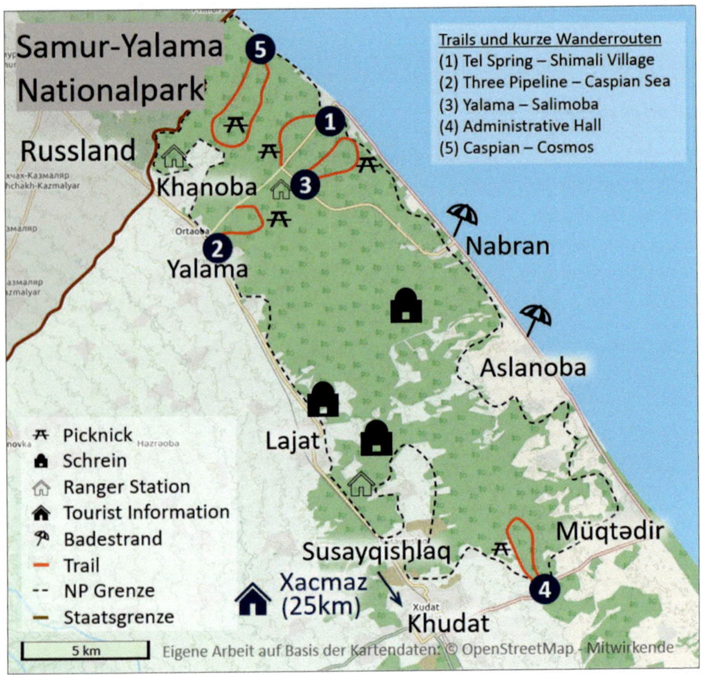

Am schmalen Küstenstreifen zwischen Müqtadir (Mukhtadir oder Muxtedir) und dem 13 km nördlich gelegenen Nabran wurden in den letzten Jahren einige Ferienresorts und Hotelanlagen errichtet. Insbesondere im Sommer können hier die Urlauber Erholung finden und haben auch Gelegenheit, den Sandstrand des Kaspischen Meeres zu nutzen.

Tourist Information

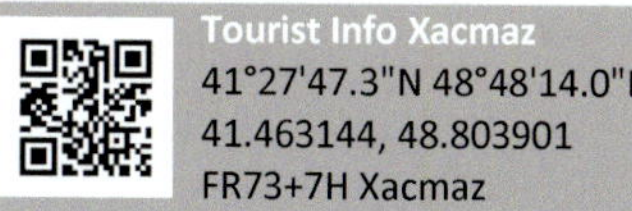

In Xacmaz, der Rayonhauptstadt, etwa 25 km südlich von Khudat, befindet sich das Tourist Information Center, in dem auch über den Nationalpark informiert wird.

Abb. 65: Samur-Yalama-Nationalpark - Küste am Kaspischen Meer

Shahdag Nationalpark

Allgemeines

Der Shahdag-Nationalpark befindet sich im Norden, verteilt auf die sechs Teilgebiete in den Regionen Quba, Gusar, Ismayilli, Gabala, Oguz und Shamakhi. Er wurde 2006 mit einer Fläche von 1.159 km² gegründet und bereits 2010 auf 1.305 km² erweitert. Die ungewöhnliche Aufteilung des Parkes auf mehrere Regionen liegt einerseits an der insgesamt großen Fläche des Parks und andererseits daran, dass die Naturreservate Ismayilli und Pirgulu die Basis des Parkes bildeten.

Der Park ist geprägt von den Bergen des Großen Kaukasus. Hier liegen die höchsten Berge Aserbaidschans, der Bazardüzü (4.466 m) und der Tufandag (4.206 m). Auch der Shahdag (4.243 m), dessen Namen der Nationalpark trägt, und der Yarudag (4.116 m) befinden sich nur wenige Kilometer nördlich des Parkes. Der Shahdag ist der zweithöchste Gipfel des Landes und wird bei Forschern und Bergsteigern mit "Shah Dag" bezeichnet, was "König der Berge" bedeutet.

Abb. 66: Shahdag Nationalpark

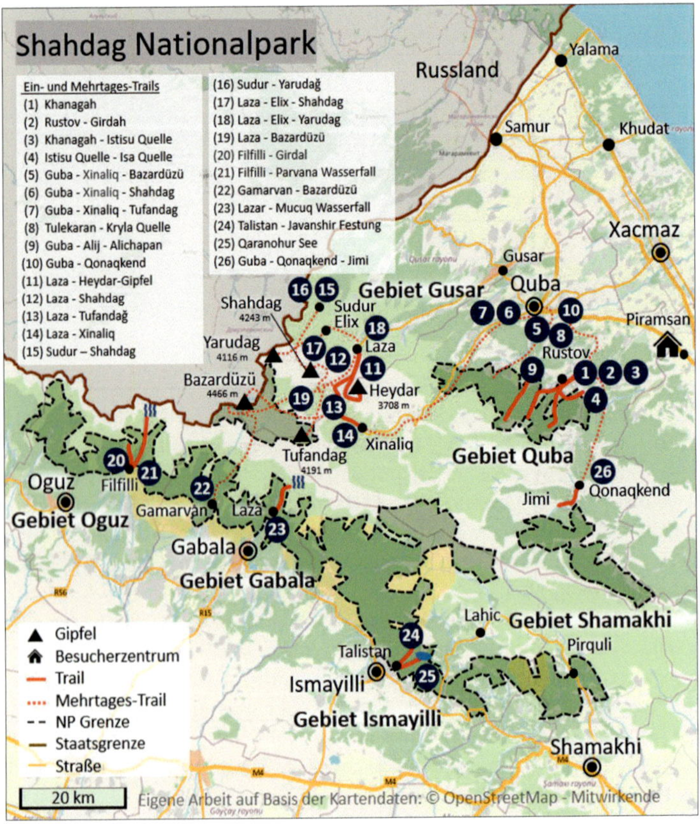

Shahdag Nationalpark

Ein- und Mehrtages-Trails

(1) Khanagah
(2) Rustov - Girdah
(3) Khanagah - Istisu Quelle
(4) Istisu Quelle - Isa Quelle
(5) Guba - Xinaliq - Bazardüzü
(6) Guba - Xinaliq - Shahdag
(7) Guba - Xinaliq - Tufandag
(8) Tulekaran - Kryla Quelle
(9) Guba - Alij - Alichapan
(10) Guba - Qonaqkend
(11) Laza - Heydar-Gipfel
(12) Laza - Shahdag
(13) Laza - Tufandağ
(14) Laza - Xinaliq
(15) Sudur – Shahdag
(16) Sudur - Yarudağ
(17) Laza - Elix - Shahdag
(18) Laza - Elix - Yarudag
(19) Laza - Bazardüzü
(20) Filfilli - Girdal
(21) Filfilli - Parvana Wasserfall
(22) Gamarvan - Bazardüzü
(23) Lazar - Mucuq Wasserfall
(24) Talistan - Javanshir Festung
(25) Qaranohur See
(26) Guba - Qonaqkend - Jimi

Russland
Yalama
Samur
Khudat
Xacmaz
Gusar
Quba
Piramsan
Gebiet Gusar
Shahdag
4243 m
Sudur
Elix
Laza
Yarudag
4116 m
Rustov
Bazardüzü
4466 m
Heydar
3708 m
Xinaliq
Tufandag
4191 m
Gebiet Quba
Jimi
Qonaqkend
Oguz
Filfilli
Gamarvan
Laza
Gebiet Oguz
Gabala
Gebiet Gabala
Lahic
Gebiet Shamakhi
Pirquli
Talistan
Ismayilli
Gebiet Ismayilli
Shamakhi

▲ Gipfel
Besucherzentrum
Trail
Mehrtages-Trail
NP Grenze
Staatsgrenze
Straße

20 km

Eigene Arbeit auf Basis der Kartendaten: © OpenStreetMap - Mitwirkende

Der Nationalpark ist sehr wichtig für die Erhaltung der Artenvielfalt an Säugetieren. Die Hälfte der zahlreich in Aserbaidschan vorkommenden Säugetierarten leben in diesem Park, darunter Wölfe, Luchse, Braunbären, Wildschweine, verschiedene Hirscharten, Füchse, Dachse, Schakale und Otter.

Touren, Wanderungen und Erlebnisse

Die herrliche Bergwelt des größten Nationalparks des nördlichen Kaukasus zieht Wanderer und Naturfreunde besonders in seinen Bann. Der Shahdag Nationalpark ist ideal zum Wandern, Bergsteigen und Pferdetrekking. Die beiden bekannten Bergdörfer Laza (→S.144) und Xinaliq (→S.140), außerhalb der Grenzen des Nationalparks, bieten besonders gute Bedingungen zum Start der verschiedenen Wander- und Trecking-Touren im Großen Kaukasus.

Die Tour zwischen beiden Bergdörfern Laza und Xinaliq (→19,5 km ↑1.430 m ↓ 920 m 🕒 6 h) zählt zu den eindrucksvollsten Touren im Großen Kaukasus. Auch die höchsten Gipfel in dieser Region, der Bazardüzü, der Shahdag, der Yuradag, der Tufandag und auch der Heydar können mit den entsprechenden Genehmigungen und Tickets jeweils in Mehr-Tages-Wanderungen bestiegen werden, wobei in einfachen Hütten, privaten Gästehäusern oder im eigenen Zelt übernachtet werden kann. Es gibt natürlich auch einige kürzere Wanderwege und Trails.

Abb. 67: Blick vom Bazardüzü

Besucherzentrum und Museum

Das Besucherzentrum und die Tourist-Information befinden sich in Piramsan, einer kleinen Ortschaft unweit der M1, der Autobahn zwischen Baku und Xacmaz (→S.135).

In Xinaliq (→S.140) gibt es ein Museum mit alten Dokumenten zum Shahdag-Nationalpark.

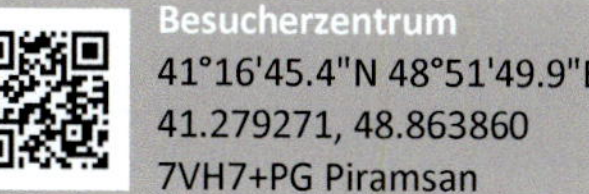

Göygöl Nationalpark

Allgemeines

Der Göygöl Nationalpark besteht seit dem Jahre 1925 als erstes Naturreservat in Aserbaidschan. Im Jahre 2008 wurde das Reservat auf eine Fläche von 127 km² ausgeweitet und als Nationalpark gegründet. Der Park befindet sich im Westen des Landes, im Kleinen Kaukasus, d.h. in den Regionen Göygöl, Dashkasan und Goranboy, am Nordhang des Mount Kapaz.

Der etwa 0,7 km² große Göygöl See ist der größte und einer der schönsten Seen in der Region. Daneben gibt es weitere kleine Seen im Park wie der Maralgöl, Garagöl, Zaligöl, Cilligöl, Qamisligöl und Samliqgöl. Teilweise entstanden diese Seen im Jahre 1139 bei einem Erdbeben, als abgebrochene Felsen vom Mount Kapaz den kleinen Fluss Aghsuchay, einem Nebenfluss des Kurakchay, blockierten.

Auf Höhenlagen zwischen 1.100 m und mehr als 3.000 m bietet die Landschaft felsige Bergmassive, tiefe Täler, wunderschöne Berghänge, Bergseen, Wiesen und üppige Wälder. Es gibt mehr als 400 Pflanzenarten, darunter die Orient-Buche, die Orient-Eiche, die Kaukasische Kiefer, die Hainbuche, die Papierbirke. Auch die Tierwelt ist sehr vielfältig. Hier leben z.B. Rotwild, Braunbären, Luchse, Zwergadler, Steinadler, Falken, Geier, Eule und Fasane.

Abb. 68: Göygöl-See im Nationalpark

Touren, Wanderungen und Erlebnisse

Im Nationalpark stehen den Besuchern neun Tracks zur Verfügung, um die Natur zu erleben. An der Grenze des Nationalparks liegt der Mount Kapaz (Kapazdag), zu dem eine der Touren führt. Mit einer Höhe von 3.065 m bietet sich eine sehr schöne Aussicht auf den Park.

Mount Kapaz
40°21'15.0"N 46°20'42.5"E
40.354173, 46.345136
983W+M3 Toghanali

Abb. 69: Mount Kapaz im Göygöl Nationalpark, 3.065 m

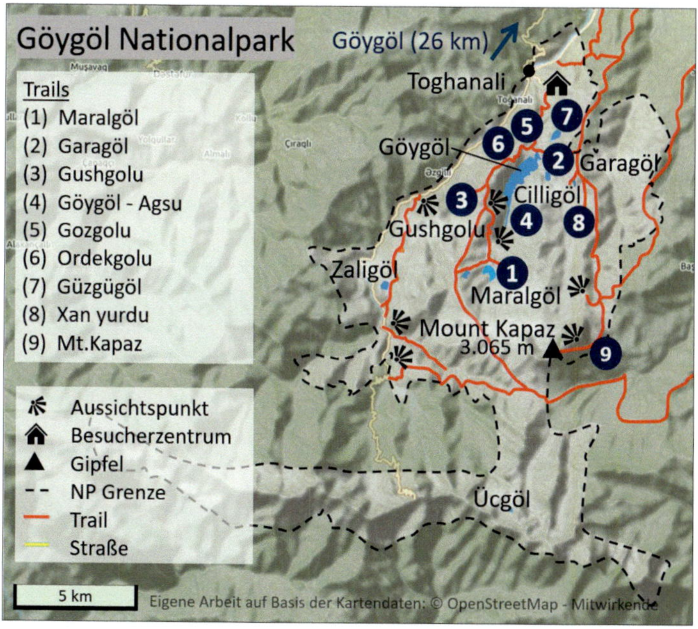

Besucherzentrum

Besucherzentrum
40°26'14.2"N 46°20'19.3"E
40.437274, 46.338697
C8PQ+WF Toghanali

Der Nationalpark ist 390 km von Baku entfernt. Das Besucherzentrum des Parks liegt etwa 1 km hinter dem Abzweig im kleinen Dorf Togana, direkt an der Straße. Von hier aus sind es noch etwa 5 km bis zum Göygöl See.

Göygöl

Die Stadt Göygöl, die seit dem Jahre 2008 den Namen des Göygöl Sees (zu Deutsch: „blauer See") trägt, liegt etwa 25 km nördlich des Nationalparks. Das frühere Helenendorf wurde im 19. Jh. von Deutschen aus Schwaben besiedelt, deren Spuren heute noch sichtbar sind. Es gibt hier eine „deutsche Straße" mit typisch schwäbischen Häusern und einer lutherischen Kirche. (→ Göygöl, S.174)

Ag Gel Nationalpark

Allgemeines

Der Ag Gel Nationalpark (aserbaidschanisch: Ag göl Milli Park) befindet sich in der zentralen Tiefebene.
Der Park wurde 2003 auf den Gebieten des ehemaligen Ag-Gol-State-Reserve und dem Ag-Gol-State-Game-Reserve gegründet. Er umfasst ein Gebiet von fast 179 km².
Einen großen Teil des Parks bildet der Aggöl See, der ein international anerkanntes Gebiet für Vogelschutz ist. 2001 wurde dieser See in die Liste zum Schutz international bedeutender Feuchtgebiete, die sog. Ramsar-Konvention, aufgenommen.
Aggöl bedeutet „weißer See" in Anlehnung an die vielen Vögel, deren weiße Federn auch im hohen Gras hell leuchten und von weitem wie weiße Farbklekse aussehen.
Der Park ist umgeben von Steppen und Halbwüsten. Im Frühling sind die Wiesen voller Blüten. Im Sommer kommen die Bienenfresser, ein schöner bunter Zugvogel, der in Afrika überwintert.
Hier leben mehr als 140 Vogelarten, einige Schlangenarten und Schild-

Abb. 70: Bienenfresser

kröten. Der Park ist ein sehr wichtiger Nistplatz für mehr als 100.000 Wasser-, Sumpf- und Marschvögel.

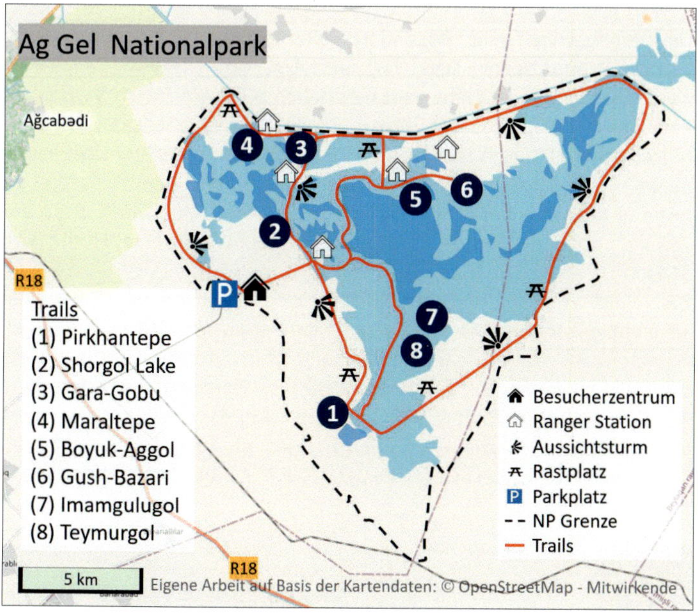

Touren, Wanderungen und Erlebnisse

Auf verschiedenen Routen können Besucher gemeinsam mit einem Nationalparkführer den Park erkunden. Es ist möglich, mit dem Auto einen Teil der Wege zu fahren. Von den hohen Beobachtungstürmen sind die Biotope sehr gut zu überblicken und Tiere zu beobachten. Möglichkeiten zur Vogelbeobachtung gibt es viele wie z.B. vom Damm in der Nähe des Parkeingangs, bei Wanderungen entlang der Kanäle oder vom Boot auf dem See. Ferngläser und Teleskope kann man ausleihen.

Besucherzentrum und Museum

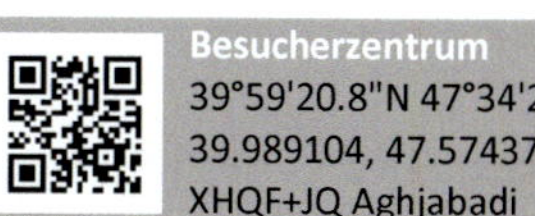

Direkt am Eingang zum Park befindet sich das Verwaltungsgebäude des Nationalparks, 7 km von der Hauptstraße (R18), zwischen den Orten Aghjabadi und Turklar, entfernt. Hier sind auch das Besucherzentrum sowie ein Museum, das über Fauna und Flora, Geschichte und Ethnographie informiert.

Shirvan Nationalpark

Allgemeines

Der einzigartige und besonders interessante Shirvan Nationalpark liegt im Südosten von Aserbaidschan, in der Nähe zum Kaspischen Meer, im Salyan Rayon. Der Park wurde 2003 gegründet. Dazu wurden die größten Teile des seit 1969 bestehenden Naturschutzgebietes „Shirvan State Reserve" (→S.86) in den neuen Nationalpark übernommen. Das frühere Naturschutzgebiet bestand zunächst auf einer Fläche von 177 km² und wurde 1982 auf 258 km² erweitert. Heute umfasst der Nationalpark eine Fläche von 544 km².

Der Park besteht aus Halbwüsten und Feuchtgebieten, einigen Schlammvulkanen sowie etwa 40 km² Wasserflächen. In den sumpfigen Gebieten des Nationalparks nisten und überwintern besonders viele seltene Vogelarten wie Trappen, Pelikane, Flamingos, Schwäne und Blässhühner. Neben den Kropfgazellen, die in dieser Region weit verbreitet sind, leben im Park auch Füchse, Schakale, Wölfe, Wild- und Dschungelkatzen, Eidechsen, Schlangen, Dachse, Biber, Schildkröten sowie Kaspische Robben.

Abb. 71: Shirvan Nationalpark

Touren, Wanderungen und Erlebnisse

Am Eingang zum Nationalpark starten organisierte Wandertouren. Man kann den Park auch mit dem Auto erkunden, einige Strecken erfordern aber Allrad-Fahrzeuge. Am Gizilgazsee, dem Flamingo-See, ist es möglich, von einem Beobachtungsturm die Vögel im See oder an den Uferlagunen zu beobachten. In Bandovan (→S.89) sind drei aktive Schlammvulkane mit vielen hohen Kratern, wobei der „Bandovan Mountain" der bekannteste Schlammvulkan im Park ist. Auf den Touren gibt es Gelegenheiten, die Schreine in Bandovan und Yulgur oder den Strand von Gizilgum zu besuchen.

Auch Schwimmen im Kaspischen Meer ist möglich. Im Park stehen sehr einfache Unterkünfte zur Verfügung, auch Camping ist mit einer speziellen Erlaubnis möglich.

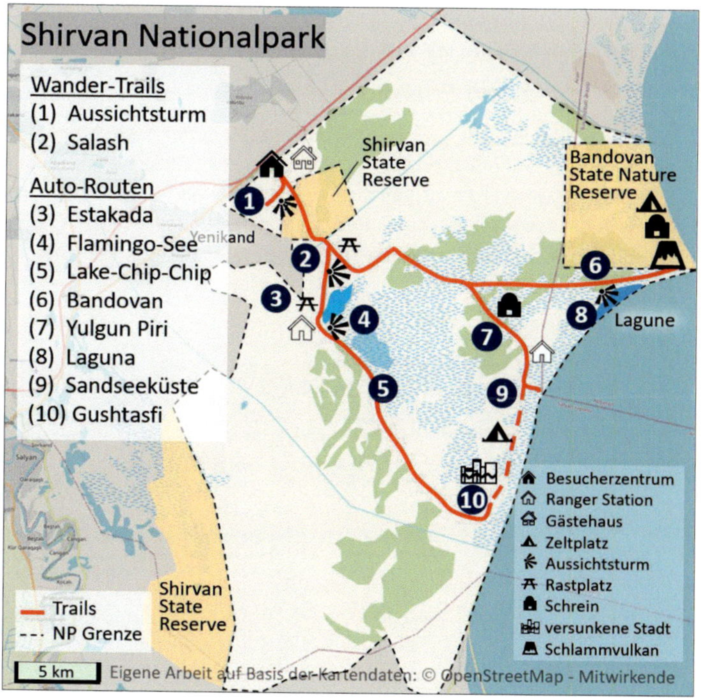

Shirvan Nationalpark

Wander-Trails
(1) Aussichtsturm
(2) Salash

Auto-Routen
(3) Estakada
(4) Flamingo-See
(5) Lake-Chip-Chip
(6) Bandovan
(7) Yulgun Piri
(8) Laguna
(9) Sandseeküste
(10) Gushtasfi

Yenikand
Shirvan State Reserve
Bandovan State Nature Reserve
Lagune
Shirvan State Reserve

Besucherzentrum
Ranger Station
Gästehaus
Zeltplatz
Aussichtsturm
Rastplatz
Schrein
versunkene Stadt
Schlammvulkan

Trails
NP Grenze
5 km

Eigene Arbeit auf Basis der Kartendaten: © OpenStreetMap - Mitwirkende

Besucherzentrum und Museum

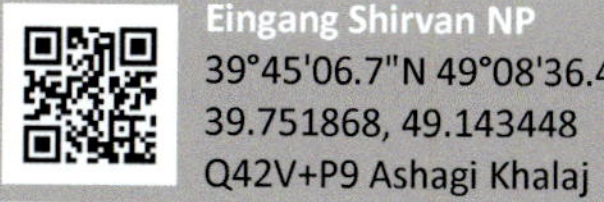

Der Eingang zum Nationalpark befindet sich neben der Autobahn Baku-Alet-Astara (E119/ M3), etwa 100 km südlich von Baku.

Hier können auch das Besucherzentrum sowie ein Museum zu historischen und ethnographischen Themen besichtigt werden.

Gizil-Agach Nationalpark

Der Gizil-Agach Nationalpark wurde erst 2018 aus dem früheren Naturschutzgebiet gegründet und ist somit der jüngste Nationalpark.
Auf einer Fläche von 990 km² dient er vor allem dem Schutz der hier nistenden Zugvögel.
Der Großteil des Parks besteht aus Lagunen, Sumpfgebieten und vorgelagerten Inseln im Kaspischen Meer. Hier sind viele der als gefährdet eingestuften Vogelarten beheimatet wie Flamingo, Pelikan, Trappe, Marmorente. Daneben leben Wildschweine, Wölfe, Wildkatzen, Dachse, Zobel, Füchse und Vipern im Park.

Wanderungen und Erlebnisse

Die Besucher können den Nationalpark auf verschiedenen Trails erkunden. Auch für Autos oder Motorräder sind bestimmte Routen erlaubt. Mit kleinen Motorbooten, die ausgeliehen werden können, ist es möglich, zu den Inseln des Parks zu gelangen. Informationen zu den möglichen Trails gibt es im Besucherzentrum des Nationalparks.

Gizil-Agach Nationalpark
Trails
(1) Coastal
(2) Large bay
(3) Small bay
(4) Birds habitat
(5) Kürdili
(6) Vilesh
M3
Masalli
Besucherzentrum
Rastplatz
NP Grenze
Trails
Bootstour
Liman
Lesser Gizilaghaj State Nature Reserve
10 km
Eigene Arbeit auf Basis der Kartendaten: © OpenStreetMap - Mitwirkende

Besucherzentrum und Museum

Besucherzentrum
38°57'34.9"N 48°55'21.8"E
38.959695, 48.922730
XW5F+V3 Baliqchilar

In Liman verlässt man die Hauptstraße E119/ M3 und fährt durch die kleinen Ortschaften Narimanabad, Uzumchuluk und Baliqchilar, entlang der Grenze zum Nationalpark. Nach 17 km Fahrt wird der Eingang des Parks und das Besucherzentrum erreicht.

Hirkan Nationalpark

Allgemeines

Der Hirkan Nationalpark wurde bereits 1936 als Naturreservat gegründet. Im Jahre 2004 erklärte man das Naturreservat zum Nationalpark. Der Park befindet sich im Süden Aserbaidschans, in den Regionen Lenkoran und Astara. Die Fläche von zunächst 298 km² wurde 2008 auf 403 km² erweitert.
Das streng geschützte Gebiet der überwiegend gebirgigen Region ist fast vollständig von Wäldern bedeckt und damit eines der größten zusammenhängenden Waldgebiete im Land. Die höchsten Berge sind ca. 1.800 m hoch.

Abb. 72: Khanbulanchay See im Hirkan Nationalpark

Natur

Die gemäßigt-subtropischen Wälder der Lenkoran-Tiefebene und der Talysh-Berge haben sich seit Millionen Jahren entwickelt.
Die Artenvielfalt an Pflanzen ist im Vergleich mit anderen Laubwäldern der gemäßigten Zone besonders groß.
Besonders häufig vorkommende Arten sind der Eisenholzbaum (ein Baum,

Abb. 73: Talysh Berge, Yardimli Masalli

dessen Holz so schwer ist, dass es im Wasser sinkt), die Kastanien-Eiche, die Hainbuche und die Buche. Die Hirkan-Pappel steht inzwischen auf der Liste der bedrohten Arten. Häufig vorkommende Tierarten sind Wildschwein, Dachs, Waschbär, Wolf und Fuchs. Im Park leben auch bedrohte Tierarten wie Leopard, Braunbär, Luchs, Streifenhyäne, Schwarzstorch und Zwergadler.

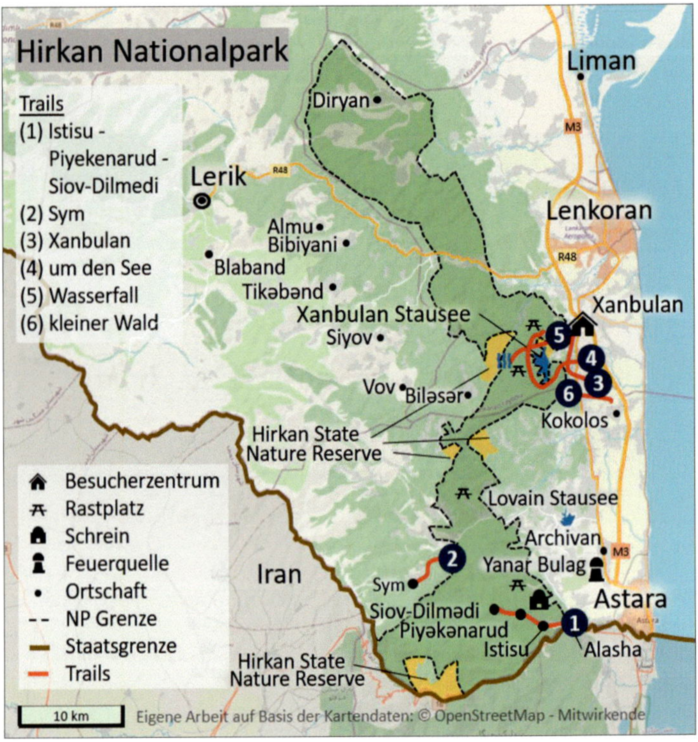

Touren, Wanderungen und Erlebnisse

Auf verschiedenen Routen werden im Verwaltungszentrum des Nationalparks je nach Interesse, Zeitbudget, Fitness und Alter passende Touren oder geführte Wanderungen organisiert und angeboten.
Die meisten Touren gibt es in der Nähe des Xanbulan Stausees. Eine schöne Wanderung führt vom südlichen Eingang bei Alasha durch den Mischwald in Richtung Istisu - nicht zu verwechseln mit dem Istisu nördlich des Nationalparks (→S.187).

Besucherzentrum und Museum

Der Park ist etwa 280 km von Baku entfernt. Das Besucherzentrum befindet sich im Verwaltungsgebäude des Nationalparks im kleinen Dorf Xanbulan.
Historische und ethnographische Museen zum Park gibt es außerdem in Lenkoran und Astara.

Besucherzentrum
38°40'52.0"N 48°48'18.7"E
38.681123, 48.805195
MRJ4+C3 Turkakaran

Zangazur Nationalpark

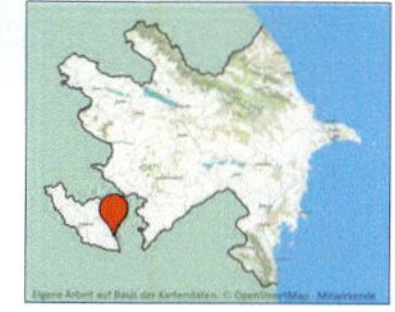

Allgemeines

Der Zangazur Nationalpark liegt in der Autonomen Republik Nachitschewan. Im Jahre 2003 wurde der Park unter dem Namen „Ordubad National Park“ auf einer Fläche von 121 km² eingeweiht. Im Jahre 2009 erweiterte man die Fläche auf etwa 428 km² und gab dem Park gleichzeitig seinen heutigen Namen: „Zangazur Nationalpark“. Der Park befindet sich in einem bergigen Gebiet an der Grenze zu Armenien. Im Winter werden Temperaturen zwischen -30°C und -10°C und im Sommer zwischen 10°C und 25°C erreicht.

Abb. 74: Zangazur National Park

Die Landschaft ist geprägt von Wäldern, Wiesen und felsigen Bergen. Es gibt eine sehr große Vielfalt der Tier- und Pflanzenwelt. Neben häufig vorkommenden Tierarten wie Fuchs, Seeadler, Falke und Geier haben auch einige gefährdete Arten wie Leopard, Manulkatze, Mufflon, Bezoarziege, Streifenhyäne, Luchs und die Kaspische Eule im Park ihren Lebensraum.

Touren, Wanderungen und Erlebnisse

Auch in diesem Nationalpark gibt es mehrere Wanderwege. Auf einem Vulkanfelsen liegt die Festung Alinja aus dem 14. Jahrhundert. Eine Wanderung führt von Khanaga aus zur Festungsanlage und zurück.(→S.201)
Bei Nasirvas im Hochland zeugen die Gamigaya-Petroglyphen von Tieren und Jagdszenen von früheren Kulturen in diesem Gebiet.

Besucherzentrum und Museum

Das Besucherzentrum mit Museen und Ausstellungen zur Tier- und Pflanzenwelt des Parks befinden sich im Verwaltungsgebäude des Nationalparks im Batabat-Wald bei Bichanak.

Staatliche Naturparks

Zum Schutz und Erhaltung der Flora, Fauna und der Ökosysteme gibt es in Aserbaidschan neben den Nationalparks weitere zahlreiche Naturparks und Naturschutzgebiete (→S.89), deren Gesamtfläche etwas mehr als 2.200 km² bzw. 2,5 % des Landes beträgt. Diese staatlichen Naturparks oder „State Reserves" sind neben dem Umweltschutz auf wissenschaftliche Forschung ausgerichtet.

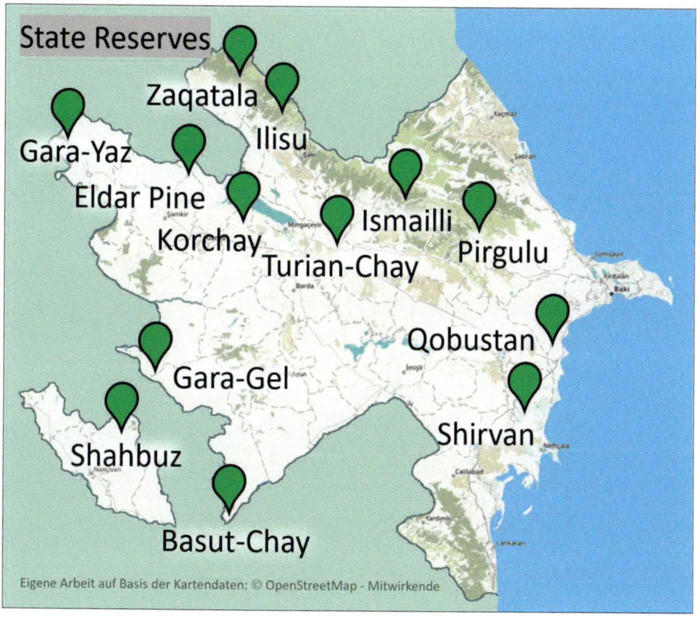

State Reserves
Zaqatala
Ilisu
Gara-Yaz
Eldar Pine
Korchay
Turian-Chay
Ismailli
Pirgulu
Qobustan
Gara-Gel
Shirvan
Shahbuz
Basut-Chay
Eigene Arbeit auf Basis der Kartendaten: © OpenStreetMap - Mitwirkende

Qobustan State Reserve

1966 wurde diese Region, etwa 60 km von Baku entfernt, zum nationalen Wahrzeichen erklärt und im gleichen Zuge das Schutzgebiet auf einer Fläche von 44 km² gegründet, um die Petroglyphen (in Felsen eingearbeitete Schnitzereien) und die zahlreichen Schlammvulkane zu schützen.

Abb. 75: Schlammvulkan in Qobustan

An den Steinen und Felsen hat man hier 6.000 Petroglyphen gefunden, die zwischen 5.000 und 20.000 Jahre alt sind. Sowohl die Petroglyphen als auch die Schlammvulkane sind für Besucher leicht zugänglich. Qobustan ist wahrscheinlich das beliebteste und für Touristen am besten erschlossene Naturschutzgebiet in Aserbaidschan. (→S.131)

Abb. 76: Qobustan State Reserve

Abb. 77: Krater von Schlammvulkanen in Qobustan

Shirvan State Reserve

Direkt an den Shirvan Nationalpark (→S.78) in den Rayons Salyan und Neftchala grenzen die beiden kleinen Teilgebiete des Shirvan State Reserve mit einer Gesamtfläche von 62 km². In der Halbwüstenebene leben, wie auch im Shirvan Nationalpark, u.a. Gazellen, Schakale, Füchse und zahlreiche Vogelarten.

Pirgulu State Reserve

Das Naturschutzgebiet Pirgulu besteht seit 1968, ist heute fast 43 km² groß und dient vor allem dem Schutz der Bergwälder mit der gesamten Flora und Fauna in den Ausläufern des Großen Kaukasus. Im Naturpark leben u.a. Braunbären, Wölfe und Luchse.

Ilisu State Reserve

Das Naturschutzgebiet wurde 1987 gegründet und 2003 auf 174 km² erweitert. Es dient dem Schutz der Bergwelt des Großen Kaukasus, sowie der gefährdeten Tier- und Pflanzenwelt. Hier sind etwa 500 Pflanzenarten, darunter auch zahlreiche endemische Pflanzen beheimatet.
(„Ilisu“→S.161)

Ismailli State Reserve

Dieses Naturschutzgebiet, 30 km nördlich von Ismailli, wurde im Jahre 1981 gegründet und im Jahre 2003 auf 167 km² erweitert. Es dient dem Schutz der Bergwelt im nördlichen Teil des Großen Kaukasus.
In den Wäldern des Reservates kommen vor allem Buchen, Hainbuchen und Eichen vor. Der Schutz gilt vor allem der bedrohten Kastanienblättrigen Eiche. Im Reservat leben fast 170 Tierarten, darunter Braunbär, Wildkatze, Luchs und etwa 100 Vogelarten.

Zaqatala State Reserve

Im zentralen Teil der Südhänge des Großen Kaukasus hat das Naturschutzgebiet Zaqatala eine Fläche von 252 km². Dieses Gebiet soll subalpine Pflanzen schützen und ist sehr bekannt für Pflanzen wie Rhododendron, Kirschlorbeer, Brombeere, Ahorn sowie zahlreiche seltene Säugetiere wie das Kaukasische Bergwisent (vor ca. einhundert Jahren bereits ausgestorben, aber wieder als Europäisches Wisent neu angesiedelt), den Syrischen Braunbär, den Kaukasischen Luchs, den Indischen Wolf, den Rotfuchs, die Wildkatze und zahlreiche Geierarten.

Abb. 78: Zaqatala State Reserve

Eldar Pine State Reserve

Im Reservat werden vor allem die seltenen und endemischen Arten der Eldar Pine geschützt. Das Naturschutzgebiet westlich des Mingachevir Stausees (→S.180) ist knapp 17 km² groß und wurde 2004 gegründet.

Gara-Yaz State Reserve

Dieses Naturschutzgebiet im äußersten Westen von Aserbaidschan, an der Grenze zu Georgien, umfasst fast 97 km² und dient in erster Linie dem Schutz der Auenwälder am Fluss Kura. Diese bestehen hauptsächlich aus Weißpappeln, Eichen, Erlen und Akazien.

Korchay State Reserve

Westlich von Mingachevir (→S.180) und südlich des gleichnamigen Stausees befindet sich im Goranboy Rayon auf einer Fläche von 48 km² das Korchay State Reserve.
Geprägt ist dieses Gebiet von ebenen und bergigen Wüsten- und Halbwüsten mit den für diese Regionen typischen Tugai-Wäldern. Diese Gebüsche und Auenwälder bieten einer sehr großen Artenvielfalt einen Lebensraum. Es leben hier Gazellen, Wildkatzen, Wölfe, Wildschweine, Kaninchen und Eidechsen.

Turian-Chay State Reserve

Dieses Naturschutzgebiet am Fuße des Großen Kaukasus und am Ufer des Turian-Chay Flusses besteht seit 1958, zunächst auf einer Fläche von 126 km². 2003 wurde das geschützte Gebiet auf 225 km² erweitert.
Dem Klima der Region entsprechend sind hier vor allem Halbwüsten- und Steppenpflanzen zu finden wie die verschiedenen Arten von Wacholder, der Gummibaum, die Eiche und der Granatapfel. Unter den hier vorkommenden Tierarten sind Braunbär, Wildschwein, Dachs, Steinmarder, Luchs, Schakal und Geier.

Gara-Gel State Reserve

Das Gara-Gel State Reserve oder Qaragol State Reserve wurde 1987 gegründet. Im 2,4 km² großen Park liegt der Ishigli-Gara-Gel See, der Krater eines erloschenen Vulkans, auf einer Höhe von 2.658 m im südlichen Teil des Karabach-Vulkanplateaus. Die Ausläufer mehrerer dreitausender Berge speisen den See mit Regenwasser, Schneeschmelze und Quellwasser. Der See ist nur 1,3 km² groß.
Hier gibt es über 100 Pflanzenarten, aber relativ wenige Tiere. Die vom Aussterben bedrohte Sevan-Forelle wurde 1967 im See angesiedelt.

Basut-Chay State Reserve

Auf einer Fläche von etwas mehr als 1 km² wird vor allem die seltene Orientalische Platane geschützt. Die Platanen erreichen normalerweise ein Alter von 170 Jahren, können aber auch bis 1.500 Jahre alt und bis zu 50 m hoch werden.

Shahbuz State Reserve

Das Shahbuz State Reserve wurde 2003 gegründet, ist knapp 32 km² groß und befindet sich im Nordosten Nachitschewans. Der im Gebiet liegende Batabat See (→S.200) ist zum größten Teil von Wiesen umgeben. Hier leben z.B. Rebhühner, Braunbären und Luchse.

Staatliche Naturschutzgebiete

Neben den Nationalparks und den Naturreservaten dienen auch die zahlreichen staatlichen Naturschutzgebiete der Erhaltung der natürlichen Umwelt sowie dem Schutz der teilweise bedrohten Pflanzen- und Tierwelt in den verschiedenen Regionen und Ökosystemen.

Sehenswürdigkeiten

Für Touristen bieten die verschiedenen Regionen von Aserbaidschan völlig unterschiedliche Möglichkeiten für Rundreisen, Aktivitäten und Erholung. Im Norden befindet sich der Große Kaukasus, im Osten die Hauptstadt Baku mit dem Umland und im südlichen Teil der Kleine Kaukasus, das Tiefland sowie die Küstenregion. Die Regionen Bergkarabach und Nachitschewan werden hier nur am Rande vorgestellt. Eine Reise in diese Gebiete ist aktuell keine Empfehlung.

Baku

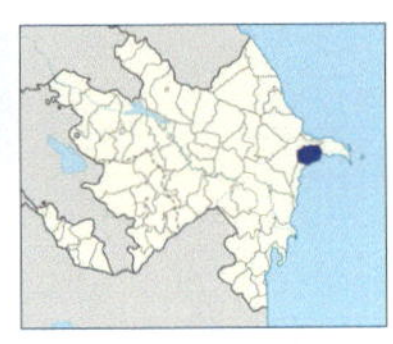

Politisch, wirtschaftlich und kulturell ist Baku die wichtigste Stadt Aserbaidschans.

Die Hauptstadt liegt im Osten des Landes am Kaspischen Meer. Baku ist eine beeindruckende Metropole, eine gelungene, sehr attraktive und einzigartige Mischung der historischen Einflüsse aus Europa, dem Orient, Asien und insbesondere der früheren Sowjetunion. Baku ist mit über 2 Mio. Einwohnern die mit Abstand größte Stadt des Landes.

Die Stadt hat sich in den vergangenen zwanzig Jahren sehr stark verändert und genau das macht auch den Reiz dieser Stadt aus. Zum einen findet man hier eine sehr gut erhaltene, UNESCO geschützte, historische Altstadt, zum anderen zunehmend moderne Gebäude, Hochhäuser, Nobelgeschäfte und Designerläden.

Die Straßen sind belebt und es geht scheinbar chaotisch zu, aber es ist nichts zu spüren von der Hektik und der Gereiztheit, wie wir sie auf unseren Straßen kennen. Die Stadt bietet im Gegenteil viele Gelegenheiten zur Entspannung, ob beim Bummeln in den zahlreichen Parks und am Boulevard, bei dem Besuch von Museen, Restaurants, Cafés oder in einem der vielen Hamams (türkische Bäder) und Spa-Zentren.

Abb. 79: Baku bei Nacht

Geschichte

Im 10. Jh. wurde Baku zum ersten Mal erwähnt. Bereits im 12. Jh. erreichte Baku seine vorläufige Blütezeit, als der amtierende Schirwanschah seinen Regierungssitz von Shamakhi nach Baku verlegte. Im 13. Jh. wurde Baku von den Mongolen zerstört, anschließend von den Timuriden, einem muslimischen Herrscherhaus aus Zentral- und Südwestasien, erobert. Danach gewann Baku schnell wieder an Bedeutung, als sich der Handelsweg der Seidenstraße zwischen Asien und Europa so verschob, dass Baku ein wichtiger Teil der Seidenstraße wurde. Hier gab es vor allem Öl und Seide, die in die Welt gesandt wurden. Unter der muslimischen Dynastie des Schirwanschahs „Khalilulla" gewann Baku im 15. Jh. wieder wirtschaftliche und kulturelle Bedeutung. Im Russisch-Persischen Krieg von 1722 - 1723 eroberte der russische Zar Peter der Große die Stadt, die bis zum letzten Russisch-Persischen Krieg (1826 - 1828) immer wieder auch unter persischen Einfluss kam. Das enorme Wachstum der Stadt begann mit dem Ölboom Anfang des 20. Jahrhunderts. 1918 wurde Baku die Hauptstadt des ersten unabhängigen Aserbaidschans, ab 1922 der Sowjetrepublik und seit 1991 des heutigen Aserbaidschans.

Sehenswürdigkeiten

In Baku gibt es einen Hop-On Hop-Off-Bus, der auf einer festen Tour durch die Stadt fährt und dabei die wichtigsten Sehenswürdigkeiten miteinander verbindet. (→S.114)

Altstadt

Abb. 80: Baku Altstadt

Die historische Altstadt (auf Aserbaidschanisch: „İçəri Şəhər“) ist teilweise von einer Mauer umschlossen. Im Jahre 2000 erklärte die UNESCO die Altstadt zum Weltkulturerbe. Kurz danach kam es in Baku zu einem schweren Erdbeben, in dessen Folge einige historische Gebäude in der Altstadt abgerissen wurden. Daraufhin setzte die UNESCO im Jahre 2003 die Altstadt von Baku auf die Rote Liste des gefährdeten Welterbes. Damit konnte der weitere Abriss gestoppt werden. Neben einigen sehr alten Baudenkmälern stammen noch immer viele Häuser in den verwinkelten Gassen der Altstadt aus der Zeit nach der russischen Eroberung im 18. Jahrhundert. Typisch für die historische Bauweise sind die großen, fein geschnitzten Holzbalkone, die teilweise auch als zusätzlicher Wohnraum genutzt werden. Mit einer Ausdehnung von etwa 500 x 400 Metern ist die Altstadt gut zu Fuß zu erkunden.

Stadtmauer und Stadttore

Die Stadtbefestigung wurde unter Einbeziehung einzelner, bereits vorhandener Abschnitte, im 12. Jh. errichtet. Später hat man die zwei hintereinander liegenden Mauern mehrmals verstärkt und erweitert. Heute sind davon nur noch die Teile im Norden und im Westen der Altstadt erhalten geblieben. Die zwei schönen großen Stadttore sind besonders sehenswert.

Abb. 81: Westtor zur Altstadt

Abb. 82: Nordtor zur Altstadt

Palast der Schirwanschahs

Hinter den Stadtmauern der Altstadt befindet sich der Palast der Schirwanschahs. Die Schirwanschahs waren eine muslimische Herrscherdynastie auf dem Gebiet des heutigen Aserbaidschans.

Zur Palastanlage gehören das Mausoleum der Schirwanschahs, der Jungfrauenturm (→S.96), die Schah-Moschee (→S.94) , das Grabmal des Seyid Yahya Bakuvi (→S.95), das Murad-Tor (→S.95), der Divanchana (Versammlungshaus), die Key-Gubad-Moschee und das Badehaus.

Schah Ibrahim I. errichtete den Palast zwischen den Jahren 1411 und 1421, nachdem die Hauptstadt des Landes nach Baku verlegt worden war. Im Mittelalter war der Palast der Sitz der herrschenden Schahs.

Abb. 83: Palast der Schirwanschahs

Im Palast ist die Geschichte der Schirwanschahs dargestellt und eine Sammlung von Gegenständen aus der Zeit der Schahs ausgestellt. Auch die Moschee und die Gräber können besucht werden.

Der Palast hat zwei Stockwerke, im unteren befanden sich die Lagerräume sowie die Wohnräume für Diener und im oberen die Räumlichkeiten des Schahs.

Abb. 84: Palast der Schirwanschahs mit Blick auf die Flame-Towers

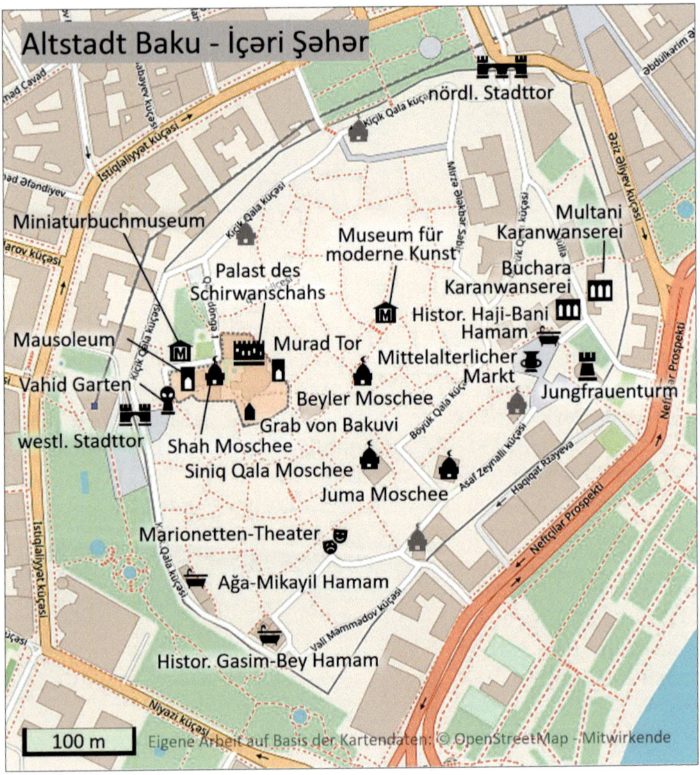

Mausoleum der Schirwanschahs

Das Mausoleum der Schirwanschahs ist ein rechteckiges Gebäude im unteren Teil der Palastanlage, das 1436 erbaut wurde. Das Eingangsportal des Mausoleums ist wegen der vielen eingearbeiteten Ornamente besonders eindrucksvoll.

Schah-Moschee

Die kleine Schah-Moschee, im unteren Teil der Palastanlage der Schirwanschahs, befindet sich direkt neben dem Eingang zum Mausoleum. Sie wurde in den Jahren 1441 und 1442 errichtet.

Abb. 85: Eingangsportal des Mausoleums

Abb. 86: Schah-Moschee

Abb. 87: Grab von Seyid Yahya Bakuvi

Abb. 88: Murad Tor

Grabmal von Seyid Yahya Bakuvi

Seyid Yahya Bakuvi (1403 - 1462) war ein sehr bekannter und beliebter aserbaidschanischer Gelehrter, ein Astronom, Mathematiker und Philosoph. Das Mausoleum wurde nach seinem Tode im südlichen Teil der Palastanlage der Schirwanschahs errichtet.

Murad-Tor

An der Ostseite des Palastes befindet sich ein großes Tor aus dem Jahre 1585. Es wurde zu Ehren Sultans Murad III. (1546 - 1595) erbaut. Dieser war von 1574 bis 1595 der Sultan des Osmanischen Reiches.

Siniq Qala Moschee

Die Siniq Qala Moschee aus dem 11. Jh. ist auch als „kleine Mohammed Moschee“ bekannt und heute der älteste Bau dieser Art in Aserbaidschan.

„Siniq Qala“ bedeutet „zerbrochener Turm“. Die Moschee trägt diesen Namen, weil das Minarett im letzten Jahr des ersten Russisch-Persischen Krieges (1722 - 1723) vom Meer aus beschossen und dabei teilweise zerstört wurde. Die Moschee steht innerhalb der Stadtmauern der Altstadt, aber außerhalb des Palastes der Schirwanschahs.

Abb. 89: Siniq Qala Moschee

Juma Moschee

Abb. 90: Freitagsmoschee

Die Juma- oder Freitagsmoschee aus dem 12. Jh. ist innen besonders reich verziert und befindet sich nur 130 m vom Jungfrauenturm entfernt, innerhalb der historischen Altstadt. Sie steht an der Stelle eines früheren Tempels der Feueranbeter und wurde im Laufe ihrer Geschichte mehrmals umgebaut. Der Bau der heutigen Freitagsmoschee stammt aus dem Jahre 1899.

Jungfrauenturm

Abb. 91: Qiz Qalasi oder Jungfrauenturm

Der 29 m hohe Turm gehört zur Palastanlage der Schirwanschahs.

Der Turm ist aus dem 12. Jh., wobei an seiner Stelle schon vorher ein Turm stand. Es ist nicht klar, wann dieser frühere Turm erbaut wurde, aber ursprünglich stand der Turm direkt am Ufer des Kaspischen Meeres. Heute steht der Turm etwa 250 m landeinwärts, weil der Meeresspiegel in den letzten Jahrzehnten deutlich zurückgegangen ist.

Beeindruckend sind die fünf Meter dicken Mauern. Von der Aussichtsplattform auf dem Turm hat man einen sehr schönen Blick über die Altstadt und die Uferpromenade, die Hochhäuser der Neustadt sowie die Flame Towers. Früher war der Turm sicherlich Teil einer Befestigungs- oder Verteidigungsanlage. Im Turm informiert eine Ausstellung über die Geschichte des Jungfrauenturms und der Stadt.

Der mittelalterliche Markt

Neben dem Jungfrauenturm befinden sich die Ruinen des mittelalterlichen Marktes aus dem 17. Jahrhundert. Es ist ein tieferliegender Platz, der erst Anfang des 19. Jhs. entdeckt wurde. Heute sind hier Funde archäologischer Ausgrabungen ausgestellt.

Abb. 92: der mittelalterliche Markt

Karawansereien

In direkter Nachbarschaft zum Jungfrauenturm und zum mittelalterlichen Markt laden mehrere alte Karawansereien, die heute als Restaurant, Souvenirgeschäft oder Hotel genutzt werden, zum Besuch ein. Karawansereien waren die wichtigsten Einrichtungen auf den früheren Handelsrouten zwischen Ost und West, die für das Funktionieren des Handels eine entscheidende Bedeutung hatten. Karawanserei bedeutet wörtlich "Palast für Karawanen", aber es waren wohl eher Hotels mit Ställen. Außerdem gab es in der Nachbarschaft Teehäuser, Badehäuser und einige andere Einrichtungen für Reisende.

Abb. 93: Buchara Karanwanserei

Die Buchara-Karawanserei wurde Ende des 15. Jhs. Teil einer alten Handelsroute von Kaufleuten aus Zentralasien (Buchara ist eine Stadt in Usbekistan). Der achteckige Innenhof mit den Bögen und Nischen dient heute als Basar für Souvenirs.

Abb. 94: Multani Karawanserei

Die Multani-Karawanserei aus dem 14. Jh., die direkt gegenüber der Buchara-Karawanserei liegt, wird heute als ein Restaurant mit aserbaidschanischer Küche genutzt.

Miniaturbuchmuseum

Abb. 95: Miniaturbuchmuseum

Ganz in der Nähe des Schirwanschah Palastes befindet sich dieses außergewöhnliche Museum. Das 2002 von Zarfia Salahova (geb. 1933) eröffnete Miniaturbuch-Museum enthält die Sammlung von etwa 7.000 Exemplaren aus 64 Ländern. Die kleinen Bücher sind zum Teil nur wenige Millimeter groß. Als „Die größte Sammlung von Miniaturbüchern" ist das Museum auch im Guinness-Buch der Rekorde aufgeführt.

Vahid Garten

Abb. 96: Aliagha Vahid Denkmal

Direkt hinter dem westlichen Tor der alten Stadtmauer ist ein kleiner, sehenswerter Garten, in dem die Büste des aserbaidschanischen Dichters und Künstlers Aliagha Vahid (1895 - 1965), in Form eines 3 m großen Kopfes, steht. In das Haar der Büste sind viele symbolische Szenen seiner Werke eingearbeitet. Erst bei näherem Betrachten fallen diese vielen Details auf.

Hamams

Hamam bedeutet Bad. Die Bäderkultur ist schon seit Jahrhunderten eine Besonderheit Aserbaidschans. Früher mussten die Karawanen, die in die Stadt kamen, zunächst zur Reinigung in einen Hamam, bevor sie die Stadt betreten durften. Deshalb hatte früher jeder Teil der Altstadt seinen eigenen Hamam (heute arbeitet nur noch ein Hamam in der Altstadt, das Ağa-Mikayil-Hamam).

Ein Hamam ist in Aserbaidschan viel mehr als ein Bad zur Reinigung und Körperpflege, sondern der Hamam dient zusätzlich zur Erholung sowie als Ort der Kommunikation und der Geselligkeit. Auch heute ist in Baku diese Art türkisches Dampfbad weit verbreitet, aber streng getrennt. Einige Hamams sind nur für Männer zugänglich, einige sind nur für Frauen und einige sind für Männer und Frauen geöffnet, dann aber an verschiedenen Tagen. Gemischtes Baden ist absolut ausgeschlossen.

Die historischen Bäder erkennt man leicht an den kleinen Kuppeln auf den Dächern, sodass die Hamams wie kleine Moscheen wirken.

Ağa-Mikayil Hamam

In der Altstadt ist dieses Bad eines der ältesten Bäder in Baku, aber auch der letzte aktive öffentliche Hamam. Hier kann man auf sehr authentische und traditionelle Art Entspannung finden. Das Bad ist an fünf Tagen in der Woche für Männer und an zwei Tagen (Mo, Fr) für Frauen von 9-23 Uhr geöffnet.

Tazabey Hamam

Dieses Bad, nahe der Altstadt, wurde 1886 erbaut und 2003 vollständig restauriert. Heute ist es eines der besten und komfortabelsten Bäder der Stadt.

Haji Bani Hamam

Neben dem Jungfrauenturm sieht man die Kuppeln des ehemaligen Haji Bani Hamam, das Ende des 15. Jh.s vom Architekten Haji Bani im Auftrag von Haji Gaib erbaut wurde. Dieses Bad wurde erst 1964 bei Ausgrabungen entdeckt und ist heute ein Baudenkmal.

Ein Straßencafé lädt auf dem Dach des ehemaligen Hamams zum Verweilen ein.

Abb. 97: historisches Haji Bani Hamam u. Straßenkaffee vor dem Jungfrauenturm

Gasim Bey Hamam

Benannt wurde dieser Hamam nach einem berühmten Einwohner der Stadt, der das Bad 1878 erbaute. Heute ist das Bad ein kulturelles Denkmal und nicht mehr in Benutzung.

Abb. 98: Gasim Bey Hamam am Rande der Altstadt

Boulevard

Gegenüber der Altstadt, hinter dem achtspurigen Neftçilər Prospekt, befindet sich der Baku Boulevard, die Uferpromenade am Kaspischen Meer, die man sicher über Fußgängertunnel nördlich und südlich der Altstadt erreichen kann. Der Boulevard ist über drei Kilometer lang und führt von der Baku Crystal Hall, in der 2012 der Eurovision-Song- Contests ausgetragen wurde (gewonnen hatte damals Loreen aus Schweden mit dem Lied „Euphoria"), bis zum Platz der Freiheit.

Die Parkanlagen sind fast 200 m breit, schön gestaltet und sehr sauber, mit Spielplätzen, Spazierwegen, Springbrunnen, Ausstellungen, modernen Restaurants und Cafés.

Flaggenmuseum

Am südlichen Ende des Boulevards befindet sich, in der Nähe der Chrystal Hall, der Flaggenplatz und unter diesem das Flaggenmuseum, in dem die staatliche Flaggensammlung ausgestellt wird. Mit 162 m Höhe war der Flaggenmast im Jahre 2010 der höchste der Welt. Nur ein Jahr später wurde jedoch in Duschanbe, der Hauptstadt von Tadschikistan, mit 165 m ein höherer Mast errichtet.

Abb. 99: Flaggenplatz neben der Christal-Hall (links im Bild)

Baku Riesenrad

Das 2014 erbaute, 60 m hohe Riesenrad am Boulevard, wird in Anlehnung an das Londoner Riesenrad auch „Baku-Eye" genannt. Die 30 Kabinen bieten jeweils 8 Personen Platz und benötigen für eine Runde etwas mehr als eine halbe Stunde, in der man genügend Zeit hat, den schönen Blick über die Stadt und die Promenade zu genießen.

Abb. 100: Baku Eye

Caspian Waterfront Mall

Das Gebäude wurde im Jahre 2007 als Veranstaltungs- und Kongresszentrum geplant. Zu dieser Zeit entstanden allerdings auch das Heydar Aliyev Center (→S.110) und direkt daneben das Baku-Congress-Center. Nach einem Baustopp für das zunächst geplante Projekt beschloss man 2016, den Bau als Einkaufs- und Unterhaltungszentrum fertigzustellen und eröffnete den Bau schließlich im Jahre 2020. Das im Stil der Sydney Opera konzipierte 5-stöckige Bauwerk, mit einer Fläche von 120.000 m², bietet Kinos, Restaurants, einen großen Brunnen und zahlreiche Einkaufsmöglichkeiten.

Abb. 101: Caspian Waterfront Mall

Teppichmuseum

Abb. 102: Teppichmuseum

Wenige Meter nördlich der Caspian Waterfront Mall gelangt man, direkt am Boulevard, zum Teppichmuseum, das weltweit die größte Sammlung von aserbaidschanischen Teppichen besitzt. Es werden neben der Teppichkultur der letzten Jahrhunderte auch Schmuck und traditionelle Kleidung ausgestellt. Die Besucher erhalten Einblicke in die verschiedenen Schulen und Webtechniken der Teppichherstellung mit den verschiedenen Materialien, Motiven und Ornamenten der einzelnen Regionen und Epochen des Landes. Die großen regionalen Gruppen sind „Quba-Shirvan“, „Ganja-Kasachisch“, „Karabach“ und „Täbriz“, die jeweils eigene markante Merkmale und Farben haben. Neben diesen Unterschieden gibt es auch gemeinsame Merkmale aller aserbaidschanischen Teppiche wie die Symmetrie der Muster und die Farbenvielfalt.

Außerdem enthält die Sammlung etwa 600 Teppiche des ehemaligen Shusha-Teppichmuseums in Berg-Karabach, dessen Exponate vor den kriegerischen Auseinandersetzungen im Berg-Karabach-Konflikt 1992 gerettet wurden. Das älteste Stück der Ausstellung ist ein Täbriz-Teppich unter dem Namen „Schah Abbas" in dunkelblau und dunkelrot.

Weitere Informationen unter: www.azcarpetmuseum.az

Klein-Venedig

Abb. 103: Klein-Venedig

Direkt neben dem Teppichmuseum befindet sich ein kleines Labyrinth aus Wasserkanälen, Brücken und Inseln mit Restaurants und Cafés. Auf den Kanälen kann man mit elektrisch angetriebenen Gondeln fahren. Ein Ölmillionär hatte diese 10.000 m² große Anlage im Jahre 2012 erbauen lassen.

Standseilbahn - Funicular

Auf dem Weg vom Boulevard zu den Flame Towers gelangt man über den Platz mit der Bahram-Gur-Statue zur Station der Baku- Standseilbahn, der ersten und einzigen Seilbahn dieser Art im Land. Über eine Länge von 455 m überwindet die Bahn 85 Höhenmeter in vier Minuten Fahrzeit. Eigentlich soll die Bahn mit maximal 28 Passagieren im Abstand von 10 Minuten fahren. Aber oft ist das Intervall zwischen den Abfahrten länger, so dass sich die etwa 500 Stufen zu Fuß oder eine Taxifahrt als Alternativen anbieten, um zum schönsten Aussichtspunkt der Stadt zu gelangen.

Abb. 104: Funicular Baku

Highland Park

Von der oberen Station der Baku-Standseilbahn gelangt man in ein Zentrum vieler Sehenswürdigkeiten. Auf der einen Seite die Moschee der Märtyrer, gegenüber die Flame Towers und auf der anderen Seite beginnt der Highland Park. Er ist einer der schönsten Parks in Baku mit einer der besten Aussichtsmöglichkeiten auf die Stadt und die gesamte Bucht.

Abb. 105: Moschee der Märtyrer und Station der Seilbahn

Abb. 106: Baku bei Dämmerung vom Aussichtspunkt im Highland Park

Allee der Märtyrer

Der Park ist dem Gedenken der gefallenen Soldaten des 2. Weltkrieges und der Opfer der Bergkarabachkriege gewidmet.

Abb. 107: Allee der Märtyrer

Flame Towers

Die Flame Towers gelten als neues Wahrzeichen von Baku. Sie sind drei moderne Hochhäuser, die zwischen 2007 bis 2013 erbaut wurden. Die Türme sind 161, 165 und 182 Metern hoch. Sie symbolisieren Flammen, die nachts so leuchten, dass sie wie brennendes Feuer aussehen. Sie stehen auf einem kleinen Hügel neben der Altstadt, von dem aus die gesamte Bucht und das Stadtzentrum Bakus zu sehen sind. Im nördlichen Turm ist das luxuriöse Fairmont Hotel untergebracht. Die beiden anderen Hochhäuser werden mit Wohnungen und Büros genutzt.

Abb. 108: Flame Towers

Fernsehturm

Etwa einen Kilometer südlich der Flame Towers, auf einer kleinen Anhöhe, steht der 1996 fertiggestellte, 310 m hohe Fernsehturm „Azeri“. Er hat in einer Höhe von 175 m eine Aussichtsplattform und ein Drehrestaurant. Der Turm wird in der Nacht, abhängig von verschiedenen Anlässen, unterschiedlich beleuchtet.

Abb. 109: Fernsehturm

Aussichtspunkt vom Hilton

Eine sehr schöne Aussicht auf die Altstadt, den Baku Boulevard und die Flame Towers, bietet sich insbesondere bei Abenddämmerung oder bei Nacht von der Dachterrasse des Hilton Hotels.

Das Restaurant ist auch für Besucher zugänglich. Von hier aus ist die unterschiedliche Animation der Flame Towers, rote Flammen, komplett blau oder ein Farbenspiel der Nationalfarben blau, grün und rot, gut zu beobachten.

Abb. 110: Blick vom Hilton

Neustadt

Im neuen Stadtteil von Baku stehen einige moderne Hochhäuser und die großen Hotels internationaler Ketten. Außerdem laden große Malls zum Bummeln und Shoppen ein, so direkt auf dem Boulevard die „Park Bulvar Mall", in der Nähe der Fußgängerzone die kleine „Nargiz Mall" und am Hafen die „Port Baku Mall". Am Rande der Neustadt, nördlich des

Bahnhofes, befindet sich die größte Mall, die „Ganjlik Mall", südlich der Altstadt die neue „Caspian Waterfront Mall" (→S.101) und nahe der U-Bahn-Station-28.May, die „28 Mall". Baku ist allerdings kein Einkaufsparadies, denn obwohl in den Shoppingmalls und Boutiquen viele der internationalen Marken angeboten werden, sind die Preise für die importierte Mode teilweise hoch. Deshalb lohnt sich der Einkaufsbummel eher bei einheimischen Produkten, vor allem in der Nizami Street (→S.106) oder im MUM Shopping-Center. Das befindet sich in direkter

Nachbarschaft zum Fountains Square und ist eines der größten Kaufhäuser in Baku. Das Gebäude aus der Sowjetzeit ist eine kleinere Version des berühmtem Moskauer GUM Kaufhauses. Jeder Verkaufsstand hat einen eigenen Besitzer. Auf mehreren Etagen wird eine sehr große Vielfalt an Waren angeboten.

Fountains Square

Abb. 111: Fountains Square

Etwa 250 m nördlich des nördlichen Stadttores zur Altstadt erreicht man eine sehr schöne Parkanlage. In diesem Park gibt es mehrere Springbrunnen, die dem Platz seinen Namen gaben, Fountains Square oder Brunnenplatz. Die Fußgängerzone der bekannten Nizami Straße verläuft gleich einen Häuserblock weiter nördlich, hinter der Kirche Gregors des Erleuchters, die direkt am Fountains Square steht.

Nizami Street

Abb. 112: Nizami Street bei Nacht

Die Nizami Street ist die bekannte Einkaufsstraße im neuen Teil der Innenstadt. Die Straße ist 3,5 km lang, von der Abdulla Shaig Street nordwestlich der Altstadt, bis zur Yusif Səfərov Street im Osten der Stadt.

Am Fountains Square beginnt eine ca. 800 m lange Fußgängerzone, die an der Rashid Behbudov Straße endet.

In dieser sehr belebten Fußgängerzone findet man viele unterschiedliche Geschäfte, vom Modegeschäft, über Souvenirläden bis hin zu Supermärkten.

Hier lohnt sich das Einkaufen und Bummeln, denn es werden vor allem einheimische Waren und Mode günstig angeboten.
Ganz bestimmt ist das Einkaufen das Wichtigste in der Nizami Street, dennoch ist die Architektur der Gebäude wirklich sehenswert. Man kann die verschiedenen Architekturstile sehen wie den Barock, die Renaissance und die Neugotik. Die Nizami Street ist zu jeder Tageszeit, d.h. auch in der Dämmerung oder in der Nacht, faszinierend, denn neben der Straßenbeleuchtung werden auch die Fassaden der Gebäude angestrahlt. Die Botschaften einiger Länder haben ihre Adressen in der Nizami Street, so u.a. die Botschaften von Deutschland, Norwegen, den Niederlanden und Österreich.

Oper

Das Opern- und Balletthaus wurde 1911 im Jugendstil erbaut und war in den ersten Jahren zunächst ein Clubhaus für die wohlhabenden Bürger Bakus. Seit 1920 wird das Gebäude als Nationaloper und Balletthaus genutzt.

Abb. 113: Oper Baku

Nizami-Literaturmuseum

Ein besonders schönes Gebäude der Stadt ist das Nizami-Literaturmuseum, das sich zwischen dem nördlichen Eingangstor zur Altstadt und dem Fountains Square befindet. Das Museum wurde 1939 gegründet. Die umfangreiche Sammlung ist einer der größten Schätze der aserbaidschanischen Kultur.

Abb. 114: Nizami-Literaturmuseum

Abdulla-Shaig-Puppentheater

Das 1931 gegründete Staatspuppentheater, in der Neftchilar Avenue, ist nach dem aserbaidschanischen Schriftsteller, Übersetzer und Lehrer Abdulla Shaig (1881 - 1959) benannt. Das Gebäude wurde 1910 errichtet und war bis 1931 ein französisches Renaissance-Kino. In den Theaterstücken werden Puppen von wenigen Zentimetern bis zu 3 m Größe verwendet.

Behbudov Theater

Das staatliche Rashid-Behbudov-Theater in der Rashid-Behbudov-Straße ist nach dem berühmten aserbaidschanischen Popsänger Rashid Behbudov (1915 - 1989) benannt, der dieses Liedtheater 1968 in dem Gebäude gründete, das 1901 als Synagoge erbaut wurde.

Axundov-Bibliothek

Die Nationalbibliothek ist nach dem aserbaidschanischen Schriftsteller und Philosophen Mirza-Fath-Ali Axundov (1812 - 1878) benannt. Die Bibliothek wurde 1923 eröffnet. Das heutige Gebäude stammt aus dem Jahre 1959 und verfügt über 13 Lesesäle.

Museumszentrum

Das frühere Lenin Museum, in der Nähe des Boulevards, ist heute das Zentralmuseum in Baku, in dem neben mehreren wechselnden Kunstausstellungen auch das Unabhängigkeitsmuseum und eine Ausstellung zum Aserbaidschanischen Staatstheater zu sehen sind.

Nationales Geschichtsmuseum

Das Nationalmuseum für Geschichte Aserbaidschans ist in einem ehemaligen Wohnhaus des bekannten Ölmagnaten Taghiyev untergebracht.

Abb. 115: Nationalmuseum

Direkt nach dem Machtwechsel 1920 durch die UdSSR wurde das Haus beschlagnahmt und als Museum eingerichtet.

Das riesige Herrenhaus im italienischen Renaissance-Stil wurde zwischen 1893 - 1902 errichtet.

Azadliq Square mit dem Regierungsgebäude

Der Azadliq-Platz, direkt neben dem Boulevard, ist der größte Platz im Stadtzentrum von Baku. Den Platz gibt es seit den 1960er Jahren. Er hieß zunächst Lenin-Platz.

Bei den Ereignissen vom „Schwarzen Januar“ 1990, dem Baku-Pogrom gegen die Armenier und dem folgenden Ausnahmezustand, um die Gewaltkonflikte und die Unabhängigkeitsbewegungen wieder unter Kontrolle zu bringen, starben hunderte Menschen, wurden verletzt oder vertrieben. Heute wird den Ereignissen vom 20. Januar1990 mit dem Volkstrauertag (Tag der Märtyrer) gedacht. 1991 bekam der Platz den heutigen Namen: Azadliq Square (zu Deutsch: Platz der Freiheit).
Direkt neben dem Platz befinden sich bekannte Hotels wie das Hilton und das Marriott Absheron. Zentral auf dem Platz steht eine große aserbaidschanische Flagge, genau an der Stelle, an der bis 1991 eine Lenin-Statue stand.
Nördlich der angrenzenden Neftchilar Avenue sieht man das riesige, u-förmige Regierungsgebäude, das für 5.500 Personen konzipiert und 1952 fertiggestellt wurde.

Abb. 116: Regierungsgebäude links, Hochhäuser und Hotels der Neustadt

Formel 1 - Baku City Circuit

Seit 2016 werden in Baku auf einem Stadtkurs, ähnlich wie in Monaco, Formel 1 Rennen ausgetragen. Seit 2017 ist es das Rennen um den Großen Preis von Aserbaidschan. Der 6 km lange Kurs führt um die historische Altstadt, entlang des Boulevards und schließlich direkt um das Regierungsgebäude. Die Boxengasse, sowie Start und Ziel liegen

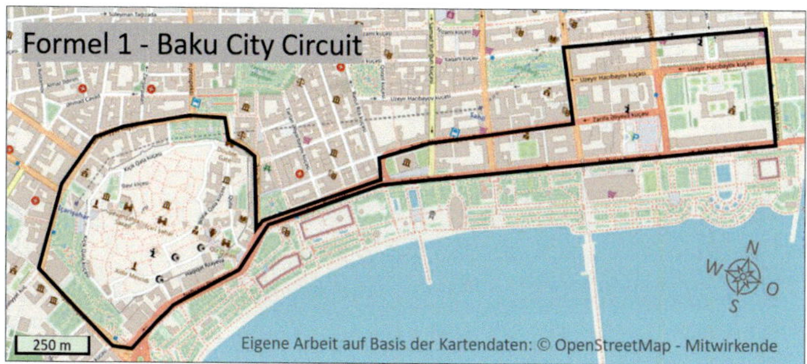

direkt vor dem Regierungsgebäude. Viele Bauten des Stadtkurses sollen eigentlich nur zeitweise aufgebaut sein wie das Fahrerlager, die Boxen, die Gebäude für die Teams und das Pressezentrum. Aber die Garagen der Formel 1-Boxengasse versperren noch lange Zeit nach dem Rennen den Blick auf das Regierungsgebäude.

Heydar Aliyev Zentrum

Heydar Aliyev Zentrum
40°23'43.0"N 49°52'01.0"E
40.395278, 49.866944
9VW8+4Q Baku

Das außergewöhnliche Heydar Aliyev Zentrum wurde zwischen den Jahren 2007 und 2012 nach den Bauplänen der Stararchitek-

Abb. 117: Heydar Aliyev Zentrum in Baku

tin Zara Hadid erbaut. Sie erhielt 2014 vom Design Museum London für ihre architektonische Leistung die Auszeichnung „Design of the Year“. Die fließenden Rundungen der fast weißen Betonplatten, die zum Teil nahtlos in den Boden übergehen, werden von großflächigen Glasscheiben ergänzt. Das großzügig angelegte Gebäude dient als nationales Kunstmuseum sowie als Bibliothek und wird auch für Ausstellungen und Konzerte genutzt. Im Kunstmuseum werden hauptsächlich moderne Werke der letzten 40 Jahre ausgestellt. Aber es gibt auch ältere Gemälde, darunter drei Werke von Picasso. Um das Gebäude wurde ein schöner, etwa 600 x 200 m großer Platz, mit Skulpturen, Wasserfällen, Wegen, Treppen, Rolltreppen und Wiesen angelegt.

Heydar Moschee
40°25'46.8"N 49°49'31.6"E
40.429656, 49.825456
CRHG+V5 Baku

Heydar Moschee

Etwa 10 km nördlich des Stadtzentrums befindet sich die moderne und sehenswerte Heydar Moschee. Der Neubau wurde Mitte 2012 beschlossen. Schon Ende 2014 war der Bau abgeschlossen und die Moschee eingeweiht.

Abb. 118: Heydar Moschee

Villa Petrolea

Die Brüder des weltbekannten Erfinders des Dynamits und Stifters des Nobelpreises Alfred Nobel (1833 - 1896) waren Robert (1829 - 1896) und Ludwig (1831 - 1888).

Die Brüder bekamen ihre Ausbildung bei ihrem Vater in Russland. Hier betrieb dieser seit 1842 eine Maschinenfabrik in Sankt Petersburg, in der er zeitweise über 1.000 Mitarbeiter beschäftigte.

Ludwig Nobel sah im Jahre 1871 die Gelegenheit, in Baku ins Ölgeschäft einzusteigen, als der russische Zar die Ölbohrrechte für diese Region verkaufte. Robert folgte seinem Bruder zwei Jahre später auf dessen Bitten nach Baku.

Gemeinsam gründeten sie 1876 die Firma Branobel, die sich auch wegen der von den Nobels eingesetzten innovativen Technik schnell zu einem der größten und reichsten Unternehmungen in Russland entwickelte und bereits 1879 rund 75 % der Ölindustrie in Baku kontrollierte. Den Großteil

Villa Petrolea
40°22'48.2"N 49°53'37.6"E
40.380052, 49.893763
9VJV+2G Baku

der für die Ölförderung, die Raffinerie und den Transport des Öls notwendigen Maschinen und Geräte konstruierten und bauten die Gebrüder Nobel selbst. So stammen wichtige Erfindungen der Ölbranche wie der Bau und der Einsatz von Öltankern sowie der Bau von Pipelines von Ludwig Nobel. 1877 pumpte Nobel als Erster das geförderte Öl durch innerstädtische Pipelines vom Bohrturm zur Raffinerie und 1878 baute er den weltweit ersten Öltanker. (→S.41)

Nach acht Jahren des Schaffens in Baku ging Robert Nobel 1881, gesundheitlich angeschlagen, wieder zurück nach Schweden. Dort war er bis zu seinem Tode, im Alter von 66 Jahren, weiter als Erfinder und Konstrukteur tätig.

Ludwig Nobel war, wie sein Vater Immanuel (1801 - 1872), einer der innovativsten Erfinder seiner Zeit. Durch den wirtschaftlichen Erfolg wurde er zu einem der führenden und reichsten Industriellen. Mit 56 Jahren, im Jahre 1887, zog sich auch Ludwig Nobel aus dem Geschäft zurück und siedelte an die französische Rivera über. Dort verstarb er ein Jahr später. Nach seinem Tod führte sein Sohn Emanuel die Geschäfte von Branobel fort, bis das Unternehmen im Jahre 1920 durch die Sowjets verstaatlicht wurde und Emanuel Baku verließ.

Am östlichen Stadtrand von Baku, nur etwa 4 km vom Stadtzentrum und 13 km vom Hafen entfernt, entstand bereits in den 1870er Jahren die „Black City“. In unmittelbarer Nähe der Erdölbohrungen war dies eine Siedlung mit Raffinerien, Werkstätten und Büros der Ölfirmen sowie mit den Wohnungen der Ölarbeiter. Die „Black City“ (zu Deutsch: Schwarze Stadt) erhielt ihren Namen wegen des Rußes und Rauches der über hundert Fabriken und Ölraffinerien.

Ab 1882 legten die Brüder Nobel für etwa einhundert ihrer Angestellten einen eigenen Wohnpark an. Diese Siedlung, an der östlichen Grenze der „Black City“, bestand neben Wohnhäusern auch aus einer Schule, einem Krankenhaus, einem Theater, einem Club und dem 1884 fertiggestellten Fam-

Abb. 119: im Garten der Villa Petrolea

ilienhaus der Nobels, der „Villa Petrolea“. Der Park um die Villa Petrolea hatte eine Fläche von mehr als 10 ha. Rund 80.000 Pflanzen wurden aus Europa, Asien und aus dem Kaukasus importiert. Frisches Wasser kam regelmäßig mit Schiffen von der Wolga nach Baku, wurde in Zisternen gespeichert und über Rohrleitungen verteilt.

Im 1. Weltkrieg wurden insbesondere deutsche und österreichisch-ungarische Bürger aus Russland vertrieben. Damit begann der Niedergang der „Villa Petrolea“ bis sie schließlich 1920 verstaatlicht und nicht mehr genutzt wurde. Teilweise wurden Gebäude abgerissen oder bei Bränden zerstört, wie das Theater und der Club.

Zwischen 2004 und 2007 organisierte der „Baku Nobel Heritage Fund“ die Restauration des Nobelhauses und des Parkes.

Seit 2008 kann das rekonstruierte Museum der „Villa Petrolea“ wieder besichtigt werden. Es beherbergt heute den Baku Nobel Oil Club, einen internationalen Konferenzsaal und das Nobel Brothers Museum, in dem Besitztümer der Nobelfamilie ausgestellt werden.

Weitere Infos unter: www.bakunobel.org

Nationalstadion

Etwa 10 km von der Innenstadt entfernt, in Richtung Flughafen, befindet sich das neue Olympiastadion bzw. das Nationalstadion von Baku. (→S.63). Es wurde anlässlich der Olympia-Bewerbungen für 2016 und 2020 errichtet. Das im Jahre 2015 eröffnete Stadion für knapp 70.000 Zuschauer ist heute ein modernes Fußballstadion, das auch die Möglichkeit bietet, Leichtathletikveranstaltungen auszutragen.

Nationalstadion
40°25'41.7"N 49°55'05.0"E
40.428252, 49.918068
CWH9+86 Baku

Abb. 120: Nationalstadion Baku

Bibi-Heybat-Moschee

Abb. 121: Bibi-Heybat-Moschee

Etwa 9 km südlich des Stadtzentrums, direkt am Salyan Highway, zwischen dem Friedhof und dem Industriehafen, befindet sich die Bibi-Heybat-Moschee aus dem 13. Jh., der Zeit der Schirwanschahs. Unter Stalin wurde die Moschee 1936 zerstört, in den 1990er Jahren wieder aufgebaut und 1997 eröffnet. In der Moschee ist das Grab von Okuma Khanim, einer Verwandten von Mohammed, die hier im 7. Jh. das Leben einer heiligen Frau führte. Nach ihrem Tode wurde zunächst eine kleine Krypta über ihrem Grab errichtet, bevor man den Ort später zum heiligen Ort erklärte. Der Grabraum ist besonders prachtvoll gestaltet.

Von hier hat man eine gute Sicht über die „South Bay“ mit dem bekannten Ölfeld „Bibi-Eibat“. Die South Bay wurde für die Erdölförderung zwischen 1909 und 1927 auf einer Fläche von 3 km² künstlich aufgeschüttet. (→S.44)

Bibi-Heybat-Moschee
40°18'30.3"N 49°49'12.2"E
40.308419, 49.820052
8R5C+82 Baku

Stadtrundgang

Fast alle Sehenswürdigkeiten innerhalb der Altstadt, des Boulevards und der Neustadt können ganz problemlos zu Fuß bei Stadt-Spaziergängen erkundet werden. Lediglich für die Besichtigung des Fernsehturms und für die Sehenswürdigkeiten der Außenbezirke benötigt man eine Transportmöglichkeit. Dafür bieten sich Metro oder Taxi an. (→S.239)

Baku-Card

Die Baku-Card umfasst kostenlose öffentliche Verkehrsmittel, freien Eintritt zu vielen Museen und Sehenswürdigkeiten, sowie Ermäßigungen in Restaurants, Geschäften und dem Hop-On Hop-Off Bus.

Die Baku-Card kann man am internationalen Flughafen Heydar Aliyev, in großen Hotels, Tourismusagenturen und iTicket-Verkaufskiosken kaufen. Die Karte wird automatisch mit der ersten Nutzung aktiviert und läuft entsprechend des Kartentyps nach 24 Stunden, 72 Stunden oder einer Woche ab.

Weitere Informationen unter: www.bakucard.az

Rund um Baku

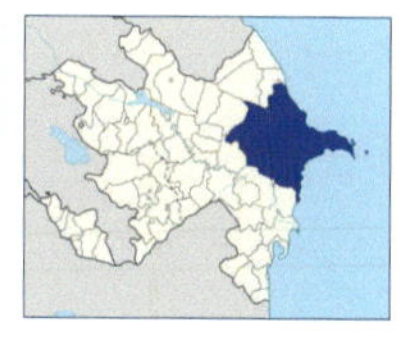

Diese Region Aserbaidschans ist die modernste und die am besten touristisch erschlossene Gegend des Landes. Die lebendige und moderne Hauptstadt hat auch große Strahlkraft auf das Umland. In der Umgebung von Baku gibt es eindrucksvolle Sehenswürdigkeiten, so auf der Halbinsel Absheron, im nahegelegenen Qobustan, in Shamakhi, im Norden die Candycane Berge und Besh Barmag Dag.

Absheron

Ölförderanlagen und Ausflugsziele

Abb. 122: Ölförderanlagen bei Baku

Die Halbinsel Absheron ist die etwa 70 km lange und mehr als 2.100 km² große Landzunge östlich von Baku. Auch Baku liegt komplett auf Absheron. In unmittelbarer Nähe zu den Wohngebieten, in den Vororten der Hauptstadt, wird an zahlreichen Stellen Erdöl gefördert, deren Förderanlagen vielerorts unübersehbar sind. Daneben sind auf Absheron einige Sehenswürdigkeiten, deren Besichtigungen sich lohnen wie der Masazir See, der Feuertempel, Yanar Dag, Mardakan, das Museum in Gala sowie der Nationalpark Absheron. (→S.66)

Ölförderanlagen (ein Bsp.)
40°27'43.2"N 49°56'25.5"E
40.461993, 49.940412
FW6R+Q5 Baku

Keyraki Schlammvulkan

Etwa 12 km nördlich von Baku, nahe des Vororts Masazir, befindet sich der 135 m hohe, noch aktive Keyraki Schlammvulkan. In großen Abständen bricht der Vulkan immer wieder aus, zuletzt im Jahre 2014. Dieser Ausbruch dauerte nur wenige Minuten.

Abb. 123: Großer Keyraki Schlammvulkan bei Baku

Keyraki Schlammvulkan
40°27'52.6"N 49°47'16.1"E
40.464608, 49.787792
FQ7Q+R4 Baki

Dabei wurden große Mengen Schlamm ausgeworfen, die etwa 3,5 ha bedecken, aber keine Schäden in den angrenzenden Wohngebieten verursachten.

Bis heute sind vom Keyraki 18 größere Ausbrüche bekannt. (→S.26)

Yanar Dag

Yanar Dag heißt auf Deutsch, der brennende Berg. Er ist eine der Hauptattraktionen in Aserbaidschan. Seit dem Altertum brennt es hier durch natürlich austretendes Erdgas. Der Berg liegt wenige Kilometer nordöstlich der Hauptstadt Baku und ist touristisch voll erschlossen. Den „Berg“ darf man sich allerdings nicht wie einen Berg vorstellen. Am Rande eines kleinen Hügels treten die Flammen permanent aus dem porösen Gestein aus. Die Flammen sind mal kleiner und mal bis zu drei Meter hoch. Bereits Marco Polo hat von diesen brennenden Gasquellen geschrieben. Um diese Attraktion ist ein Visitor Center gebaut. Das Feuer sieht in der Dämmerung am schönsten aus. Man kann im Restaurant des Visitor Centers oder auf den Stufen gegenüber dem Feuer sitzen und die spektakuläre Aussicht auf das Feuer genießen.

Abb. 124: austretendes Erdgas am brennenden Berg

Yanar Dag
40°30'06.9"N 49°53'25.3"E
40.501920, 49.890371
GV2R+Q4 Digah

Abb. 125: Brennender Berg und Visitor Center

Ateschgah - Feuertempel

Der zarathustrische Feuertempel auf der Halbinsel Absheron ist sowohl für Touristen als auch für Pilger eine der Hauptattraktionen der Halbinsel.

Die Feuerrituale in Ateschgah begannen bereits im 10. Jahrhundert, obwohl der Feuertempel erst im 17. und 18. Jahrhundert als Kloster und Kultstätte für zarathustrische Mönche sowie indische Hindus und Sikhs erbaut wurde.

Ateschgah
40°24'56.0"N 50°00'32.1"E
40.415565, 50.008905
C285+6H Baku

Im Zentrum, der im Fünfeck angelegten äußeren Burgmauern, steht der Feuertempel genau an der Stelle, an der das natürliche Erdgas austrat. Auch heute brennt hier noch eine ewige Flamme, die allerdings nicht mehr natürlich ist. Das Erdgasfeld unter dem Feuertempel ist inzwischen erschöpft, sodass die Flamme heute durch das städtische Gasnetz versorgt wird.

Der Feuertempel wird von einer Reihe von einstöckigen niedrigen Bauten, in denen früher die Pilger untergebracht waren, umgeben. Heute sind in diesen Gewölben Ausstellungen zu besichtigen, die über die Geschichte des Tempels informieren.

Abb. 126: Ateschgah - der Feuertempel

Sumgait

Sumgait (Sumqayit), benannt nach dem gleichnamigen Fluss, liegt etwa 40 km nördlich von Baku, auf der Halbinsel Absheron. Die erst 1949 gegründete Stadt hat etwa 330.000 Einwohner und ist damit die drittgrößte Stadt von Aserbaidschan. Im Jahr 1935 beschloss die sowjetische Regierung die Entwicklung der Schwerindustrie. Wegen der Nähe zur Ölförderung in Baku, zum Meer und zu bestehenden Bahnlinien wurde Sumgait als der zukünftige Standort ausgewählt. Nach dieser Entscheidung sorgte die industrielle Entwicklung für ein starkes Wachstum bis zum Zerfall der Sowjetunion. Der Umweltschutz spielte während dieser Zeit eine untergeordnete Rolle. Die Region hat auch heute noch schwer an diesem Erbe zu tragen. Sumgait ist heute die größte Industriestadt in Aserbaidschan, mit mehr als 30 Großbetrieben der chemischen und metallverarbeitenden Industrie sowie der Nahrungsmittelindustrie. Der Technologiepark und der Chemiepark von Sumgait ziehen seit 2011 zunehmend internationale Investoren für die Bereiche Pharmazie, Bau- und Landwirtschaft, chemische Industrie und Elektronik an. Für Touristen ist Sumgait nicht sehr attraktiv, denn hier findet man größtenteils alte Industriebauten. Die Innenstadt hat aber eine schöne, 2,5 km lange Uferpromenade mit vielen Restaurants.

Abb. 127: Stadt Sumgait

Sumqayit Boulevard
40°35'37.0"N 49°41'03.3"E
40.593605, 49.684253
HMVM+CP Sumqayit

Strand und Baden

Neben der Uferpromenade und weitere 50 km östlich von Sumgait bis Bilgia (Bilgəh) sowie weiter südlich entlang der Küstenline bis Mardakan (→S.121) und Shuvalan (Şüvəlan) gibt es Sandstrand. Auch Strandhotels reihen sich in diesem Küstenabschnitt aneinander.

Hier gibt es gute Bedingungen für einen Badeurlaub. Es wurden viele moderne und komfortable Bade-Ressorts mit Pools und privaten Strandabschnitten errichtet. Hier kann man sehr gut entspannen, sonnenbaden, schwimmen und den Urlaub genießen.

Strandsaison ist von Mai bis Oktober. Die angenehmsten Wassertemperaturen hat das Meer zwischen Juni (24°C) und September (26°C).

Masazir Salzsee

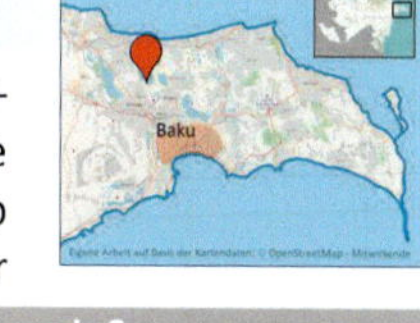

Auf Absheron wird seit hunderten Jahren in zahlreichen natürlichen Seen Salz gewonnen. Der Name Absheron leitet sich vom persischen „āb šur“ ab und bedeutet „salziges Wasser“. Heute wird nur noch aus wenigen Seen Salz gewonnen. Der bedeutendste See ist der Masazir See, knapp 20 km von Sumgait entfernt, zwischen den

Masazir See
40°29'23.6"N 49°47'43.0"E
40.489897, 49.795263
FQQW+X4 Masazir

Abb. 128: Masazir-See bei Sumgait

Dörfern Masazir und Novkhani. Er hat eine Fläche von etwa 10 km². Das Wasser enthält große Mengen Chlorid und Sulfat. Wenn im Sommer der Wasserstand sinkt, sammeln die Einheimischen das Salz. Es ist auch möglich, im See zu baden. Das Wasser soll gut gegen Hautkrankheiten wirken. Am westlichen Ufer bei Masazir wurden einige neue Siedlungen errichtet. Das östliche Ufer ist dagegen weitgehend unberührt. Auf einer malerischen Straße südlich von Novkhani kann man die Natur eindrucksvoll erleben. Ebenso ist der Mirzaladi See, 500 m östlich des Salzwerkes der Azerbaijan Salt Production Association CJSC, sehr sehenswert. Dieses neue Werk hatte 2010 die Produktion aufgenommen und kann inzwischen mehr als den Inlandsbedarf an Salz decken. Man schätzt, dass hier in der Zukunft noch weitere etwa 1,7 Mio. Tonnen Salz gewonnen werden können.

Nardaran

Nardaran, dieser ungewöhnliche Ort, liegt etwa 28 km von Baku entfernt, nahe der nördlichen Küste von Absheron. Ebenso wie der 6 km südlich gelegene Ort Mashtaga (Maştağa), sind beide Orte von konservativem schiitischem Islam geprägt. Die Einwohner sind besonders streng gläubig, wie in keinem anderen Ort des Landes. Es gibt eine große Koranschule und mit der Rahima-Khanum-Moschee eine besonders große und bedeutende Moschee, die Ende des 20. Jhs. über dem Grab von Rahima Khanum errichtet wurde. Rahima Khanum war die Tochter von Imam Museyi Kazim (dem siebten der zwölf Imame in der schiitischen Lehre) aus dem 8. Jahrhundert. Heute ist die Moschee ein Wallfahrtsort für Hunderte von Pilgern täglich, besonders an den Wochenenden, teilweise auch aus dem Iran kommend. 200 m westlich der Moschee sieht man eine mittelalterliche Festung und in geringer Entfernung weitere Moscheen.

Abb. 129: Rahima-Khanum Moschee

In Nardaran tragen die meisten Frauen in der Öffentlichkeit die Tschadors, einen kompletten Umhang um Kopf und Körper bzw. den Hijab, das islamische Kopftuch. Auch Mädchen gehen mit dem Hijab zur Schule, obwohl seit 2010 eine Schuluniform vorgeschrieben ist.

Rahima-Khanum Moschee
40°33'35.6"N 50°00'28.3"E
40.559894, 50.007861
H255+X4 Nardaran

Pir Hesen Moschee

Westlich des Stadtparks von Mardakan wird der Schrein von Pir Hesen als Pilgerort von abergläubigen Aserbaidschanern genutzt. Der Schrein steht mitten in einer schönen Parkanlage, in der sich mehrere Grabstätten von islamischen Heiligen und einem aserbaidschanischen Ölbaron des 19. Jhs. befinden. Pir Hesen ist bekannt für ein besonderes Ritual, das auch heute noch praktiziert wird. Ein selbsternannter Priester zerschlägt kleine Glasflaschen auf den Köpfen der Pilger und will sie damit heilen, deren Ängste besiegen und böse Geister vertreiben.

Pir Hesen Moschee
40°29'36.9"N 50°09'14.2"E
40.493582, 50.153930
F5V3+GJJ Mardakan, Aserb.

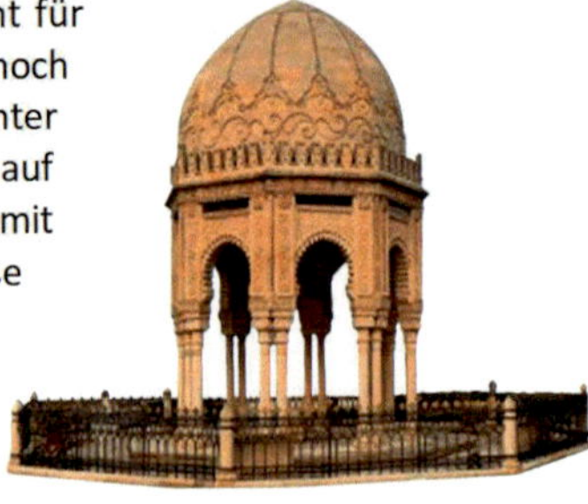

Abb. 130: Pir Hesen Moschee

Mardakan

Wenige Minuten Fahrt von den anderen Sehenswürdigkeiten der Halbinsel entfernt, liegt im Norden der Halbinsel die kleine Ortschaft Mardakan. Es ist ein unscheinbares Dorf, in dem einer der alten Festungstürme steht. Der fünfstöckige Turm ist 22 m hoch und von einer Festungsmauer umgeben. Die Besichtigung ist leider nicht möglich.

Mardakan
40°29'32.0"N 50°08'26.6"E
40.492221, 50.140714
F4RR+V7 Mardakan

Abb. 131: Große Mardakan-Festung aus dem 14. Jahrhundert

Strand und Baden

Nur 3 km nordöstlich der Ortschaft Mardakan findet man, ebenso wie am nördlichen Ufer der Halbinsel Absheron (→S.118), Sandstrand. Hier gibt es öffentliche Badestrände. Große und moderne Ferien-Resorts mit Pools, Badelandschaften und Wasserrutschen laden dazu ein, den Erholungsurlaub hier zu verbringen.

Mir Movsum Aga Moschee

Das Grabmal des Heiligen Mir Movsum (1883 - 1950), dem übernatürliche Kräfte nachgesagt wurden, ist ein beeindruckender islamischer Schrein im kleinen Vorort Shuvalan. Diese moderne Anlage, die nach seinem Tode errichtet wurde, ist reich mit Spiegelmosaiken verziert und hat prachtvolle Tore mit Stalaktit-Decken sowie eine traditionelle Kuppel, die an zentralasiatische Bauweise erinnert. Die Moschee ist das Ziel vieler Pilger, die sich hier etwas wünschen und später mit Opfergaben in die Moschee zurückkommen, wenn ihr Wunsch in Erfüllung gegangen ist.

Mir Movsum Aga Moschee
40°29'16.5"N 50°12'13.5"E
40.487926, 50.203744
F6Q3+5F Shuvelan

Abb. 132: Mir Movsum Aga Moschee

Gala

Gala bedeutet Festung. Das kleine Dorf Gala wird so genannt, weil es von Festungsmauern umgeben ist. Es ist nur etwa 40 km von Baku entfernt. Seit 2008 werden in einem großen archäologischen und ethnologischen Freilichtmuseum die Traditionen, die Kultur und die Lebensbedingungen zwischen dem 16. und 19. Jh. auf der Halbinsel Absheron eindrucksvoll dargestellt.

Gala
40°26'21.5"N 50°10'11.2"E
40.439306, 50.169780
C5Q9+PW Gala

Dieses Museum ist Teil eines Museumskomplexes, dem „State Historical Ethnographic Reserve", der außerdem verschiedene Ausstellungen der modernen Kunst, ein Schlossmuseum und ein Museum für Antiquitäten vereint.

Abb. 133: Museum in Gala

Weil das Museumsareal sehr groß ist, stehen Fahrzeuge zur Verfügung. Die angebotenen Führungen gibt es auch in deutscher Sprache.

Besh Barmag Dag

Besh Barmag Dag bedeutet fünf Finger Berg und ist damit eine Anspielung auf die markante Form des Berges mit mehreren Felszacken.

Abb. 134: Besh Barmag Dag

Zwischen dem Berg und dem Kaspischen Meer verläuft die Autobahn M1.

Von hier aus ist der Besh Barmag Dag schon von weitem sehr markant sichtbar.

Verglichen mit anderen Bergen im Großen Kaukasus ist der Berg mit 382 m nur ein kleiner Hügel.

Abzweig zur Schotterpiste
40°59'10.3"N 49°12'22.2"E
40.986180, 49.206171
X6P4+FF Siyəzən

Der Berg ist ein Fels und wegen vieler mythischen Geschichten einer der berühmtesten Berge im Kaukasus und ein heiliger Platz, der sich zu einer Pilgerstätte für Abergläubige entwickelt hat. Besonders an Sonntagen steigen die Pilger auf den Gipfel, um im Gebetshäuschen für die Erfüllung der persönlichen Wünsche zu beten. Es bietet sich eine spektakuläre Sicht bis zum Kaspischen Meer und auf das Umland.

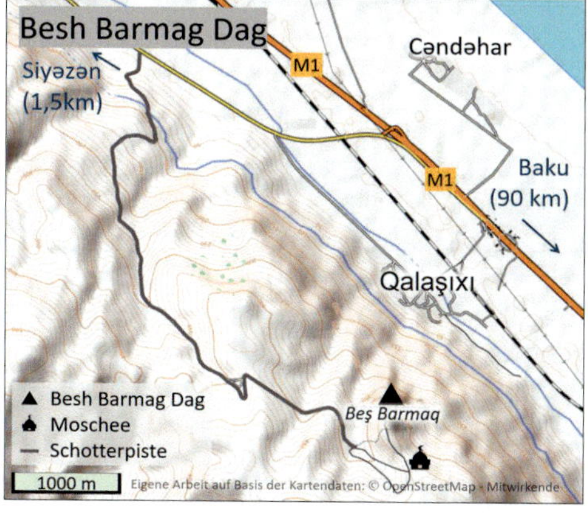

Besh Barmag Dag
40°57'15.6"N 49°13'43.5"E
40.954342, 49.228737
X63H+PF Zarat

Von der parallel zur Autobahn M1 führenden Heydar Aliyev Straße fährt man an der Kreuzung zwischen Siyəzən und Cəndəhar (→Koordinaten) Richtung Westen ab und anschließend 5,7 km auf einer Schotterpiste bis zum Parkplatz beim Besh Barmag Dag. Von hier aus sind es nur noch etwa 30 Minuten zu Fuß bis zum Gipfel.

Candycane Berge

Die Candycane Berge haben ihren Namen den rot-weißen Streifen zu verdanken, durch die sie aussehen wie Zuckerstangen. Die Ursache für die abwechslungsreichen Farben ist das Wasser, das Eisen und andere Metalle ausgewaschen hat. Die Berge gehören zu den Ausläufern

Abb. 135: Straße zu den Candycane Bergen

Candycane Berge
40°52'26.3"N 49°11'55.9"E
40.873980, 49.198870
V5FX+HG Xizi

des Großen Kaukasus und damit nicht zu den höchsten Regionen dieses Gebirgszuges, sie sind aber sicher ein sehr interessanter und farbenreicher Teil. Man erreicht diese einzigartigen Berge, die sich in den Rayonen Khizi und Siyazan befinden, über die Autobahn M1/ E119. Ab der Autobahnabfahrt bei Gilazi führt eine Landstraße etwa 15 km landeinwärts in Richtung Altiaghach Nationalpark (→S.66).

Abb. 136: Candycane Berge

Qobustan - Stadt

Etwa 80 km von Baku entfernt befindet sich die Stadt Qobustan, Hauptstadt und Zentrum des gleichnamigen Rayons. Stadt und Rayon darf man nicht verwechseln mit der bekannteren kleinen Gemeinde Qobustan in direkter Nachbarschaft zu dem Qobustan State Reserve mit seinen Petroglyphen (→S.131) und den Schlammvulkanen von Qobustan (→S.132), südlich von Baku, die außerhalb des Rayons Qobustan liegen. Diese sind etwa 100 km von der Stadt Qobustan entfernt. Die Stadt Qobustan hat 4.000 Einwohner und hieß bis 2009 „Maraza“.

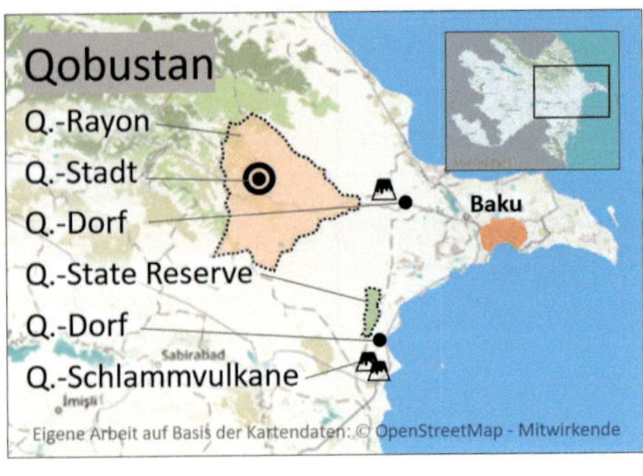

Schlammvulkane

Schlammvulkane
40°28'50.5"N 49°26'53.1"E
40.480684, 49.448091
FCJX+76 Gobustan

Während der Fahrt auf der M4 von Baku in Richtung Shamakhi passiert man nach etwa 40 km die kleine Ortschaft Qobustan und nach weiteren 4 km auf der Autobahn wird eine Tankstelle erreicht. Von hier aus führt eine Sandpiste rechts der M4 nach etwa 2 km zu zehn aktiven Schlammvulkanen (→S.26), deren Besichtigung hier leicht möglich ist. Wieder zurück auf der Autobahn erreicht man nach weiteren 48 km die Stadt Qobustan, den Hauptort des Rayons. Neben einer neuen Heydar Moschee, dem Heydar Park und einem Heydar-Aliyev-Museum ist die weiße Kuppel des Diri-Baba-Mausoleum schon von weitem zu sehen.

Diri-Baba-Mausoleum

Diri Baba Mausoleum
40°31'56.9"N 48°56'30.8"E
40.532465, 48.941898
GWJR+XQ Qobustan

Diri Baba lebte in 14. Jahrhundert und war ein Schutzpatron der Safawiyya, einer islamischen Ordensgemeinschaft. Weil die Menschen damals glaubten, dass Diri Baba nach seinem Tode weiterleben würde, bauten sie ihm im Jahre 1402 ein Mausoleum. Das zweistöckige Bauwerk wurde aus weißem Kalkstein auf einem Felsvorsprung errichtet.

Abb. 137: Diri Baba Mausoleum, 15. Jh.

Im unteren Bereich ist eine große Eingangshalle, die von einigen Räumen umgeben ist. Im oberen Bereich befindet sich hinter dem Mausoleumsbau eine in den Felsen geschlagene Grotte, die über einen schmalen Durchgang erreicht wird. Hier ist die eigentliche Grabstätte. Wegen der verschiedenen Legenden um das Diri Baba Mausoleum, der bemerkenswerten Architektur und der schönen Umgebung, ist dieser Ort ein beliebtes Ziel für Pilger und Touristen. Die Pilger erhoffen sich ein längeres Leben, denn Diri Baba soll der Legende nach heute noch leben.
Auf dem Hügel gegenüber dem Mausoleum ist ein alter, verwilderter und daher sehenswerter Friedhof.

Shamakhi

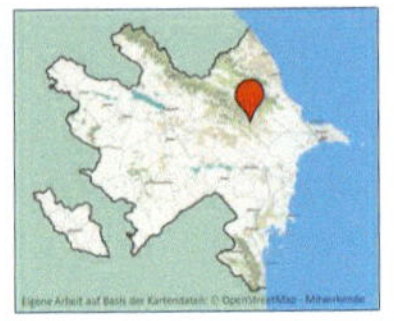

Allgemeines und Geschichte

Shamakhi (Aserbaidschan: Samaxi), die Hauptstadt des Shamakhi Rayons, liegt am Fuße des Großen Kaukasus auf 800 m Höhe und etwa 120 km westlich von Baku. In Shamakhi leben 38.000 Einwohner, ca. drei Viertel sind Aserbaidschaner und ein Viertel Armenier und Russen.

Shamakhi war schon früh eine bedeutende Handelsstadt und blühte insbesondere zur Zeit des Handels über die Seidenstraße auf. Im Mittelalter, zwischen dem 8. und 15. Jh., war Shamakhi auch die Hauptstadt des Reiches der Schirwanschahs.

Shamakhi wurde in seiner Geschichte oft durch Erdbeben (z.B. 1191, 1667, 1669, 1828, 1859, 1872 und 1902) und durch Eroberungskämpfe zerstört oder beschädigt. Wegen des zerstörerischen Bebens von 1191 wurde die Hauptstadt des Schirwan-Reiches für einige Jahre nach Baku verlegt. Das Erdbeben von 1667 gilt als eines der Schlimmsten, bei dem neben etwa 80.000 Opfern auch ein Drittel der Stadt zerstört wurde. Infolge des Bebens von 1859 wurde die damalige Provinzhauptstadt erneut nach Baku verlegt.

Shamakhi und Umgebung
Tusi Observatorium (16 km)
Ruine der Gulistan-Festung
Gabala (90 km)
Beyuk-Khynysly
M4
Shamakhi
Rathaus
Heydar Aliyev Museum
Heydar Aliyev Denkmal
Nasimi Memorial Park
Djuma Moschee
Mirza Alakbar Sabir's Museum
Shamakhi Stausee
Eddi Gyumbez
Historisches Museum
Allee der Märtyrer
Kelekhana-Gräber
Kelekhana
M4
Baku (120 km)
2 km
Eigene Arbeit auf Basis der Kartendaten: © OpenStreetMap - Mitwirkende

Das letzte katastrophale Erdbeben im Jahre 1902 zerstörte auch die Djuma-Moschee. Sie wurde zwischen 1905 und 1910 wieder aufgebaut, so wie bereits mehrfach im Laufe ihrer Geschichte.
Die Stadt und das Umland sind reich an historischen und kulturellen Sehenswürdigkeiten:

Sehenswürdigkeiten in Shamakhi

Djuma-Moschee

Djuma-Moschee
40°37'37.5"N 48°38'39.8"E
40.627082, 48.644389
JJGV+RQ Şamaxı

Die Djuma-Moschee wurde im 10. Jh. erbaut. Sie ist heute eines der ältesten Gebäude der Stadt und die älteste Moschee im Kaukasus. Die Moschee wirkt heute sehr neu. Sie wurde erst im Jahre 2009 vollständig restauriert.
Außerhalb von Gebetszeiten dürfen auch Frauen den großen, mit Teppichen ausgelegten Innenraum der Moschee besuchen. Im Innenhof sind die alten Fundamente der ehemaligen Anlage aus dem 10. Jh. zu erkennen.

Abb. 138: Djuma-Moschee in Shamakhi

Nasimi Denkmal

Am westlichen Rand des Stadtzentrums erinnert in einem kleinen Park das Nasimi Denkmal an einen der größten aserbaidschanischen Dichter und Philosophen (1369 - 1417), der in Shamakhi geboren und in Aleppo (im heutigen Syrien) aufgrund seiner fortschrittlichen religiösen Ideen lebendig gehäutet wurde.

Museen

Sabir Museum
40°37'42.4"N 48°38'28.1"E
40.628431, 48.641149
JJHR+9F Şamaxi

Zentral in Shamakhi, nur wenige Meter westlich der großen Djuma-Moschee, lädt das Museum von Mirza Alakbar Sabir zu einem Besuch ein. Dieses Museum ist dem aserbaidschanischen Dichter, Philosophen und Lehrer Mirza Alakbar Sabir (1862 - 1911) gewidmet.
Gleich neben der Allee der Märtyrer, am östlichen Ortseingang, kann man das historische Museum besichtigen. Eine Ausstellung enthält interessante Informationen und archäologische Funde zur Geschichte der Schirwanschahs und zur Umgebung von Shamakhi.

Eddi Gyumbez - alte Khansgräber

Eine Hauptattraktion ist der Friedhof von Shamakhi mit den sieben Königsgräbern. Den Friedhof erreicht man etwa 1 km südlich des Stadtzentrums auf einem kleinen Hügel. Es ist ein sehr alter Friedhof, der auch Königliches Mausoleum oder Eddi Gyumbez (übersetzt: „Sieben Kuppeln“) genannt wird.

Eddi Gyumbez
40°37'12.0"N 48°38'12.5"E
40.619986, 48.636802
JJ9P+XP Samaxi

Von den einst sieben alten Kuppelbauten sind noch vier Kuppeln gut erhalten. Bei den anderen drei Bauten sind die Dächer leider schon eingestürzt. Im Innern der Bauten wurden insgesamt 22 Gräber entdeckt, jeweils drei bis fünf kunstvoll verzierte Grabsteine je Mausoleum. Die Gräber gehören früheren Shamakhi Khan Familien verschiedener Generationen. Neben den Mausoleen befinden sich hunderte von Grabsteinen aus den vergangenen Jahrhunderten sowie moderne Gräber. Die unkonventionelle Unordnung der Grabsteine lässt den Ort sehr außergewöhnlich und eindrucksvoll wirken.

Abb. 139: Mausoleen auf dem Friedhof "Eddi Gyumbez"

Außerdem gibt es in der Stadt weitere Museen wie das historische Museum und das Heydar Museum sowie die Allee der Märtyrer, zum Gedenken der Gefallenen des 2. Weltkrieges.
Aber auch in der Umgebung von Shamakhi gibt es Sehenswertes:

Gulistan-Festung

Beyuk-Khynysly
40°39'24.4"N 48°36'47.1"E
40.656790, 48.613083
MJ47+P6 Böyük Xınıslı

Entfernung:	2 km	↔
Höhenmeter:	140 m	↕
Dauer:	1:00 h	
Anforderung:	leicht	(→S.208)

Etwa 6 km nordöstlich vom Stadtzentrum von Shamakhi, oberhalb das Städtchens Beyuk-Khynysly, kann man die Ruine der Gulistan-Festung aus dem 11. Jh. besichtigen. (Karte →S.126) Sie war einst eine zentrale Burg im Schirwan

Reich, wurde im 16. Jh. von den Persern zerstört und später nie wieder aufgebaut. Die Wanderung beginnt am Parkplatz hinter dem Dorf und führt stetig bergan bis zur Ruine, die schon aus einiger Entfernung gut zu sehen ist. Der schöne Ausblick ist der Lohn für den Weg.

Gräber von Kelekhana

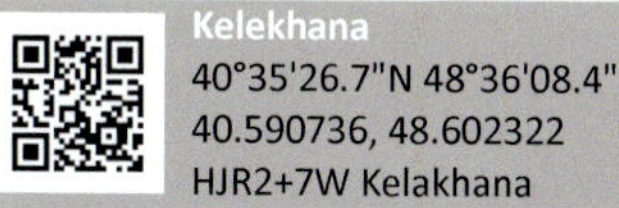

Das kleine Dorf Kelekhana liegt 5 km südlich von Shamakhi. Direkt westlich neben dem Dorf auf einem Feld findet man die Reste der berühmten Kelekhana-Gräber. Heute sind noch acht der ehemals neun achteckigen Steinhäuser vorhanden, diese teilweise schon erheblich zerfallen. Es wird angenommen, dass die Gräber im 17. Jh. für die Mitglieder des Chilkey Sheikhs Sufi Ordens, eines der ältesten und bekanntesten Stämme der islamischen Kultur, erbaut wurden. Darauf lässt die Inschrift auf einem Portal der Mauer, die eines der Gräber umgibt, schließen.

Abb. 140: Gräber von Kelekhana, bei Shamakhi

Tusi Observatorium

In den Pirgulu Bergen, auf etwa 1.500 m Höhe, 23 km vom Stadtzentrum von Shamakhi entfernt, befindet sich das Observatorium Shamakhi (oder Tusi-Observatorium). Dieses astrophysikalische Observatorium ist eine

Abb. 141: Astrophysikalisches Observatorium in Tusi

Tusi Observatorium
40°46'56.0"N 48°36'02.0"E
40.782234, 48.600552
QJJ2+V6 Pirkuli

Sternwarte der Republik Aserbaidschan. Sie wurde 1969 erbaut und hat neben kleineren Instrumenten auch ein 2 m Durchmesser großes Spiegelteleskop der Fa. Carl Zeiss Jena. Man kann das Observatorium und das Astronomie-Museum besuchen oder sich auf der Internetseite www.shao.az/en darüber informieren.

Kunst und Tradition

Die Region um Shamakhi ist bekannt für ihre Weine, obwohl das Land islamisch geprägt ist. Das scheint ein Widerspruch zu sein, aber die Region um Shamakhi hatte sich im 20. Jh. innerhalb der Sowjetunion einen Namen als Weinanbaugebiet gemacht. Mit Glasnost und Perestroika unter Michail Gorbatschow gab es eine Anti-Alkohol-Kampagne, der viele Weinberge zum Opfer fielen. Heute soll nun wieder an die frühere Zeit angeknüpft werden. Eine wichtige Rolle für den Weinbau spielt die Matrassa-Rebe. Matrassa ist eine rote Rebsorte, die aus dem gleichnamigen Dorf stammt, keine 10 km von Shamakhi entfernt. Unter der Bezeichnung „Matrassa", „Chirai" oder „Kara Scirai" ist sie nicht nur in Aserbaidschan, sondern auch in den kaukasischen Nachbarländern verbreitet. Die Rebe ist resistent gegen Frost, Dürre und Pilzkrankheiten. Aus ihr werden Still-, Dessert- und Schaumweine, von süß bis trocken, gekeltert. Auch zum Keltern des berühmten Krimsekts verwendet man unter anderen die Matrassa-Trauben.

Shamakhi ist auch berühmt für seine Teppiche, die heute in einigen der bekanntesten Museen der Welt zu sehen sind. Ebenso haben hier andere künstlerische Handwerke eine Tradition wie das Kupfer- und Holzhandwerk, die Herstellung von Keramik und Schmuck sowie die Schneiderei. Nicht zuletzt steht die Region für einen traditionellen Tanz, den Tanz von Shamaxi, der eine Ähnlichkeit mit persischen Tänzen hat.

Abb. 142: Weintraubenanbau bei Shamakhi

Qobustan - State Reserve

Qobustan (oder Gobustan) ist ein staatlicher Naturpark, etwa 60 km südwestlich von Baku in direkter Nachbarschaft zur Ortschaft Qobustan. (→S.85) Bekannt ist der Park für seine Felszeichnungen, die in den 1930er Jahren entdeckt wurden. 1966 gründete man das Reservat auf einer Fläche von 44 km². Im Jahre 2007 erklärte die UNESCO die Felszeichnungen zum Weltkulturerbe.

Abb. 143: Eingang zum Qobustan State Reserve

Die Petroglyphen, die in Stein gearbeiteten Felsbilder, stammen aus der Steinzeit. Die Ältesten sind ca. 15.000 Jahre alt. In diesem großartigen Gebiet, in den Bergen Boyukdash, Kichikdash, Jingirdagh, befinden sich rund 6.000 Felsgravuren.

Abb. 144: Visitor Center in Qobustan

Den Besuchern dieses Reservates wird zunächst das Visitor Center empfohlen, für das man eine kleine Eintrittsgebühr bezahlt. Hier gibt es ein Museum und eine Ausstellung über die historischen Hintergründe des Ortes sowie einen Souvenir Shop. Neben der sehr interessant gestalteten Ausstellung über die natürliche Umgebung von Qobustan und die archäologischen Funde, wird eine Zeitreise durch die Geschichte Aserbaidschans von der Zeit der Dinosaurier bis heute angeboten.

Qobustan NP Museum
40°05'51.0"N 49°23'02.1"E
40.097487, 49.383918
39WM+XH Qobustan

Vom Visitor Center führt die Qobustan Reserve Road ca. 2 km in die Berge zum Eingang des Parks. Hier können auf einem kleinen Rundweg die faszinierenden Höhlen, die nach den heutigen Erkenntnissen zu den ersten menschlichen Siedlungen in der Welt gehören sollen, erkundet werden.

Abb. 145: im Qobustan State Reserve

Abb. 146: Felszeichnungen in Qobustan

Die Wände der Höhlen sind mit Gravuren und geritzten Bildern bedeckt, die Szenen aus dem damaligen Leben in verschiedenen Situationen darstellen wie z.B. Jagen und Tanzen. Deutlich zu erkennen sind Menschen, Ochsen und Ziegen.
Die sehenswerten, bizarren Felsen in direkter Umgebung der Felszeichnungen liegen auf einer Anhöhe, von der man bis zum Kaspischen Meer schauen kann.

Qobustan - Schlammvulkane

In Aserbaidschan gibt es ca. 300 Schlammvulkane und damit etwa die Hälfte aller weltweit existierenden Schlammvulkane. Dass es in Aserbaidschan so viele Schlammvulkane gibt, ist eng mit den dortigen Öl- und Gasvorkommen verbunden. Sie enthalten kalten Schlamm, der von Gasen an die Oberfläche der Erde befördert wird. Das Gas, das die Schlammvulkane ausstoßen, besteht zu 90 % aus leicht entzündlichem Methan. Es blubbert und sprudelt aus vielen verschiedenen Löchern, die teils wie kleine Vulkane, teils wie Pfützen oder sogar Seen aussehen. Der Schlamm enthält Jod, Brom, Calcium und Magnesium und viele Mineralien. Der graue Schlamm soll gut für die Haut sein. Einheimische nehmen in den Schlammlöchern auch schon mal ein Bad. Die Schlammvulkane von Qobustan bei Alet sind die am besten zugänglichen Schlammvulkane in Aserbaidschan.

Schlammvulkane
39°59'47.0"N 49°24'08.2"E
39.996374, 49.402286
XCW2+GW Sychlijar

Abb. 147: Schlammvulkane in Qobustan

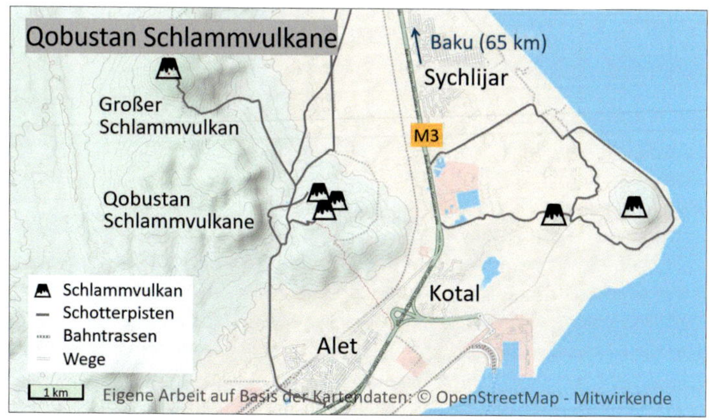

Sie befinden sich unweit vom Qobustan Nationalpark (→S.131) und nur etwa eine Stunde Fahrzeit von Baku entfernt. Die Straßen, die zu den Naturphänomen führen, sind Schotterpisten. Diese können aber trotzdem von normalen PKW´s (ohne Allrad), nicht aber von Reisebussen, befahren werden.

Von Baku aus fährt man auf der M2 in Richtung Süden und verlässt die Autobahn nach etwa 75 km, beim kleinen Ort Qarakosa. Von hier aus geht es landeinwärts, zunächst außerhalb der Siedlung entlang, dann über eine Eisenbahntrasse, insgesamt etwa 4,5 km über die Schlotterpiste zu den, auf einem Hügel liegenden, Schlammvulkanen. Über eine Schotterpiste kann man dieses Gebiet auch nach Norden wieder verlassen.

Wer einen PKW mit Allradantrieb hat, der kann auch noch einen Ausflug zu dem nahegelegenen großen Schlammvulkan machen, der inzwischen weitgehend eingetrocknet ist. Über Schotter- und Sandpisten sind ca. 5 km zu fahren. Von dort bietet sich eine großartige Sicht.

Großer Schlammvulkan
40°01'14.1"N 49°22'20.3"E
40.020574, 49.372304
29CC+6W Sychlijar

Abb. 148: großer Schlammvulkan in Qobustan

Großer Kaukasus

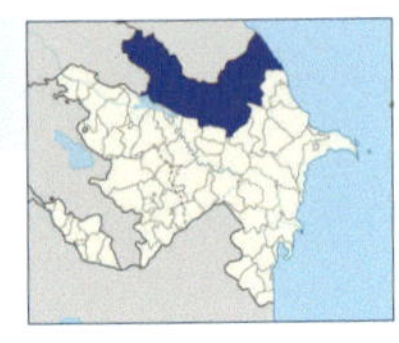

Der Große Kaukasus (aserbaidschanisch: Böyük Qafqaz Dağlari) im Norden ist das Grenzgebirge zu Russland. Die Gebirgskette erstreckt sich über mehr als 1.000 km von Noworossijsk am Schwarzen Meer bis zu den Vororten von Baku am Kaspischen Meer. Der Große Kaukasus ist neben dem Nordkaukasus, der Transkaukasischen Senke, dem Kleinen Kaukasus und dem Talysh-Gebirge ein Teil des Kaukasus, jedoch dessen bei weitem größte Gebirgskette. Der größte Teil, der höchste Gipfel (Elbrus mit 5.642 m) sowie weitere zehn der höchsten Berge liegen auf russischem Territorium. Der dritthöchste Berg (Schchara mit 5.201 m) und weitere sieben der höchsten Berge befinden sich in Georgien.
Über den Gipfel des mit 4.466 m höchsten Berges Aserbaidschans, dem Bazardüzü Dag, der nur wenige Kilometer nördlich des Hauptkammes liegt, verläuft auch die Grenze zu Russland.

Chirag Gala

Die historische Stätte von Chirag Gala befindet sich etwa 30 km nördlich der Candycane Berge (→S.123 ff) und ca. 50 km südlich von Quba (→S.135 ff).
Sie gehört zu den am besten erhaltenen Festungsruinen in Aserbaidschan. Der steile Fels, auf dem die Burgruine erbaut wurde, ragt bis zu einer Höhe von 1.230 m aus dichten Wäldern heraus. Die Festung wurde schon im 5. Jh. von den Persern erbaut. Im 18. Jh. war sie ein Vorposten der Verteidigungsanlagen des Khanats Quba.

Abb. 149: Chirag Gala Festung

Wanderung zur Festung

Parkplatz in Qalaalti
41°05'33.9"N 48°56'22.4"E
41.092743, 48.939553
3WVQ+3R Galaalti

Entfernung:	5 km	(1,5 km)	↔
Höhenmeter:	370 m	(50 m)	↕
Dauer:	2:00 h	(0:45 h)	
Anforderung:	leicht	(→S.206)	

Im kleinen Dorf Qalaalti, 20 km bzw. 30 Minuten Fahrzeit von Siyazan entfernt, beginnt die längere Wanderung (5 km) zur Burgruine, die nur zu Fuß erreichbar ist. Vom Gelände des Qalaalti Hotel & Spa führt ein schmaler Pfad durch dichten Wald stetig bergan bis zur Festung. Auf der linken Seite der Burg ist ein Vorbeikommen möglich, um einen freien Panoramablick auf das Umland zu erhalten. Auf einer kleinen Anhöhe, 200 m hinter der Burgruine, erhält man sogar den malerischen Rundumblick als Belohnung für den Aufstieg.

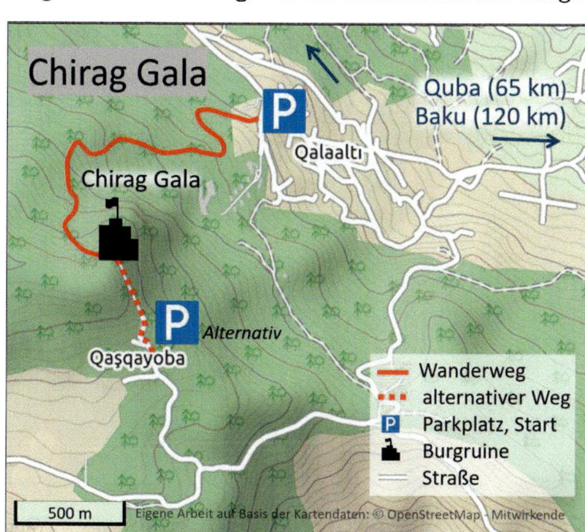

Alternativ ist es möglich, auf einer Schotter- bzw. Sandpiste bis zum Waldesrand bei Qaşqayoba etwas näher an die Burg heranzufahren. Von hier aus beginnt der kurze Aufstieg zur Burg, ebenfalls durch den Wald. (Gesamt: 1,5 km)

Parkplatz in Qaşqayoba
41°04'56.3"N 48°56'03.1"E
41.082314, 48.934187
3WJM+WM Galaalti

Xacmaz

Xacmaz (oder: Khachmaz) ist die Hauptstadt des Rayons Xacmaz. Die Stadt hat 42.000 Einwohner und liegt im äußersten Nordosten des Landes, zwischen dem Kaspischen Meer und Quba. (→S.137)

Ein kleiner Umweg von etwa 15 km, auf der Fahrt von Baku nach Quba, macht einen Besuch von Xacmaz recht einfach möglich. Dazu benutzt man ab Gandov anstatt der M1 die Regionalstraßen R1 und R4.

Xacmaz
41°27'57.7"N 48°48'05.2"E
41.466032, 48.801452
FR82+CH Xacmaz

Sehenswürdigkeiten

Abb. 150: Chanlibel Stadtpark

Die Stadt ist ein beliebtes Touristenziel, weil sie einen interessanten, aber auch ungewöhnlichen Eindruck auf die Besucher macht.

Zu einer der Hauptstraßen der Stadt, dem Heydar Aliyev Prospekt, gelangt man durch ein großes Eingangstor, das an die Tower Bridge in London erinnert. Es gibt viele eigenartige Denkmäler, die meisten davon im Chanlibel Stadtpark.

Abb. 151: Skulpturenpark

Der Hauptbahnhof von Xacmaz wurde 1898 von britischen Experten an einer der ersten Eisenbahnstrecken im ehemaligen Transkaukasien erbaut.

Wegen seiner besonderen Architektur gilt er als einer der schönsten Bahnhöfe in Aserbaidschan.

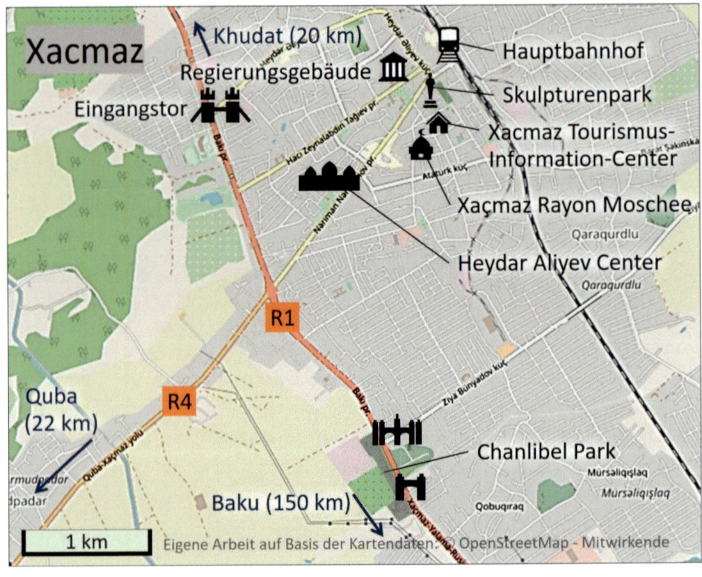

In der Nähe des Bahnhofes befindet sich ein Skulpturenpark. Dieser Park ist eine Art Freilichtmuseum für 40 Denkmäler berühmter Persönlichkeiten der aserbaidschanischen Literatur, Kunst und Wissenschaft.
Einige öffentliche Gebäude der Stadt haben sehr bunte Fassaden, die nachts beleuchtet werden, wie auch das große Heydar Aliyev Center in der Nariman Narimanov Straße.

Quba

Quba (oder: Guba) ist Hauptstadt des gleichnamigen Rayons im Nordosten Aserbaidschans. Sie liegt auf etwa 600 m Höhe am Fluss Gudiyalchay und hat 25.000 Einwohner.
Die Stadt besteht im Wesentlichen aus drei Teilen. Das jüdische Viertel im Norden, die Neustadt im Osten und die Altstadt am südlichen Flussufer. Die Universitätsstadt ist bekannt für die Produktion traditioneller Teppiche und den Anbau von Äpfeln.
Quba hat einige recht gute Hotels, deshalb nutzen viele Touristen Quba als Ausgangspunkt für Touren in die Bergregionen.

Geschichte

Anfang des 18. Jhs. entstand die Stadt aus dem Dorf Kudyal und wurde zur Hauptstadt des Khanats Quba. Khan Fatali führte das Khanat Quba zwischen 1758 - 1789 zu einem der mächtigsten Khanate in Aserbaidschan. Quba verlor jedoch an Bedeutung, nachdem das Khanat 1806 von Russland eingenommen wurde.

Sehenswürdigkeiten

Die Hauptattraktion der Stadt ist die gemütliche Altstadt mit ihren schmalen Gassen. In der Stadt gibt es einige Moscheen, so die Moschee von Sakina-Khanum, die Ardabil-Moschee, die Haji Jafar Moschee und die achteckige Freitagsmoschee, die komplett aus Backstein gebaut ist und eine metallene Kuppel hat.

Abb. 152: Ardabil-Moschee in Quba

Genozide Memorial Komplex

Abb. 153: Quba Genozide Memorial

2009 begannen die Bauarbeiten für das 2013 eröffnete Mahnmal. Der pyramidenförmige Bau und das unterirdische Museum sollen an die Massaker zwischen April und Juni 1918 erinnern, als die größtenteils aus Armeniern bestehende Armee 167 Dörfer in der Gegend von Quba verwüstete und mehr als 16.000 Zivilisten tötete. (→S.19ff) An der Stelle, an der das Mahnmal heute steht, fand man 2007 bei den Bauarbeiten für ein Stadion ein Massengrab.

Genozide Memorial
41°21'42.4"N 48°29'33.9"E
41.361765, 48.492743
9F6V+P3 Quba

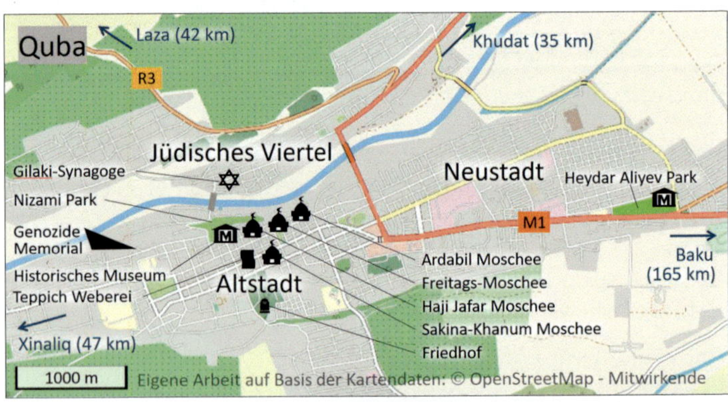

Nizami Park

Abb. 154: Nizami Park

Im Nizami Park am Südufer des Gudiyalchay-Flusses, direkt neben der Altstadt, spielen die Einwohner gerne Schach und trinken Tee. Im Park ist ein Museum, in dem Exponate aus der Geschichte des Landes zu sehen sind. In verschiedenen Ausstellungen wird u.a. über die Geschichte der Teppichherstellung informiert. Nördlich des Parks verbindet eine Fußgängerbrücke mit Statuen die Altstadt mit dem jüdischen Viertel.

Jüdisches Viertel - Qirmizi Qəsəbə

Qirmizi Qəsəbə (bedeutet rote Siedlung) ist das jüdische Viertel von Quba. Dieser Stadtteil hat 4.000 Einwohner und ist die einzige rein jüdische Stadt der Welt außerhalb der Vereinigten Staaten.

Der Stadtteil liegt am nördlichen Flussufer des Gudiyalcay und fällt durch seinen Wohlstand auf. Hier gibt es zwei Synagogen, die noch genutzt werden. Die große Synagoge ist die Gilaki Synagoge, unweit der Fußgängerbrücke zur Altstadt.

Abb. 155: Straße im jüdischen Viertel

Teppichweberei

In der Altstadt hat man in der Teppichmanufaktur „Qadim" die Gelegenheit, den Weberinnen bei der Arbeit zuzuschauen oder auch im angeschlossenen Geschäft einen Teppich zu kaufen.

Abb. 156: Gilaki Synagoge

Heydar Aliyev Park

Am östlichen Stadtrand liegt, direkt neben der Hauptstraße, ein großzügig angelegter Park mit mehreren öffentlichen Gebäuden wie Theater, Kino, Kulturzentrum, Heydar Aliyev Museum sowie die Regionalverwaltung.

Abb. 157: Heydar Aliyev Museum im Heydar Aliyev Park

Abb. 158: Quba am Fluss Gudiyalchay

Xinaliq

Xinaliq ist das höchste und abgelegenste Dorf im Großen Kaukasus, im Rayon von Quba. Auf einer Höhe von etwa 2.200 m leben heute 2.000 Einwohner. Xinaliq gehört außerdem zu den ältesten Siedlungen der Menschheit, die bereits seit über 5.000 Jahren ununterbrochen bewohnt wird. Wegen der Abgeschiedenheit vom restlichen Land hat das Dorf nicht nur viele Invasionen und Kriege überstanden, sondern die Einwohner sind über die Jahrhunderte auch völlig autark geblieben. Dadurch haben die Menschen ihren besonderen Lebensstil und sogar eine eigene Sprache (Chinalugisch →S.47) entwickelt.

Xinaliq
41°10'52.0"N 48°07'40.0"E
41.181103, 48.127764
54JH+C4 Khinaliq

Die Haupterwerbstätigkeit ist die Tierhaltung. Früher wurde auch Ackerbau betrieben. Die noch sichtbaren Terrassen, am Ufer des Flusses Gudiyalchay, sind dafür ein Beleg.

Abb. 159: Schlucht des Gudiyalchay

Die Bauweise der Häuser ist durch die terrassenartige Bauweise den bergigen Verhältnissen angepasst. Die Dächer der unteren Häuser dienen oft als Gehweg oder Veranda für die Häuser darüber. Die Baumaterialien sind natürliche Materialien wie Flussstein, Tonstein oder Holz, aber kein Beton. Seit 2006 wurden einige Dächer mit Blechen

Abb. 160: Tal des Gudiyalchay

abgedeckt, denn das Dorf ist seitdem über eine neue Asphaltstraße gut erreichbar, sodass die Einzigartigkeit und die autarke Lebensweise der Einwohner sicherlich bald Geschichte sein werden. Für die etwa 50 km lange Strecke von Quba benötigt man nur noch etwa 90 Minuten.

Heute besuchen immer mehr Touristen das abgelegene Bergdorf. Gästehäuser und touristische Einrichtungen sind inzwischen zu einer wichtigen Einnahmequelle für die Einwohner geworden. Moderne Kommunikationstechnik ist selbstverständlich vorhanden.

Auch der Weg von Quba nach Xinaliq ist ein Erlebnis. Die Straße schlängelt sich zunächst durch Wälder, dann durch die tiefe Schlucht des Gudiyalchay, vorbei an Flüssen und über weite Täler bis hinauf nach Xinaliq.

Abb. 161: Xinaliq Dorf mit Blick von der Wanderung zum Hausberg

Sehenswürdigkeiten

Abb. 162: Juma- bzw. Freitags- Moschee

In der Umgebung des Dorfes gibt es zahlreiche Wasserfälle, prähistorisch bewohnte Höhlen, historische Friedhöfe und natürliche Quellen.

Ein im Jahre 2016 restaurierter zarathustrischer Feuertempel liegt etwa 5 km nordwestlich und 1.000 Höhenmeter oberhalb von Xinaliq. Ein Rundgang durch das Dorf ist in jedem Falle zu empfehlen. Es gibt neben vielen alten und einfachen Steinhäusern

Museum
41°10'41.2"N 48°07'42.6"E
41.178116, 48.128498
54HH+69 Khinaliq

mehrere unscheinbare Moscheen. Die Moscheen haben keine Minarette. Sie sind lediglich etwas größer als die normalen Wohnhäuser. Die Freitags- und die Scheich-Schalbuz-Moschee zählen zu den ältesten Bauten im Ort. Mitten im Ort befindet sich ein kleines historisch-ethnographisches Museum, in dem historische Kleidung, Münzen, Waffen und Fotografien ausgestellt werden.

Außerhalb des Dorfes gehören die Friedhöfe zu den ältesten Einrichtungen des Dorfes. Ansonsten bietet Xinaliq selbst keine besondere Sehenswürdigkeit, aber der Panoramablick auf das Dorf und die Umgebung ist ganz besonders sehenswert.

Abb. 163: Hausberg bei Xinaliq

Wanderung zum Hausberg von Xinaliq

Entfernung:	1,5 km	↔
Höhenmeter:	190 m	↕
Dauer:	1:00 h	
Anforderung:	leicht	(→S.209)

Am oberen Ende des Dorfes startet die kleine Wanderung zum nahegelegenen Hausberg (2.364 m).

Man hält sich, dem Weg folgend,

leicht links und auch an der ersten Weggabelung links. Der Weg führt stetig bergan und bietet einen immer wieder anderen, aber faszinierenden Blick auf das Dorf und die umgebende Berglandschaft. Derselbe Weg führt wieder zum Dorf zurück.

Wanderung entlang des Xinaliq Trails

Entfernung:	4 km	↺
Höhenmeter:	300 m	↕
Dauer:	1:30 h	
Anforderung:	mittel	(→S.209)

Auf einem kleinen Trail oberhalb des Dorfes kann man auch die Aussicht auf das Dorf und die Umgebung genießen. Der Weg beginnt am oberen Ende des Dorfes in Richtung Hausberg. Nach 150 m gelangt man zur ersten Weggabelung und hält sich hier rechts. Leicht ansteigend führt der Weg etwa 700 m am Hang entlang. An der Weggabelung geht es nach rechts und weiter bergan bis bei etwa 2.350 m Höhe der höchste Punkt des Rundweges erreicht ist. Von nun an geht es wieder bergab und zum Dorf zurück.

Wanderung von Xinaliq nach Qalayxudat

Entfernung:	8,5 km →	
Höhenmeter:	260 m ↑ 230m ↓	
Dauer:	3:00 h	
Anforderung:	mittel	(→S.209)

Diese Wandertour ist keine Rundtour, deshalb muss man vor dem Start auch an den Rückweg denken. Die Tour startet im hinteren Teil des Dorfes. Nach dem letzten Haus biegt der Weg nach Qalayxudat rechts ab. Nach etwa einem Kilometer, an einer Weggabelung, führt der Weg wieder nach rechts (nicht nach links, steil den Berg hinauf). Wir folgen bis zum Ziel der alten Straße „Quba-Susay-Xinaliq" nach Qalayxudat. Der Weg ist bequem zu laufen, ohne steile Anstiege und relativ breit. Anfangs ist die Ortschaft Xinaliq gut zu sehen und später links die felsige Landschaft mit den subalpinen Wiesen des Gizilgaya-Massivs.

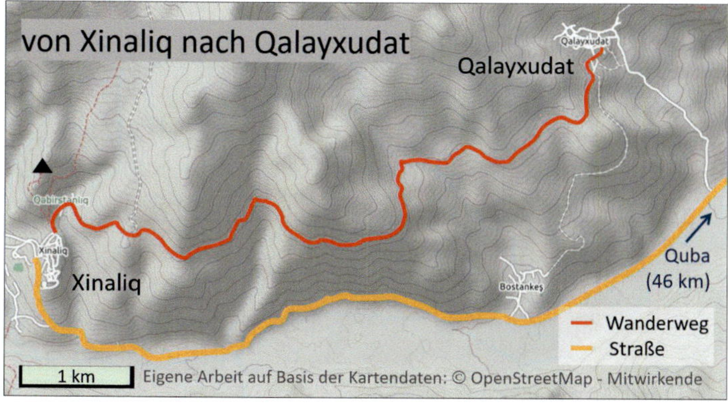

Das kleine Dorf Qalayxudat ist auch ein interessantes Reiseziel. Es liegt ebenso wie Xinaliq, im Tal des Gudiyalchay-Flusses, etwa 2 km von der Hauptstraße Quba-Xinaliq entfernt. Qalayxudat bedeutet auf Persisch „die Festung des Herrschers". Hier haben die Einwohner ebenso zunehmendes Interesse an den Einnahmen durch den Tourismus. So bieten sie u.a. Unterkünfte an.

Laza

Laza ist ein kleines Dorf im Qusar Rayon. Es liegt auf 1.650 m Höhe in direkter Nähe des Mount Shahdag (4.243 m) und des Mount Qizilqaya (3.726 m).

Laza
41°17'48.9"N 48°06'50.5"E
41.296904, 48.114032
74W7+QJ Laza

Die 170 Einwohner leben von Ackerbau und Viehzucht.

Laza liegt Luftlinie nur 13 km von Xinaliq entfernt. Zwischen beiden Dörfern gibt es nur einen 20 km langen Fußweg durch den Shahdag Nationalpark, aber keine direkte Straßenverbindung.

Von Quba sind es etwa 50 km und etwa eine Stunde Fahrzeit bis Laza. 4 km vor Laza führt die einzige Straße zum Dorf an den großen Hotels des Shahdag Skigebietes vorbei.

Abb. 164: Laza Dorf

Abb. 165: Shahdag Mountain

Sehenswürdigkeiten

In der Umgebung von Laza können die Besucher einige Wasserfälle besichtigen. Im Dorf gibt es ein historisches Denkmal, eine 300 Jahre alte Moschee und ein paar Geschäfte. Aber das Schönste ist der Blick auf die großartige Landschaft mit dem 10 km entfernten Gipfel des Shahdag.

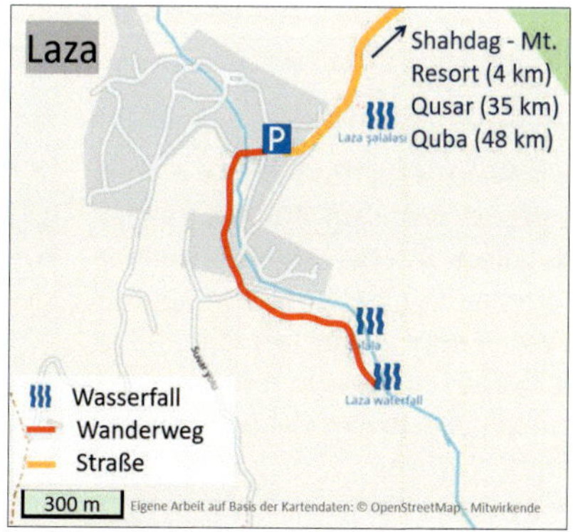

Laza Wasserfall

Am Fuße des Hochgebirgsplateaus „Shah Yaylag" befindet sich der Wasserfall, ganz in der Nähe von Laza. Im Winter werden hier Kletterwettkämpfe am eingefrorenen Wasserfall durchgeführt.

Wanderung von Laza nach Kuzun

Entfernung:	7 km →
Höhenmeter:	300 m ↑ 670 ↓
Dauer:	2:30 h
Anforderung:	mittel (→S.209)

In der Nähe von Laza gibt es viele Möglichkeiten für schöne Wanderungen. Eine Wanderung führt auf einem alten Weg zwischen den beiden Dörfern Laza (1.650 m) und Kuzun (1.280 m), einem Dorf in der Nähe des Wintersport Shahdag Mountain Resorts.

Man verlässt Laza nordwestlich auf einem kleinen Weg am Berghang, leicht ansteigend, bis eine kleine Anhöhe erreicht ist. Von hier aus geht es bergab ins Tal. Nach etwa 2,5 km verlässt man das Tal in Richtung des rechten Berghangs, um eine Anhöhe zu überqueren, von der sich eine besonders schöne Aussicht auf den Mt. Shahdag hinter den gegenüberliegenden Berghängen bietet. Von hier aus geht es wieder bergab nach Kuzun.

Lahic

Lahic ist ein Dorf im Großen Kaukasus im Ismayilli Rayon. Das Dorf liegt auf einer Höhe von 1.380 m in einer Talebene zwischen den hohen Bergen des Großen Kaukasus. Lahic ist etwa 190 km von Baku entfernt. Mit dem Auto muss man für diese Strecke etwa 3 Stunden rechnen. Die letzten 20 km geht es über eine spektakuläre, nur teilweise befestigte Straße, die durch die Schlucht des Girdimancay führt. Wegen der senkrechten Felswände neben der Straße besteht die Gefahr von Steinschlag. Es kann sogar sein, dass die Straße deshalb temporär gesperrt ist.

Lahic
40°50'40.4"N 48°22'41.2"E
40.844552, 48.378111
R9VH+R6 Lahıc

Hängebrücke
40°47'48.1"N 48°19'07.9"E
40.796687, 48.318850
Q8W9+MG Garagaya

Abb. 166: Hängebrücke über den Girdimancay, auf der Fahrt nach Lahic

Eine imposante Hängebrücke für Fußgänger, etwa 10 km vor Lahic, verbindet die Zufahrtstraße nach Lahic mit Zernava. Hier bietet sich eine gute Gelegenheit für einen Fotostopp.

Die alternative Straße führt nördlich von Shamakhi über Demirci nach Lahic. Sie ist seit 2018 gut ausgebaut.

In Lahic gibt es alte Pflastersteingassen. In den Straßen sind traditionelle

Abb. 167: Flusstal des Girdimancay und die Straße nach Lahic

Häuser zu sehen, die für die Region typisch aus Steinen und Backstein gebaut wurden und hölzerne Balkone haben. Entlang der Straßen und Gassen findet man kleine Boutiquen, alte Werkstätten und vor allem die Kupferschmieden, für die das Dorf sehr bekannt ist.

Abb. 168: Hauptstraße von Lahic

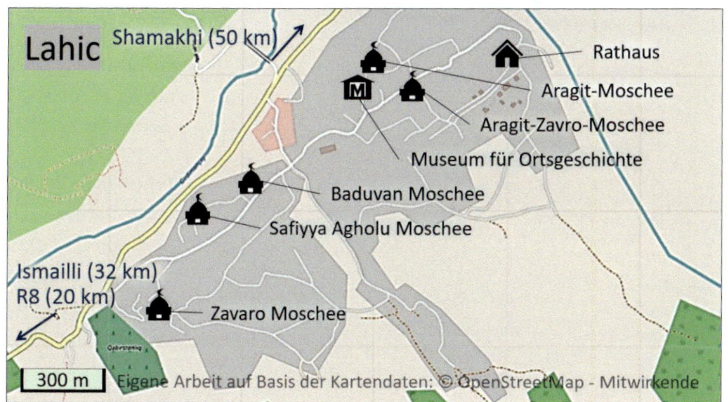

Sehenswürdigkeiten

Die große Zavaro-Moschee wurde 1805 erbaut. Während der Zeit als Aserbaidschan eine Sowjetrepublik war, wurde die Moschee als Kino genutzt. In der 1914 erbauten Agolu-Moschee ist heute das regionale Museum untergebracht. In einem Ausstellungsraum werden die Exponate aus der Geschichte des Dorfes wie alte Teppiche, Waffen und Werkzeuge gezeigt. Lahic ist ein guter Ausgangspunkt für einige schöne

Abb. 169: Dorf Lahic am Flusstal des Girdimancay

Wanderungen in die umliegenden Berge. Eindrucksvoll sind die schneebedeckten Gipfel des Großen Kaukasus.

Wanderung nach Zernava

Entfernung:	8 km	↔
Höhenmeter:	500 m	↕
Dauer:	3 h	
Anforderung:	mittel	(→S.210)

Ausgangspunkt der Wanderung ist die Hängebrücke (Abb. 166 →S.146) etwa 10 km vor Lahic, auf 850 m Höhe. Man überquert den Fluss Girdimançay und geht zunächst auf der rechten Seite eines Bachlaufes entlang, den man nach etwa 1,5 km überquert. Anschließend geht es in Serpentinen weiter bergan, in das etwa 1.350 m hoch gelegene Dorf Zernava.

Derselbe Weg führt zurück zum Ausgangspunkt der Wanderung.

Wanderung nach Kohnadakhar

Start in Gandar
40°48'52.7"N 48°18'43.1"E
40.814648, 48.311971
R876+VQ Gandov

Entfernung:	7,5 km	(8 km)	↔
Höhenmeter:	430 m	(550 m)	↕
Dauer:	3:00 h	(3:00 h)	
Anforderung:	mittel	(→S.210)	

Ausgangspunkt der Wanderung ist der kleine Ort Gandov, etwa 8 km vor Lahic. Er liegt auf ca. 950 m Höhe. Der Wanderweg ist mit einem Allrad-Geländewagen befahrbar und führt zunächst stetig, mit mäßiger Steigung knapp 3 km bergan, bis zu einem Bergkamm auf 1.380 m Höhe. Von hier sind es noch etwa 800 m ohne großen Höhenunterschied bis zum kleinen Ort Kohnadakhar, dem Ziel der Wanderung.

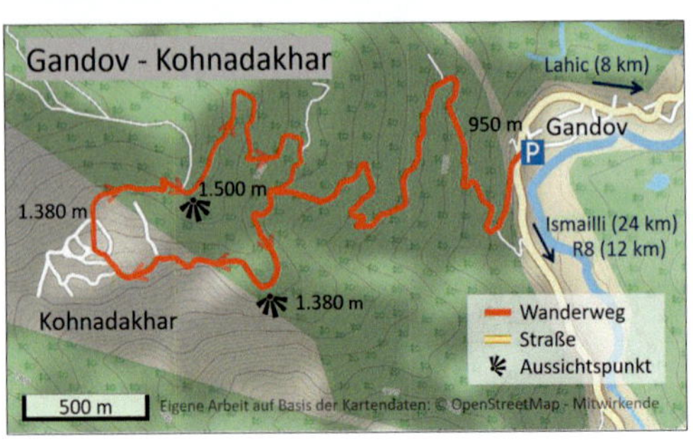

Es ist möglich, auf dem Rückweg über den Hauptkamm zu einem weiteren Aussichtspunkt zu gehen, der etwa 120 m über dem Ort liegt. Von hier aus erreicht man nach etwa einem Kilometer den Hauptweg und nach weiteren 3 km den Parkplatz in Gandov.

Wanderung zum Nihal Dag

Start bei Lahic
40°50'34.6"N 48°22'35.4"E
40.842937, 48.376485
R9VG+5H Lahic

Entfernung:	12,5 km ↔
Höhenmeter:	850 m ↕
Dauer:	5:00 h
Anforderung:	schwer (→S.210)

Eine anspruchsvolle Wanderung beginnt am Ortseingang von Lahic und führt zum Gipfel des nächstgelegenen Berges, den Nihal Dag. Der Weg führt zunächst entlang eines Flussbettes, das man schon nach 150 m rechts verlässt. Von nun an schlängelt sich der Weg entlang von Wiesen und Wäldern bis zur Baumgrenze auf ca. 1.800 m stetig bergan. Von hier hat man schon einen guten Überblick über die Umgebung. Auf den letzten 200 Höhenmetern bis zum Gipfel bietet sich im weiteren Verlauf stets ein guter Blick auf die Täler und die grandiose Berglandschaft des Großen Kaukasus.

Wanderung zum Babadag

Start der Wanderung
40°58'56.9"N 48°17'00.1"E
40.982481, 48.283372
X7JM+X8 Burovdal

Entfernung:	14 km ↔
Höhenmeter:	1.450 m ↕
Dauer:	10:00 h
Anforderung:	schwer (→S.210)

Der 3.629 m hohe Babadag ist für die Aserbaidschaner eine Art heiliger Berg. Angeblich soll für den, der ihn besteigt, ein Wunsch in Erfüllung gehen. Und so pilgern zwischen Juni bis Ende August recht viele abergläubige Menschen auf den Gipfel des Babadag.

Von Lahic aus fährt man mit dem Geländewagen etwa 2 Stunden bis zum Start nach Turbaza. Der Aufstieg ist zum Teil steil und auch anstrengend, aber ohne weitere Hilfsmittel möglich. Dafür sollten etwa 6 Stunden eingeplant werden. Viele Wanderer starten deshalb schon vor dem Sonnenaufgang. Es ist auch möglich, in Lahic organisierte Touren zu buchen.

Abb. 170: auf dem Gipfel des Babadag

Gabala

Gabala (oder: Gəbələ) ist die Hauptstadt des gleichnamigen Rayons. In Gabala leben 14.000 Einwohner. Die Stadt liegt am Fuße des Großen Kaukasus, etwa 220 km nordwestlich von Baku, an den Flüssen Qaraçay und Qoçalançay.

Sehenswürdigkeiten

Im Sommer kommen die meisten Besucher von Gabala vor allem wegen der schönen Landschaft und den zahlreichen Möglichkeiten für Wanderungen in den nahegelegenen Bergen des Großen Kaukasus. Im Winter nutzen die Touristen die Skiresorts des Skigebietes.

In Gabala gibt es ein Museum zur Geschichte, in dem archäologische Funde ausgestellt sind, ein mit großem Mosaik verziertes Kulturzentrum, das Denkmal des Rashidbek - einem Intellektuellen und Pädagogen aus Sheki (1863 - 1942) - und den Heydar Aliyev Park.

Chukhur Gabala

Etwa 20 km südlich von Gabala befinden sich östlich des 1.000-Einwohner-Dorfes Chukhur Gabala (oder Çuxur Qəbələ) die Ruinen des historischen Gabala aus dem 4. Jh.v.Chr. Diese sind die Überreste der früheren Hauptstadt des antiken Königreiches Albania. Während der langen Geschichte wurde die Stadt mehrmals von Eroberern wie dem

Cuxur Qabala
40°53'22.9"N 47°42'21.2"E
40.889687, 47.705882
VPQ4+V9 Chukhur Gabala

Abb. 171: Ruinen des alten Gabala

Mongolen Timur (→S.13) oder dem Perser Nader Schah (→S.14) besetzt und teilweise zerstört. Im 18. Jh. verschwand das alte Gabala schließlich, wurde anschließend vergessen und erst im Jahre 1959 wieder entdeckt. Man fand die alte Stadtmauer mit Wachtüren, Wohnhäusern und Friedhöfen. Heute kann diese Ausgrabungsstätte besucht werden. Die besten Ausstellungsstücke sind in dem kleinen Museum auf dem Gelände zu sehen.

Wanderung zum Yeddi Gozel Wasserfall

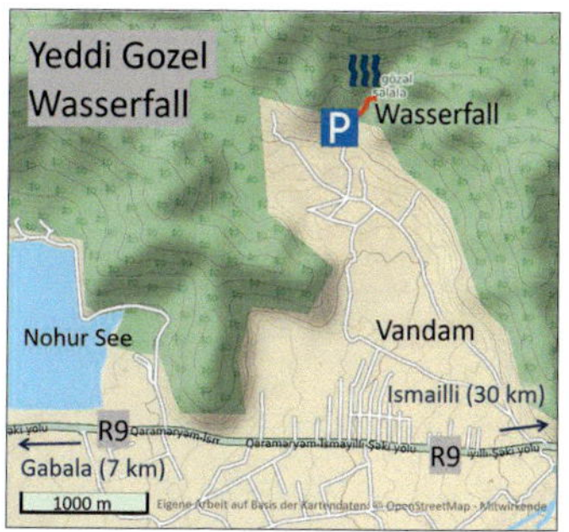

Yeddi Gozel Wasserfall
40°58'31.2"N 47°54'49.5"E
40.975323, 47.913749
XWG7+4F Nohurqishlaq

Entfernung:	1 km	↔
Höhenmeter:	120 m	↕
Dauer:	30 min	
Anforderung:	leicht	(→S.210)

Etwa 12 km östlich von Gabala, an der Regionalstraße R9, liegt das kleine Dorf Vandam.

Hinter dem Dorf ist eine 120 m hohe Wasserkaskade aus sieben Felsstufen, die die Einheimischen „Sieben Schönheiten" (Aserbaidschanisch: Yeddi Gozel) nennen.

Bevor der Weg in den Wald führt, gibt es eine Möglichkeit, das Auto abzustellen.

Von hier aus führt ein Weg nur wenige hundert Meter bis zum Wasserfall. Man kann über lange schmale Treppen zu jeder der sieben Stufen gelangen.

Abb. 172: Wasserfall "Yeddi Gozel"

Wanderung bei Gabala

Etwa 5 km nördlich von Gabala gibt es einige gute Gelegenheiten für individuelle Bergwanderungen oder auch die Möglichkeit, mit den Seilbahnen auf die Gipfel zu fahren und die Aussichten zu genießen.
Je nach Belieben, Kondition oder der zur Verfügung stehenden Zeit kann man hier die Wandertour so zusammenstellen, wie es einem am besten gefällt. Es ist möglich, jedes der Teilstücke einzeln zu wandern oder mit einer der vier Seilbahnen zu fahren.

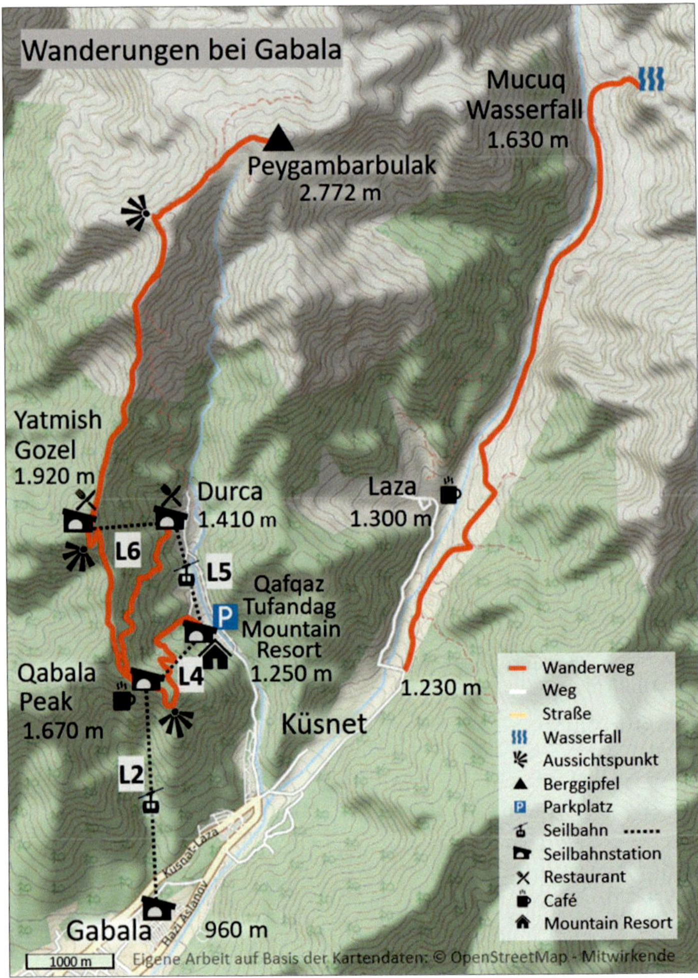

Seilbahnen

L2 Riverside Seilbahn
960 m bis 1.670 m

L4 Gabala Seilbahn
1.670 m bis 1.250 m

L5 Duruca Seilbahn
1.250 m bis 1.410 m

L6 Qafqaz Seilbahn
1.410 m bis 1.920 m

Abb. 173: Gabala Mountains

Durca

Durca (auch Duria) ist ein kleines Bergdorf mit alten Steinhäusern auf 1.400 m Höhe, das mit der Seilbahn oder zu Fuß erreicht werden kann.

Abb. 174: Dorf Durca und der Berg „Peygambarbulak" im Hintergrund

Wanderung zum Yatmish Gozel (1.920 m)

Die Wanderung beginnt am Tufandag Mountain Resort, das gut mit dem Auto erreicht werden kann. Von hier aus gibt es mehrere Möglichkeiten bis zum Gipfel des Yatmish Gozel zu gelangen, entweder per Seilbahn, zu Fuß oder auch nur teilweise zu Fuß.

Mountain Resort - Start
41°01'58.3"N 47°53'19.8"E
41.032852, 47.888838
2VMQ+4G Durja

Entfernung:	4,5 km	(5,8 km)	→
Höhenmeter:	510 m	(670 m)	↑
Dauer:	2:00 h	(2:30 h)	
Anforderung:	mittel	(→S.211)	

A) Mit der Seilbahn L5 fährt man zunächst bis nach Durca und folgt von hier aus dem Weg mit mäßigem Anstieg von 260 m bis zum Aussichtspunkt am Qabala Peak. Von hier aus führt der Weg entlang des Kammes mit noch einmal 250 m Anstieg bis zum Gipfel des Yatmish Gozel.

B) Alternativ (5,8 km) kann man von Tufandag Mountain Resort auch den direkten, steilen Anstieg zum Qabala Peak wählen. Der Wanderweg verläuft die ersten 1,3 km entlang der Seilbahn mit einem Anstieg von 420 m bis zum Peak. Anschließend bis zum Gipfel wie A).
Yatmish Gozel, der Name des Berggipfels bedeutet übersetzt „Schlafende Schönheit". Belohnt wird die Wanderung mit einem großartigen Ausblick auf die Berge des Großen Kaukasus. Neben der Seilbahnstation gibt es auch ein Restaurant.

Wanderung zum Peygambarbulak (2.772 m)

Entfernung:	11 km	↔
Höhenmeter:	900 m	↕
Dauer:	5:00 h	
Anforderung:	schwer	(→S.211)

Die Wanderung beginnt auf dem Gipfel des Yatmish Gozel. Auch für diese Wanderung startet man am Tufandag Mountain Resort, nimmt aber nun die Seilbahnen L5 und L6 bis zum Gipfel Yatmish Gozel. Von hier aus startet eine 5,5 km lange Wanderung, entlang des Berggrates bis zum Gipfel des Peygambarbulak.
Der Wanderweg verläuft die ersten 2 km zwischen den Bäumen, bis in einer Höhe von 2.150 m die Baumgrenze erreicht wird. Ab jetzt bietet sich ständig eine gute Sicht auf die Umgebung.

Mucuq Wasserfall

Entfernung:	13,5 km	↔
Höhenmeter:	400 m	↕
Dauer:	4:30 h	
Anforderung:	schwer	(→S.211)

Mucuq-Wasserfall
41°05'10.6"N 47°56'27.1"E
41.086285, 47.940865
3WPR+G8 Laza

Der sehr schöne, 54 m hohe Mucuq-Wasserfall befindet sich bei Laza, 15 km nördlich von Gabala in den Bergen das Shahdaq Nationalparks. (→S.71)
Ein mehr als 6 km langer Wanderweg im Flusstal des Damiraparanchay führt zum Wasserfall.

Organisierte Wandertouren im Shahdag Nationalpark werden in Gabala angeboten.

Abb. 175: Mucug Wasserfall bei Laza

Freizeitpark Gabaland

Gabaland
41°00'01.5"N 47°52'36.1"E
41.000412, 47.876702
2V2G+5M Qabala

In direkter Nachbarschaft zur Seilbahn-Talstation der L2 (→S.153) befindet sich der Vergnügungspark „Gabaland". Er ist vermutlich für einheimische Familien interessanter als für Touristen.

Abb. 176: Freizeitpark Gabaland

Oguz

Auf der Weiterfahrt auf der R9 in Richtung Sheki gelangt man etwa 60 km nach Gabala zum kleinen Ort Oguz. Oguz (auch Oghuz) ist die Hauptstadt des gleichnamigen Rayons und befindet sich nur etwa 40 km südöstlich von Sheki.

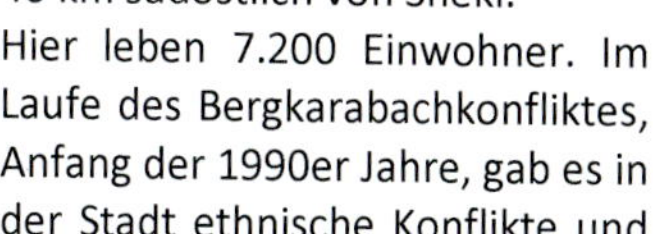

Oguz
41°04'07.7"N 47°27'52.4"E
41.068811, 47.464553
3F97+GR Oguz

Hier leben 7.200 Einwohner. Im Laufe des Bergkarabachkonfliktes, Anfang der 1990er Jahre, gab es in der Stadt ethnische Konflikte und Vertreibungen von Armeniern. Heute lebt noch eine kleine jüdische Gemeinde der Bergjuden in der Stadt. Die Haupteinnahmequelle ist die Landwirtschaft. Es werden vor allem Nüsse und Tabak angebaut.

Sehenswürdigkeiten

Hal-Khal Wasserfall
41°05'49.9"N 47°33'34.4"E
41.097186, 47.559557
3HW5+VR Ermenet

In Oguz befinden sich eine alte, vor kurzem restaurierte Synagoge von 1906, eine moderne Moschee sowie ein Heydar-Aliyev-Museum.

Etwa 12 km nordöstlich der Stadt ist direkt bei dem Hal-Khal Wasserfall ein kleines Erholungsgebiet mit Gastronomie und Bootsverleih. Um das Gebiet zu erreichen, verlässt man Oguz in östlicher Richtung und setzt die Fahrt an der Kreuzung nach 5 km in nördlicher Richtung fort.

Fazil

Fazil (oder Fazyl) ist ein Dorf im Sheki Rayon mit 400 Einwohnern, das sich etwa 25 km südlich von Sheki befindet. Zu den Sehenswürdigkeiten des Dorfes gehören das Archäologische Museum und eine Ausgrabungsstätte von mehr als zwölf unterirdischen Gräbern, die aus dem 7. bis 3. Jh.v.Chr. sein sollen. Das archäologische Labyrinth befindet sich am östlichen Rand des Dorfes Fazil. Man kann nach Vereinbarung mit dem örtlichen Tourismusbüro das unterirdische Labyrinth besichtigen.

Fazil
41°02'07.9"N 47°14'00.2"E
41.035539, 47.233384
26PM+69 Fazil

Sheki

Khanpalast und Altstadt

Sheki ist eine der ältesten Städte in Aserbaidschan. Bereits ab dem 2. Jh.v.Chr. war Sheki ein Handelsplatz auf der mehrere tausend Kilometer langen Seidenstraße zwischen China und Europa. Die Karawanen machten Halt in einer der fünf Karawansereien von denen heute noch zwei erhalten sind.

Die Stadt wurde in der Mitte des 18. Jhs. zur Hauptstadt des unabhängigen Khanats „Sheki“. Die Altstadt mit dem Khanpalast ist seit 2019 UNESCO Weltkulturerbe.

Sheki liegt im Nordwesten von Aserbaidschan und gehört sicher zu den schönsten Städten im aserbaidschanischen Teil des Kaukasus. Sheki ist berühmt für die alten, gut erhaltenen Bauten und für die Süßigkeiten.

Abb. 177: Sheki Altstadt

Am ehemaligen Handelsplatz auf der Seidenstraße spielte Seide eine wichtige Rolle und so hat die Teppichweberei von Sheki eine sehr lange Tradition. Darauf basierend entstand hier die größte Seidenfabrik der Sowjetunion. Diese Seidenfabrik produziert noch heute. Sie kann auch besucht und nach Anmeldung besichtigt werden.
Zu den Sehenswürdigkeiten der Stadt gehören das Festungsgelände mit dem Khanpalast, der Winter-Khanpalast, die Karawanserei, die Omar-Effendi-Moschee sowie die Freitags-Moschee.

Festungsgelände

Eingang Festungsgelände
41°12'10.2"N 47°11'44.7"E
41.202831, 47.195737
653W+47 Sheki

Das Festungsgelände befindet sich etwas oberhalb der Stadtmitte. Die massive Mauer, die das Gelände umgibt und einige Wehrtürme wurden vollständig restauriert. Innerhalb des Festungsgeländes ist der Sommerpalast des Khans das beeindruckendste Gebäude.
Unterhalb des Khanpalastes, auf dem Festungsgelände, ist neben der Khan-Moschee ein kleiner Basar und darin die Werkstatt eines bekannten Shebeke-Künstlers. Hier kann man sehen, wie die schönen, bunten Fenster des Khanpalastes hergestellt werden.
Shebeke (→S.60) heißt dieses Kunsthandwerk, die Fenster nur aus Glasstückchen und Holz ohne Klebstoff oder Nägel herzustellen. Diese alte Kunst ist in Sheki beheimatet.

Abb. 178: alte Khan-Moschee auf dem Festungsgelände

Sommerpalast des Khan

Der Palast wurde 1762 im persischen Stil errichtet und zusammen mit dem historischen Teil der Stadt im Jahr 2019 von der UNESCO zum Weltkulturerbe erklärt.
Zwischen 1743 und 1819 regierten die Khane in Sheki, für die es insgesamt 40 Sommer- und Winterpaläste gab.

Abb. 179: Sommerpalast des Khan innerhalb des Festungsgeländes in Sheki

8 der 10 Jahre Bauzeit fielen auf die vielen Verzierungen und Malereien. Die beiden riesigen Platanen, die vor dem Khanpalast im Garten stehen, wurden bereits 1530 gepflanzt. Im Innern des Palastes ist das Fotografieren leider verboten. Die Räume sind an den Decken und Wänden mit beeindruckenden Malereien geschmückt. Diese Malereien zeigen Jagdszenen, Blumenmuster und einige Fabelwesen sowie Märchengestalten. Ein Führer kann den Besuchern mehr über die Symbolik der verschiedenen Malereien erzählen. Das Besondere an dem Palast ist, dass er ohne einen einzigen Nagel gebaut wurde.

Winterpalast des Khan

Winterpalast
41°12'09.2"N 47°11'24.3"E
41.202559, 47.190079
653R+22 Seki

Unweit des Festungsgeländes befindet sich der Winterpalast des Khan, in dem das Fotografieren erlaubt ist. Der Palast ist etwas kleiner als der berühmtere Sommerpalast, aber ebenso perfekt restauriert. Einige Wandmalereien stammen aus dem Jahr 1765 und sind noch sehr gut erhalten. Auf diesen sind Szenen aus den Gedichten von Nizami Ganjavi dargestellt.

Abb. 180: Winterpalast des Khan in

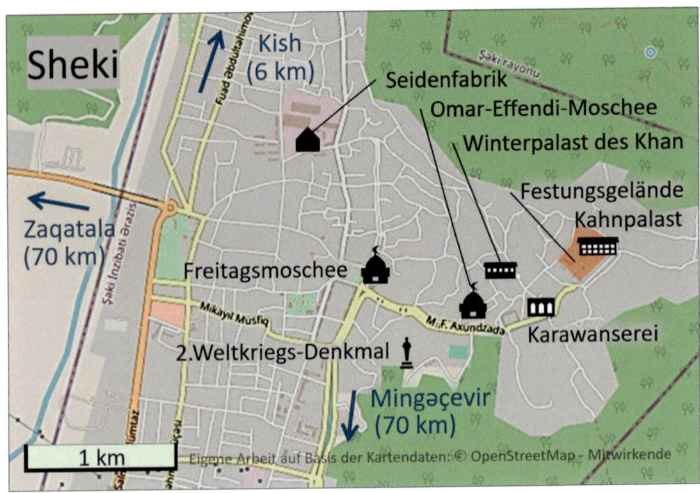

Alte Karawanserei

Karawanserei Sheki
41°12'03.5"N 47°11'39.0"E
41.200964, 47.194169
652V+9M Seki

Die alte Karawanserei am oberen Ende der Geschäftsstraße Axundzada Prospekt stammt aus dem 17. Jahrhundert. Der Innenhof ist liebevoll gestaltet. Hier werden Handwerks-Erzeugnisse und die berühmten Süßigkeiten verkauft.

Abb. 181: alte Karawanserei in Sheki

Diese Süßigkeiten sind eine Art Baklava mit Honig und verschiedenen Nüssen.

Kish

Kish liegt im Sheki Rayon von Aserbaidschan, ca. 6 km nördlich von Sheki in den Bergen. Das Dorf hat 6.000 Einwohner und ist eines der ältesten Dörfer im heutigen Aserbaidschan.

Kirche in Kish
41°14'56.9"N 47°11'35.2"E
41.249132, 47.193100
65XV+J6 Kis

Kish war während seiner gesamten Geschichte nicht nur religiöses Zentrum, sondern auch politische Hauptstadt. Schwere Überschwemmungen in der Mitte des 18. Jhs. führten dazu, dass die Hauptstadt des Khanats ins Tal nach Sheki verlegt wurde.

Abb. 182: kaukasisch-albanische Kirche

Kish ist ein beschauliches kaukasisches Bergdorf mit typisch gepflasterten Straßen. Hier spielen Kinder und Männer sitzen zusammen, trinken Tee oder spielen Backgammon. Von hier kann man die schneebedeckten Gipfel der umgebenden Berge sehen.

Die wichtigste Sehenswürdigkeit ist die kaukasisch-albanische Kirche. Das heutige Gebäude der Kirche von St. Elisa wurde im 12. Jh. erbaut.

Sie steht an der Stelle, an der sie im 1. Jh. vom ersten Patriarchen der Kirche im kaukasischen Albanien, dem heiligen St. Elisa, gegründet wurde. Sie diente zu verschiedenen Zeiten als kaukasisch-albanisch-apostolische Kirche. Vom 10. - 17. Jh. war sie jedoch georgisch-orthodox. 1836 wurde sie in die armenisch-apostolische Kirche aufgenommen und noch im 19. Jh., mit der Neugründung als kaukasisch-albanische Kirche, zu einem Wallfahrtsort, da sie historisch mit dem heiligen St. Elisa in Verbindung steht.

Abb. 183: Büste Thor Heyerdahls

Knochenfunde aus der Bronzezeit deuteten nach der Meinung des norwegischen Archäologen und Forschungsreisenden Thor Heyerdahl (1914 - 2002) darauf hin, dass hier bereits vor tausenden von Jahren Menschen gelebt haben, die eine Verbindung zu den Wikingern hatten.

Wanderung zum Xan Yaylagi

Start der Wanderung
41°15'37.0"N 47°11'09.6"E
41.260279, 47.186001
756P+4C Kis

Entfernung:	12 km	↔	(10,5 km ↺)
Höhenmeter:	970 m	↕	
Dauer:	5:00 h		(4:30 h)
Anforderung:	schwer		(→S.211)

Eine sehr schöne Wanderung von Kish führt hinauf auf den Xan Yaylagi. Um zum Parkplatz zu gelangen, fährt man in Kish die Straße nach der Brücke immer links haltend so weit wie möglich bergauf. Am Ende gibt es eine Möglichkeit zum Parken.

Von dort geht es ca. 6 km und 970 Höhenmeter hinauf bis zum Plateau des Xan Yaylagi, das einen großartigen Blick in die Landschaft und auf die Berge des Großen Kaukasus bietet. Anschließend führt dieselbe Strecke wieder bergab. Es ist möglich, die vorgeschlagene Tour zu variieren, indem man

Abb. 184: Wanderung zum Xan Yaylagi

entweder den Rückweg ab einem der Aussichtspunkte startet oder ab dem Gipfel einen anderen Rückweg wählt. Dazu geht man den Bergrücken 2,5 km weiter in direkter Richtung Kish stetig bergab, folgt dem Weg zum letzten Teilstück nach rechts und gelangt auf diesem Weg zum Ort zurück.

Von hier aus sind es nur noch etwa 600 m bis zum Parkplatz.

Ilisu

Ilisu ist ein kleines Dorf im Qakh Rayon, mit typisch kaukasischen Häusern, in der nordwestlichen Spitze von Aserbaidschan. Ilisu, eine der ältesten Siedlungen des Landes, liegt an den Flüssen Kurmuk und Hamamchay in 1.400 m Höhe. Hier treffen zwei große und eindrucksvolle Gebirgstäler aufeinander. Der Name "Ilisu" bedeutet "warmes Wasser" und weist auf die Thermalquellen in diesem Gebiet hin. In der näheren Umgebung des Dorfes gibt es zahlreiche historische Denkmäler, alte Burgen und Wasserfälle. Außerdem befindet sich hier das gleichnamige staatliche Naturschutzgebiet (→S.87), das im Jahre 1987 gegründet wurde und heute eine Fläche von 174 km² hat. Hier sollen zahlreiche endemische Arten, seltene und gefährdete Tiere und Pflanzen geschützt und Wälder wieder aufgeforstet werden, um so die Böden vor Erosion zu schützen.

Abb. 185: Sumuq-Gala

Sehenswürdigkeiten

In Ilisu haben die Häuser den typisch kaukasischen Baustil mit ihren roten Ziegeldächern, Torbögen an den Einfahrten und typischen Holzfenstern. Es gibt noch Reste der alten Stadtmauer und die Juma-Moschee, eine sehr unauffällige Moschee, ohne Kuppel, ohne Minarett und in sehr einfacher Bauweise.

Abb. 186: Juma (Ulu) Moschee

Im Süden von Ilisu befindet sich die Sumuq Gala, eine Burg aus dem 17. Jh., von der heute im Wesentlichen nur noch der Turm erhalten ist. Entstanden ist diese Festung in der Blütezeit des Ilisu-Sultanats.

Außerdem befinden sich in Ilisu mehrere alte albanisch-christliche Kirchen des 4.-5. Jhs. und die Ruine der Shamil-Burg aus dem 16. Jh., zu der man auch eine kleine Wanderung unternehmen kann.

Abb. 187: historische Brücke über den Kurmuk

Eine Brücke aus dem 17. Jh. über den Kurmuk wird heute nicht mehr für den Straßenverkehr genutzt, ist aber ein interessantes Fotomotiv.

Der bekannteste Wasserfall ist der Ram-Rama Wasserfall mit einer Höhe von 25 m, den man bei einer kurzen Wanderung besichtigen kann.

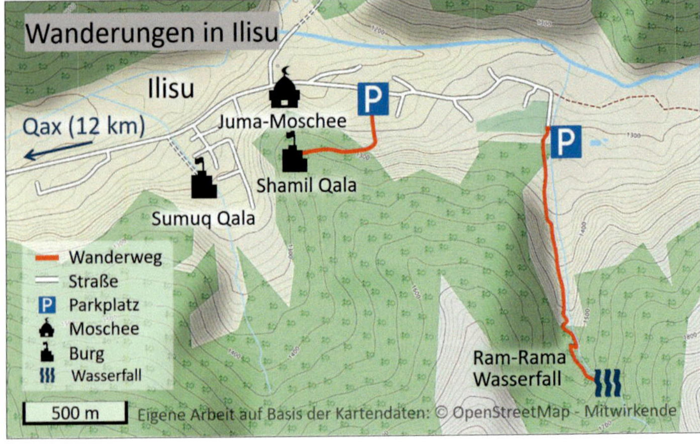

Wanderung zum Ram-Rama Wasserfall

	Parkplatz zur Wanderung 41°27'57.1"N 47°04'10.8"E 41.465867, 47.069658 F389+8V Ilisu	
Entfernung:	2,5 km	↔
Höhenmeter:	250 m	↕
Dauer:	1:15 h	
Anforderung:	leicht	(→S.212)

Im Norden von Ilisu endet die befestigte Straße an einem Restaurant mit spektakulärem Ausblick auf die Berglandschaft. Hier startet eine kurze Wanderung von insgesamt etwas mehr als einer Stunde zum Ilisu- oder Ram-Rama Wasserfall. Der Weg führt gleichmäßig, zum Teil in Serpentinen, ca. 1,2 km bergan, bis der Wasserfall erreicht wird. Nur über denselben Weg gelangt man wieder zurück zum Parkplatz.

Abb. 188: bei Ilisu, auf dem Weg zum Ram-Rama Wasserfall

Wanderung zur Shamil Burgruine

	Parkplatz für Weg zur Burg 28'03.8"N 47°03'34.9"E 41.467727, 47.059699 F395+3V Ilisu	
Entfernung:	1,2 km	↔
Höhenmeter:	140 m	↕
Dauer:	1:00 h	
Anforderung:	leicht	(→S.212)

Vom Parkplatz im Ort Ilisu sind es nur etwa 600 m bis zur Shamil-Burgruine, allerdings bergan, auf einem Karrenweg. Nach 200 m verlässt man den Weg und folgt dem Pfad rechts durch den Wald. Der Höhenunterschied beträgt 140 m.

Die Shamil-Burg, die heute ein geschütztes, historisches Architekturdenkmal ist, wurde im 16. Jh. auf dem Yezlidagh-Berg errichtet. Für die Wanderung hin und zurück sollte man eine Stunde einplanen.

Abb. 189: Shamil Burgruine aus dem 16. Jahrhundert über Ilisu

Qax

Qax (oder: Gakh) ist mit 14.000 Einwohnern die Hauptstadt des gleichnamigen Rayons und liegt am Fluss Kurhumchai. Qax bedeutet übersetzt Festung. In der Stadt gibt es ein Kulturzentrum, ein ethnographisches Museum, die Freitags- und die Kuba Moschee, eine alte, georgisch-orthodoxe Kirche, einen Nizami Park und eine Gedenkstätte zu Ehren der Opfer des 2. Weltkrieges.

Die Region Qax ist schon seit der Bronzezeit besiedelt, davon zeugen viele historische Stätten und Funde.

Die Umgebung von Qax wird auch als Schweiz des Kaukasus bezeichnet, weil es hier landschaftlich besonders schön ist.

Iseri Basar

Iseri Basar West-Eingang
41°25'02.2"N 46°55'41.1"E
41.417267, 46.928089
CW8H+W6 Qax

Der alte Iseri Basar, eine restaurierte Basarstraße, befindet sich in der Altstadt von Qax. Erbaut in der ersten Hälfte des 18. Jhs. und im 19. Jh. renoviert, ist der Basar von Burgmauern, Toren und Türmen umgeben. In unmittelbarer Nähe zur Basarstraße lädt der neu gestaltete Nizami Park zu einem Besuch ein.

Abb. 190: Basarstraße in Qax

Abb. 191: St.-Georgs-Kirche

St. Georgs Kirche

Am Heydar Aliyev Prospekt in Richtung Ilisu befindet sich die St. Georgs Kirche. Sie ist zurzeit die einzige georgisch-orthodoxe Kirche in Aserbaidschan, in der auch Gottesdienste gehalten werden. Durch die Invasion von Schah Abbas I. von Persien wurde die Kirche Anfang des 17. Jhs. zerstört. Etwa einhundert Jahre später war sie wieder aufgebaut.

St. Georgs Kirche
41°25'32.7"N 46°56'36.2"E
41.425751, 46.943396
CWGV+89 Qax

Kurmukhi Kirche

Abb. 192: Kurmukhi Kirche

Kurmukhi Kirche
41°23'22.3"N 46°55'17.2"E
41.389525, 46.921436
9WQC+RH Qax

Etwa 5 km südlich des Stadtzentrums von Qax befindet sich die Kurmukhi Kirche, eine georgisch-orthodoxe Kirche, die wahrscheinlich im 12. Jh. erbaut wurde.
Auch diese Kirche überstand die Invasion von Schah Abbas I. von Persien nicht. Sie wurde Anfang des 17. Jhs. zerstört, aber erst am Ende des 19. Jhs. wieder aufgebaut.

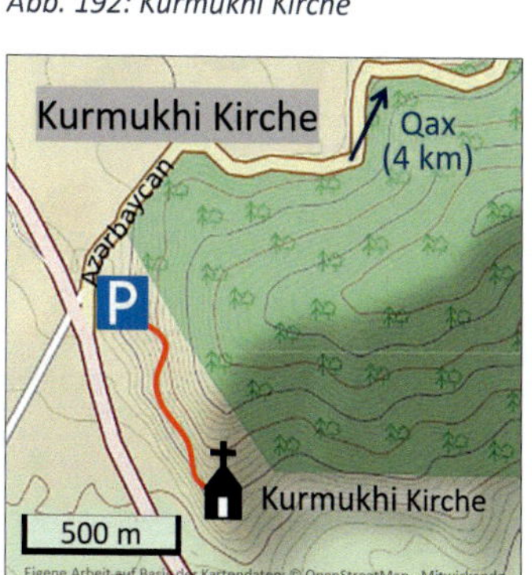

Parkplatz
41°23'38.2"N 46°54'60.0"E
41.393933, 46.916661
9WV8+HM Qax

Entfernung:	1,7 km	↔
Höhenmeter:	50 m	↕
Dauer:	0:30 h	
Anforderung:	leicht	(→S.212)

Vom Parkplatz führt ein kurzer Pfad, leicht ansteigend zur Kirche, von der aus sich eine schöne Aussicht bietet.

Zaqatala

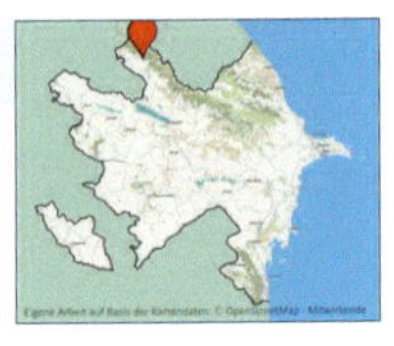

Zaqatala ist mit 31.000 Einwohnern die Hauptstadt des gleichnamigen Rayons. Die Stadt liegt am Fluss Tala, etwa 70 km nordwestlich von Sheki entfernt. Sie ist bekannt für Haselnüsse und wird deshalb auch als die Haselnussstadt bezeichnet.

Nördlich der Altstadt befinden sich, auf einem kleinen Hügel, der Heydar Aliyev Park, westlich vom Park die Ruinen einer georgischen Kirche sowie der Eingang zu einer Festungsanlage, die im 19. Jh. unter russischer Herrschaft errichtet wurde. Südwestlich der Altstadt liegt der Heydar Aliyev Prospekt, die zentrale Straße mit der Zentralmoschee, einigen schönen Häusern und dem Touristenbüro. Hier ist es möglich, einen Wanderführer zu buchen, wenn man bei den Wanderungen in den Bergen ortskundige Unterstützung wünscht.

Zaqatala
41°37'58.3"N 46°39'00.5"E
41.632862, 46.650150
JMM2+43 Zaqatala

Car

Nördlich des Heydar Aliyev Parks in Zaqatala beginnt nach wenigen hundert Metern das kleine Bergdorf Car, das sich etwa 4 km entlang des Flusstals, von 600 m bis 900 m Höhe, erstreckt. Die 4.600 Einwohner des Dorfes leben hauptsächlich von der Landwirtschaft, dem Anbau von Tabak, Nüssen, Obst und Gemüse sowie von der Tierhaltung.

Hier findet man neben traditionellen Häusern auch eine historische Moschee und alte Verteidigungstürme. Die Umgebung von Car ist ein sehr beliebtes Wandergebiet.

Abb. 193: am Ortseingang von Zaqatala

Wanderung von Car zum Shamilovka Plateau

Car
41°39'42.8"N 46°39'56.0"E
41.661899, 46.665564
MM68+Q6 Car

Entfernung:	15,5 km (14 km) ↔
Höhenmeter:	1.100 m (900 m) ↕
Dauer:	5:00 h (4:30 h)
Anforderung:	schwer (→S.212)

In Car beginnt eine schöne, aber auch anspruchsvolle Wanderung entlang des Bergkammes bis hinauf zum Shamilovka Plateau.
Um zum Ausgangspunkt zu gelangen, verlässt man die Hauptstraße von Zaqatala kommend nach 2 km nach links und erreicht nach 800 m den Parkplatz. Von hier aus geht es auf einem breiten Weg in Richtung Hang und weiter links in Richtung Bergkamm, der nach 500 m Wegstrecke, auf einer Höhe von 800 m, erreicht wird. Von nun an führt der Weg 5 km entlang des Bergkammes bis in eine Höhe von 1.800 m, oberhalb der Baumgrenze .
Alternativ ist es auch möglich, die Tour am nördlichen Ende des Dorfes Car zu beginnen und damit etwas abzukürzen.

Von hier aus führt ein kleiner Pfad, zunächst entlang des Bachlaufes und bereits nach etwa 200 m steil bergan bis zum Bergkamm.
Auf dem Shamilovka Plateau bzw. am Honzogar-Pass sind auf einer Höhe zwischen 1.700 m und 2.500 m alpine und subalpine Wiesen.
In den Sommermonaten wird das Plateau von einheimischen Hirten mit ihren Schafherden bewirtschaftet.

Balakan

Balakan (oder: Belokan) ist die Hauptstadt des gleichnamigen Rayons, der unweit der Grenze zu Georgien und direkt am Fuße des Großen Kaukasus liegt. In der direkten Umgebung sind viele Flüsse, so der große Balakan-Fluss oder der Katex Fluss mit seinen Wasserfällen als Nebenfluss des Alasani Flusses. In den Bergen gibt es eine besonders reiche Tier- und Pflanzenwelt.

Sehenswürdigkeiten

Besondere Sehenswürdigkeiten bietet die Stadt nicht. In Balakan gibt es den schönen Heydar Aliyev Stadtpark mit einem Heydar Aliyev Denkmal oberhalb der Stufen, eine Seilbahn, deren Verlauf völlig eben ist und eine kleine Moschee.

Abb. 194: öffentlicher Stadtpark in Balakan

Kleiner Kaukasus

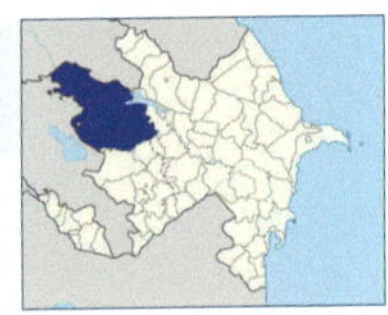

Der Kleine Kaukasus gilt nicht als ein eigenständiges Gebirge, sondern er ist Teil des nordanatolisch-nordiranischen Kettengebirges. Er verläuft, etwa 600 km lang und bis zu 120 km breit, zwischen dem Schwarzen Meer und dem Kaspischen Meer, von Georgien über Armenien nach Aserbaidschan.
Der Aragaz in Armenien ist mit 4.090 m der höchste Berg des Kleinen Kaukasus. Im Gebirgszug „Murovdag“, auf dem Gebiet von Bergkarabach, ist der Gamisdag, mit 3.724 m der höchste Berg des Kleinen Kaukasus auf

Abb. 195: Gamisdag im Murovdag-Gebirge

aserbaidschanischem Territorium. Die Kura, der größte Fluss des Landes, entspringt im armenischen Teil des Kleinen Kaukasus. Das Gebiet ist seit tausenden Jahren von Nomaden und Viehzüchtern besiedelt.

Ganja

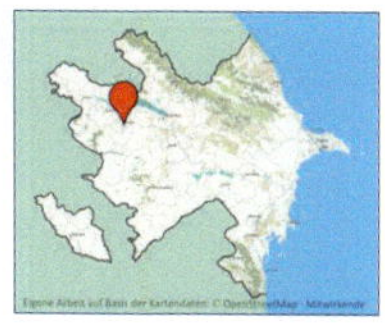

Ganja (oder: Gəncə) ist mit 335.000 Einwohnern die zweitgrößte Stadt des Landes.
Die Stadt war in den Jahrhunderten durch Eroberer immer wieder umkämpft, sodass sie unter dem Einfluss vieler verschiedener Herrscher stand. Auch vor Naturgewalten blieb Ganja nicht verschont. Ein verheerendes Erdbeben im Jahre 1138 zerstörte die Stadt fast vollständig.
Seit ihrer Gründung im 9. Jh. durch die Araber hat Ganja eine bewegte Geschichte erlebt. Zunächst war Ganja die Hauptstadt von Aran (→S.16). Vom 10. bis zum 12. Jh. herrschten die Schaddadiden, eine islamische Dynastie kurdischer Herkunft, anschließend die Atabegs von Aserbaidschan, eine türkische Dynastie. Zu Beginn des 13. Jh. standen die Mongolen vor den Stadttoren, konnten die Stadt aber nicht einnehmen. Im Jahre 1225 wurde die Herrschaft der Atabegs durch die muslimische Dynastie der Anuschteginiden aus Persien beendet. Mitte des 13. Jhs. konnten die Mongolen die Stadt doch noch einnehmen. Sie war ab dieser Zeit Teil der mongolischen Dynastie der Ilchane.
Bis ins Mittelalter führten die Wege der Seidenstraße auch über Ganja. Die 2020 komplett restaurierten Karawansereien "Schah Abbas" (→S.172) und "Ughurlu Khan" zeugen heute von dieser Epoche.
Im 16. Jh. war Ganja zunächst unter den Safawiden (eine persische Herrscherdynastie) ein Teil Persiens.
Später wurde sie von den türkischen Osmanen erobert, bevor die Safawiden zu Beginn des 17. Jhs. wieder herrschten.

Anfang des 18. Jhs. wurde die Stadt wieder durch die Osmanen erobert und wenige Jahre später erneut durch die Perser, unter Schah Nader (→S.14). Ganja wurde zur Hauptstadt des Khanats Ganja. Zwischen 1804 und 1813 kam es zum dritten Russisch-Persischen Krieg. Unter den neuen russischen Machthabern erhielt die Stadt den Namen Jelisawetpol, benannt nach der Frau des Zaren Alexanders. Von 1826 bis 1828 kam es zum vierten Russisch-Persischen Krieg, in dem die Perser erfolglos versuchten, die Stadt zurückzuerobern.

Bei den Konflikten im Jahre 1905 (→S.19) kam es auch in Ganja zu starken Zerstörungen. Zwischen Mai und September des Jahres 1918 war Ganja vorübergehend die Hauptstadt der Demokratischen Republik Aserbaidschan, die nur von Mai 1918 bis April 1920 bestand. (→S.15) 1935 benannte Joseph Stalin die Stadt in Kirovabad um, aber mit der Unabhängigkeit 1991 bekam Ganja den alten Namen wieder zurück.

Seit Beginn des 21. Jhs. erhält die Stadt durch einige Neubauten schrittweise ein modernes Stadtbild.

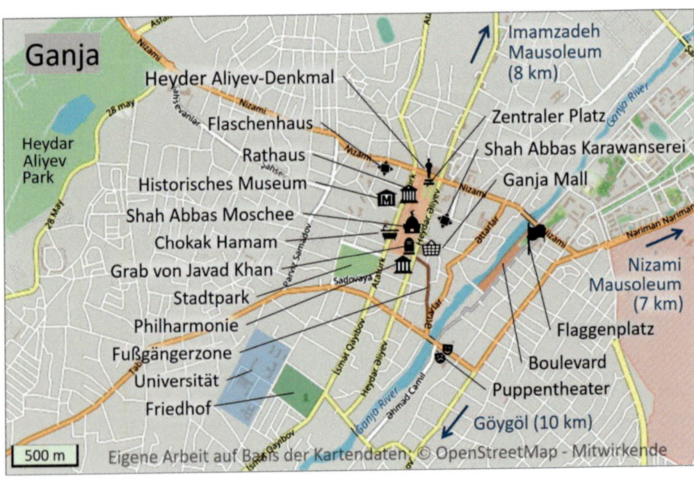

Sehenswürdigkeiten

Zentraler Platz

Im Stadtzentrum gibt es vor dem Rathaus einen großen, zentralen Platz, der von den Gebäuden aus den 60er Jahren sowie den zahlreichen Wasserbecken und deren Fontänen bestimmt wird.

Abb. 196: Rathaus am zentralen Platz

Hier befindet sich auch das Heydar Aliyev-Denkmal. Direkt neben dem Platz schließt sich in Richtung Ganja Fluss eine etwa 450 m lange Fußgängerzone an.

Abb. 197: Heydar Aliyev-Denkmal

Grab von Javad Khan

Das Javad Khan Grab erinnert an den letzten Khan der Stadt (1748 - 1804) am Schah-Abbas-Platz, direkt zwischen der Schah Abbas Moschee und der Philharmonie.

Das Grab wurde erst im letzten Jh. zufällig bei Schachtarbeiten entdeckt und 2005 komplett rekonstruiert.

Abb. 198: Grab von Javad Khan mit der Shah Abbas Moschee im Hintergrund

Chokak Hamam

Direkt neben der Juma Moschee steht ein historisches Badehaus. Erbaut wurde das Bad im Jahre 1606. Im Jahre 2014 wurden die Renovierungsarbeiten abgeschlossen. Seitdem wird es wieder genutzt.

Abb. 199: Chokak Hamam

Schah Abbas Moschee

Die Schah Abbas- oder Juma- bzw. Freitags-Moschee stammt aus dem Jahre 1606 und wurde 2008 komplett restauriert. Schah Abbas der Große bzw. Abbas I. von Persien regierte das Land zum Zeitpunkt des Baus. Deshalb trägt die Moschee seinen Namen. Die Glasfenster des Gebetsraumes sind Shebeke-Fenster (→S.60).

Abb. 200: Shah Abbas- oder Juma- Moschee

Philharmonie

Das Konzerthaus „Ganja Staatsphilharmonie“ ist ein rekonstruierter Neubau aus dem Jahre 2017. Es wurde nach dem bekannten Komponisten Fikret Amirov benannt, der 1922 in Ganja geboren wurde.

Im Gebäude gibt es einen großen Hauptkonzertsaal mit 1.200 Plätzen sowie einen Konferenzsaal mit 300 Plätzen. Über dem Eingangsbereich stehen die Statuen der berühmtesten klassischen Komponisten des Landes, Uzeyir Hajibeyov (1885 - 1948), Niyazi Hacibəyov (1912 - 1984), Gara Garayev (1918 - 1982), Fikret Amirov (1922 - 1984), und Arif Malikov (1933 - 2019).

Vor dem Konzerthaus steht ein Brunnen mit zahlreichen Skulpturen.

Abb. 201: Ganja Philharmonie

Schah Abbas Karawanserei

Eines der ältesten erhaltenen Bauwerke mit islamischer bzw. aserbaidschanischer Architektur ist die Shah Abbas Karawanserei, die während dessen Herrschaft, zu Beginn des 17. Jhs., im orientalischen Stil erbaut wurde. Heute wird sie als Hotel, Restaurant und Tagungsstätte genutzt.

Abb. 202: Shah Abbas Karawanserei

Puppentheater

Das staatliche Puppentheater nutzt seit seiner Gründung im Jahre 1986 die ehemalige, lutherische „Alexander Nevski“ Kirche für ihre Aufführungen. Die Kirche wurde im Jahre 1885 von deutschen Siedlern errichtet.

Abb. 203: Lutherische Kirche

Flaschenhaus

Man kann hier ein privates Wohnhaus von außen besichtigen, in dessen Fassade etwa 50.000 Glasflaschen verbaut

Abb. 204: Flaschenhaus

sein sollen. Der Erbauer ist bereits gestorben, die heutigen Besitzer stören sich nicht an den Touristen.

Stadtpark und Ganja Festung

Im Stadtpark, dem Khan Baghi Park, stehen riesige, mehr als 200 Jahre alte Platanen. Hier sind auch die Überreste der ehemaligen Ganja Festung bzw. der alten Stadtmauer aus dem 16. Jh. zu sehen. Außerdem steht im Park ein Denkmal von Israfil Mammadov, einem aserbaidschanischen Leutnant der roten Armee, dem wegen seiner Verdienste im 2. Weltkrieg der Titel „Held der Sowjetunion“ verliehen wurde.

Heydar Aliyev Park

Heydar Aliyev Park
40°41'23.6"N 46°19'45.1"E
40.689876, 46.329201
M8QH+XM Ganja

2 km vom Stadtzentrum entfernt in nordwestlicher Richtung befindet sich der größte Stadtpark in Ganja, der eindrucksvolle Heydar Aliyev Park. Der Park wurde 1979 als Gedenkpark gegründet und nach zahlreichen Erweiterungen 2014 wieder eröffnet. Die zentrale 1,4 km lange Hauptgasse mit Triumphbogen führt direkt zum Heydar Aliyev Center. Außerdem sind im Park neben tausenden Pflanzen zahlreiche Brunnen, ein künstlicher See sowie ein großes Open-Air-Amphitheater, ein Jugendzentrum und der Vergnügungspark „Ganjaland“.
Viele zusätzliche Informationen erhält man auf
www.heydaraliyevcenterganja.com

Abb. 205: Heydar Aliyev Park Komplex

Imamzadeh-Mausoleum

Imamzadeh-Mausoleum
40°42'53.4"N 46°25'25.9"E
40.714823, 46.423863
PC7F+WG Baghbanlar

Etwa 8 km vom Stadtzentrum entfernt befindet sich im Nordosten der Stadt das Imamzadeh-Mausoleum und die Goy-Imam-Moschee aus dem 8. Jahrhundert. Zunächst war diese islamische Anlage ein Grab, aber sie wurde später mit kleinen Moscheen und weiteren Grabdenkmälern erweitert, u.a. durch ein Mausoleum, innerhalb einer Moschee. Dadurch gewann die Anlage als Heiligtum zunehmend an Bedeutung. Später kamen weitere architektonische Aufwertungen hinzu. Das eindrucksvolle Bauwerk besteht aus Backsteinen und blauen glänzenden Kacheln.

Abb. 206: Imamzadeh-Mausoleum

Nizami Mausoleum und Museum

Nizami Mausoleum
40°41'02.7"N 46°25'57.0"E
40.684082, 46.432511
MCMM+J2 Ganja

Der berühmteste Dichter von Aserbaidschan, Nizami Ganjavi (1141 - 1209), wurde in Ganja geboren. (→S.62)

Sein Mausoleum, ein 20 m hohes Gebäude, befindet sich im weitläufigen „Heydar Aliyev“ Park, etwa 8 km vom Stadtzentrum entfernt.

Im Park stehen außerdem Skulpturen, die Szenen aus seinen Werken darstellen. Direkt gegenüber dem Park hat man die Gelegenheit, das Nizami Museum zu besichtigen.

Abb. 207: Mausoleum von Nizami Ganjavi bei Ganja

Göygöl

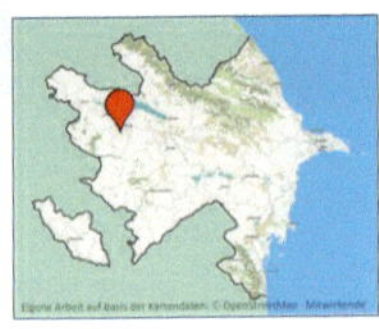

Göygöl ist mit 19.000 Einwohnern die Hauptstadt des Rayons Göygöl. Die Stadt liegt 15 km südlich von Ganja, in der Nähe des Göygöl-Sees, dessen Namen die Stadt seit 2008 trägt. Als ehemaliges „Helenendorf“ hat die Stadt neben den anderen Dörfern in der Umgebung (Annenfeld - heute: Şəmkir, Georgsfeld, Traubenfeld und Eigenfeld) deutsche Geschichte.

Auswanderer aus Württemberg brachten vor etwa 200 Jahren die deutsche Kultur in den Kaukasus.
Das Leben war für sie zu Hause unerträglich geworden, denn die napoleonischen Kriege hatten das Land ausgeblutet und der König presste die Bauern trotz einer Folge von Missernten weiter aus. Die Bauern hungerten. Deshalb machten sich 1816 die ersten 140 schwäbischen Familien auf den Weg in den Kaukasus. Sie folgten einem Angebot des russischen Zaren Alexander I., der den deutschen Auswanderern in der neuen Heimat neben Gemeindeland zur erblichen Nutzung auch finanzielle Unterstützung, Religionsfreiheit, Befreiung vom Militärdienst sowie innere Verwaltungsautonomie bot. Die Mutter von Zar Alexander I., Maria Fjodorowna, war übrigens eine Deutsche, die geborene Prinzessin Sophie Dorothee von Württemberg.

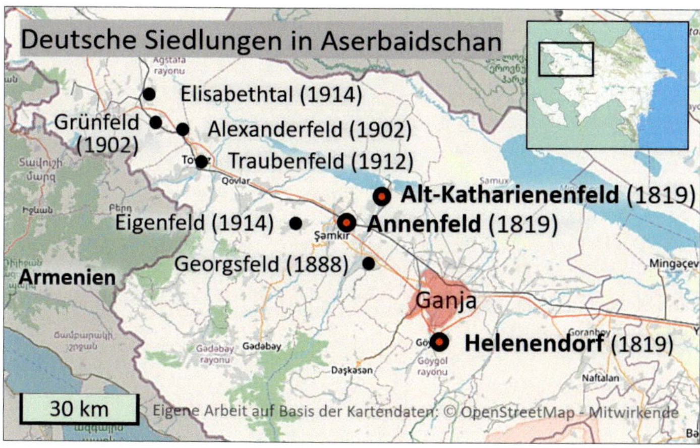

Nach einer gefahrvollen und verlustreichen Reise von anderthalb Jahren treffen die ersten Familien im Kaukasus ein und gründen zu Ostern 1819 offiziell die Siedlungen Helenendorf, Annenfeld und Alt-Katharinenfeld. Alt-Katharinenfeld wird später aufgegeben und im heutigen Georgien neu gegründet, Annenfeld wird umgesiedelt. Aus den ersten Siedlungen entstanden später die Tochtersiedlungen Georgsfeld (heute: Tschinarly), Alexanderfeld (Hasansu), Eigenfeld (Irmaschly), Grünfeld (Vurgun), Traubenfeld (Tauz) und Elisabethtal (Chatai).
Auch fern der Heimat, in Helenendorf, hatten die Siedler zunächst sehr ungünstige Bedingungen, denn schon im Juli 1826 wurde die neu gegründete Ortschaft im 4. Russisch-Persischen Krieg zerstört. Wenig später, zwischen 1829 und 1831, wütete die Pest und die Cholera. Erst danach, in der Mitte des 19. Jhs., gelang den Siedlern ein wirtschaftlicher

Aufschwung, indem sie sich auf die Winzerei und den Wagenbau spezialisierten. Neben einer Wagenbaufirma, die erfolgreich vierrädrige Pferdewagen herstellte und einer Winzergenossenschaft, die zentral die Trauben kelterte und verkaufte, hatten die Siedler auch alle anderen denkbaren Handwerke sowie eine Schule, ein Sinfonie- und Blasorchester und eine Kirche im Ort. Aufgrund des wirtschaftlichen Aufschwungs wurde Helenendorf 1883 an die Transkaukasische Eisenbahnlinie angeschlossen, sodass nun eine Bahnverbindung mit Russland und Europa bestand. Ab Ende des 19. Jhs. organisierte sich die deutsche Gemeinde zunehmend und erfolgreich in Vereinen. Nun gab es auch deutschsprachige Zeitungen. Als erste Siedlung im gesamten Kaukasus hatte Helenendorf ab 1912 eine öffentliche Stromversorgung und ein Telefonnetz. 1916 wurde die Stadt in „Elenino" umbenannt.

Die Brüder Vohrer und Hummel machten sich weit über die Stadtgrenzen hinaus einen Namen in der Weinproduktion, denn die von ihnen gegründete Genossenschaft „Konkordia" verkaufte in vielen Städten der Sowjetunion sehr erfolgreich Wein, Wodka und Kognak. Der Gewinn kam Helenendorf zugute. Die Stadt erlebte in den 1920er Jahren einen Aufschwung.

Abb. 208: Schwäbisches Siedlerhaus

Nach der Oktoberrevolution begannen antideutsche Kampagnen und damit die systematische Enteignung der Helenendorfer. Auch der Gebrauch der deutschen Sprache wurde verboten und die Stadt bekam wieder einen neuen Namen, „Xanlar". Die Vorstandsmitglieder der Wein- Genossenschaft „Konkordia" Vohrer und Hummel kamen sogar vor Gericht und wurden anschließend nach Kasachstan deportiert. Viele der Siedler wurden bis 1935 enteignet und zwangsdeportiert. Einige kehrten auch nach Deutschland zurück. Die verbliebenen rund 25.000 Deutschen in ganz Aserbaidschan wurden von Stalin bis 1941 nach Zentralasien, Kasachstan oder Sibirien ausgewiesen. Als Spätaussiedler kamen ab 1990 viele der ehemals deportierten Einwohner Helenendorfs nach Deutschland zurück.

Auch die Armenier sind infolge der Pogrome geflohen, sodass heute in Göygöl hauptsächlich Aserbaidschaner leben, die aus Armenien und den besetzten Gebieten in Bergkarabach vertrieben wurden.

Stadtrundgang

Der Ortskern von Göygöl (Helenendorf) wurde vor wenigen Jahren saniert und etwa 20 große Schautafeln auf dem Rundweg aufgestellt, auf denen man die Geschichte der deutschen Siedler erklärt, auch in deutscher Sprache.

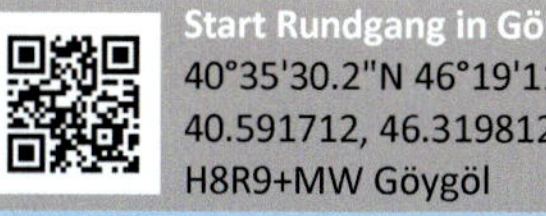

Entfernung:	4,6 km	↺
Höhenmeter:	0 m	↕
Dauer:	2:00 h	
Anforderung:	leicht	(→S.213)

Heydar Aliyev Straße

Die ehemalige „Stadtstraße“ ist eine der attraktiven Straßen der Stadt, in der besonders viele „Kolonial“-häuser, versteckt hinter den großen Bäumen, stehen. Hier liegt auch der Stadtpark bzw. der Heydar Aliyev Park mit einem kleinen Café. Die Einheimischen treffen sich hier gerne, um Schach zu spielen oder Tee zu trinken.

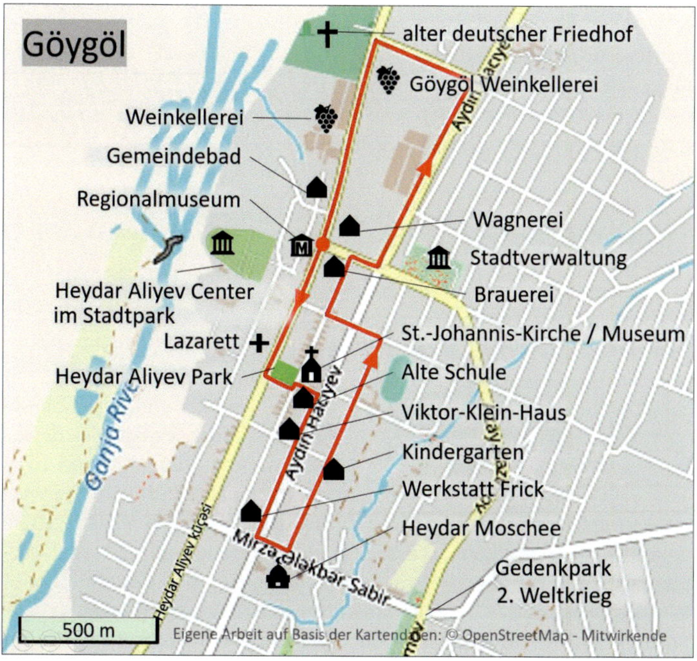

Göygöl
alter deutscher Friedhof
Göygöl Weinkellerei
Weinkellerei
Gemeindebad
Regionalmuseum
Wagnerei
Stadtverwaltung
Brauerei
Heydar Aliyev Center im Stadtpark
Lazarett
St.-Johannis-Kirche / Museum
Heydar Aliyev Park
Alte Schule
Viktor-Klein-Haus
Kindergarten
Werkstatt Frick
Heydar Moschee
Gedenkpark 2. Weltkrieg
500 m
Eigene Arbeit auf Basis der Kartendaten: © OpenStreetMap - Mitwirkende

St. Johannis Kirche

Zwischen 1854 und 1857 wurde diese evangelisch-lutherische Kirche im Dorfzentrum errichtet. Zwischen 1935 und 2008 wurde sie als Sporthalle genutzt. Nach einer umfangreichen Renovierung dient sie seit 2009 als Museum für Ausstellungen zur Geschichte der deutschen Siedler und als Konzertsaal.

Abb. 209: St. Johannis Kirche

Viktor Klein Haus

Der Vater von Viktor Klein (1935 - 2007) war polnischer Herkunft, sodass der sechsjährige Viktor 1941 nicht deportiert wurde. Viktor Klein, der letzte Deutsche in Göygöl, hatte keine Erben. Er übertrug das Haus laut Testament an die deutsche Botschaft in Baku. Das Ministerium für Kultur und Tourismus plant hier ein „Schwäbisches Museum“.

Abb. 210: Viktor Klein Haus

Naftalan

Naftalan ist ein Kurort mit 10.000 Einwohnern im Rayon Goranboy, etwa 60 km südöstlich von Ganja. Hier wurde schon im 12. Jh. besonderes, schweres, nicht brennbares, benzin- und paraffinfreies Erdöl gefunden, das man nicht weiterverarbeiten konnte. Das sogenannte “weiße Erdöl” ist weltweit einzigartig und schon Marco Polo soll nach seinen Reisen von dem besonderen Öl berichtet haben. Dieses Öl wird, ebenso wie der Ort, auch Naftalan genannt. Wegen der stoffwechselanregenden und desinfizierenden Wirkung wird das Öl u.a. zur Behandlung von Hautkrankheiten, Schuppenflechten, Arthritis, Nervenleiden und Rückenprobleme eingesetzt.

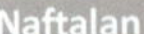

Naftalan
40°30'12.6"N 46°49'30.8"E
40.503510, 46.825222
GR3G+C3 Naftalan

Abb. 211: Ortseingang Naftalan

Im Ort und der Umgebung gibt es zahlreiche Heilbäder, Spa Resorts und Sanatorien. Kuraufenthalte können im Internet gebucht werden unter:
www.naftalan.biz
In den letzten Jahren wurde die Stadt mit großem Aufwand in eine schöne Oase verwandelt, mit Grünanlagen, Entertainment und Fitness-Center, in der man sich bei einem Kuraufenthalt sehr wohlfühlen kann.
Im Kurort befindet sich außerdem ein besonderes Museum, das „Museum der Krücken", in dem die Krücken ausgestellt sind, die die von ihren Krankheiten Geheilten zurückgelassen haben.

Die Tiefebene

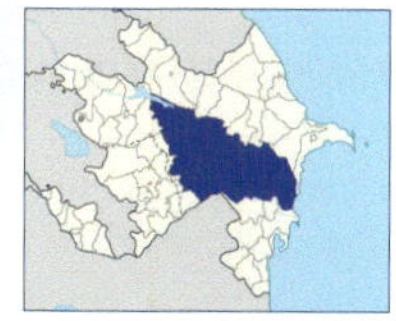

Der bedeutendste Fluss der Tiefebene ist die Kura, die einen Großteil der Ebene durchfließt und bei Salyan (→S.182) ins Kaspische Meer mündet. Im zentralen Teil der Ebene wird das Klima durch den Großen Kaukasus wesentlich beeinflusst. Dieser hält die Kaltluft aus dem Norden ab. So herrscht Halbwüsten- und Steppenklima mit relativ wenig Niederschlag und bis zu 15°C Jahres- Durchschnittstemperatur. In diesem Gebiet spielt die Landwirtschaft eine wichtige Rolle. Ein Großteil der genutzten Flächen wird mit Kanälen und Pipelines bewässert, sodass hier auch Baumwolle angebaut werden kann.

Abb. 212: Baumwollfelder in Aserbaidschan

Mingachevir

Mingachevir (oder: Mingəçevir) ist mit 120.000 Einwohnern die viertgrößte Stadt des Landes. Die Stadt ist wegen des nahegelegenen Wasserkraftwerks als Stadt der Lichter bekannt.

Mingachevir
40°46'04.4"N 47°02'52.0"E
40.767890, 47.047783
Q29X+54 Mingacevir

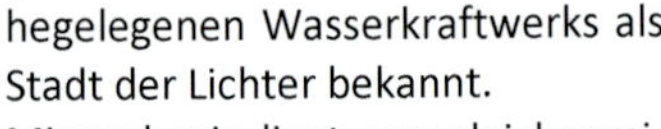

Mingachevir liegt am gleichnamigen Stausee der Kura, am Fuße der Bozdag-Gebirgskette, im Kura-Araz-Tiefland.

Mingachevir wurde im Jahre 1948 gegründet. Direkt nach dem 2. Weltkrieg begann der Bau des Wasserkraftwerkes, das im Jahre seiner Fertigstellung 1953 das größte Wasserkraftwerk der Sowjetunion war.

Abb. 213: Mingachevir Staudamm

Das Kraftwerk hat eine Leistung von 400 Megawatt und ist damit das größte in Aserbaidschan.

Der Stausee hat eine Länge von 70 km und eine Fläche von mehr als 600 km², mit einer gespeicherten Wassermenge von mehr als 15 km³. Mit Baubeginn wurde bei archäologischen Ausgrabungen damit begonnen, die Geschichte der Stadt zu erforschen. Dabei wurden mehr als 20.000 historische Funde wie Denkmäler, Gräber, Dinge des täglichen Lebens und Schmuck zutage gebracht. Diese belegen, dass Mingachevir eine mehr als 5.000 Jahre alte Siedlung ist. Ein Teil dieser Funde wird im historischen Museum der Stadt aufbewahrt. So weiß man heute, dass die historische Seidenstraße über Mingachevir verlief.

Abb. 214: Badestrand am Mingachevir Stausee

Seit der Gründung hat sich die Stadt schnell entwickelt und spielt heute eine wichtige Rolle in den Bereichen Energie, Industrie, Wissenschaft,

Bildung und Kultur. Im Stadtzentrum gibt es einige interessante und auch moderne Gebäude. Der Boulevard an der Kura ist mit seinen Cafés und Restaurants recht einladend. Es gibt ein Staatstheater, eine große Stadtmoschee und in einem schönen Park ein Denkmal, das an die Gefallenen des 2. Weltkrieges erinnert.

Shirvan

In der wichtigen Industriestadt Shirvan, die den Status eines Rayons hat, leben heute 80.000 Menschen. Shirvan liegt am linken Ufer der Kura, in der Shirvan-Ebene und ist etwa 130 km von Baku entfernt. Archäologische Funde belegen, dass das Stadtgebiet schon seit der Antike besiedelt ist. Auch Karawanenrouten führten durch die Stadt, die früher auch andere Namen trug. Bis 1938 hieß die Stadt Zubovka und anschließend bis 2008 Ali Bairamly, zu Ehren eines Revolutionshelden .

Seit dem Beginn der Erdölförderung, Anfang der 40er Jahre des 20. Jhs., ist die Stadt auch das Erdölzentrum der Region Shirvan. Die Öl- und Gasindustrie sind die wirtschaftliche Grundlage der Stadt. Die Stadt wurde durch ihre enorme wirtschaftliche Bedeutung schnell größer und erhielt 1954 Stadtrechte. In den 50er Jahren entstand hier das erste mit Erdöl betriebene Kraftwerk der Sowjetunion.

Der Shirvan Nationalpark (→S.78), etwa 40 km südlich der Stadt, ist eines der wichtigsten touristischen Ziele in der Umgebung. Zur Besichtigung wird auf einigen Strecken ein Allrad-Fahrzeug benötigt, das man bei der Parkleitung incl. Fahrer mieten kann.

Salyan

Salyan ist mit 38.000 Einwohnern die Hauptstadt des gleichnamigen Rayons. Die Stadt liegt an Aserbaidschans größtem Fluss, der Kura, etwa 40 km vor seiner Mündung ins Kaspische Meer. Im 18 Jh. war die Stadt zunächst die Hauptstadt des Khanats Salyan und danach Teil des Khanats Quba. Später gehörte die Stadt auch zum Russischen Reich. Nach dem 2. Weltkrieg gab es bei Salyan ein großes Kriegsgefangenenlager für mehr als 400 deutsche Kriegsgefangene. Hier gibt es ein historisches Museum in der Kurchayil Straße. Die Stadt ist bekannt für ihre Kaviarprodukte.

Babazanan

Etwa 5 km nordöstlich vom Stadtzentrum befindet sich der Schlammvulkan Babazanan. Hier können die Besucher der Spa-Einrichtungen Schlammbehandlungen erhalten.

Schlammvulkane

Etwa 12 km nördlich von Salyan ist ein großer, nicht mehr aktiver Schlammvulkan schon von weitem gut zu sehen. Vor der nahegelegenen Abfahrt der Autobahn M3 ist die Zufahrt gut möglich. Im weiteren Verlauf führt der Weg bis zur Rückseite des Vulkans und von hier aus, genau nach 3 km, links auf den Vulkan hinauf.

Schlammvulkan bei Salyan
39°46'07.4"N 49°09'54.2"E
39.768716, 49.165068
Q598+F2 Ashagi Khalaj

Abb. 215: Großer Schlammvulkan bei Salyan

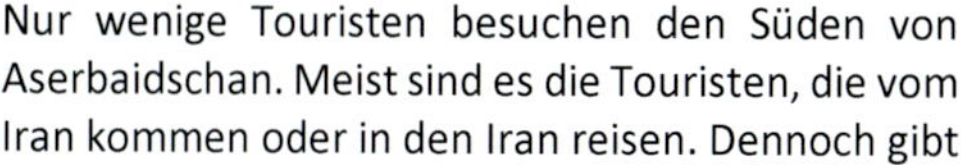

Der Süden

Nur wenige Touristen besuchen den Süden von Aserbaidschan. Meist sind es die Touristen, die vom Iran kommen oder in den Iran reisen. Dennoch gibt es hier einiges zu sehen, wenn man einen kompletten Überblick über dieses Land erhalten möchte.

Lenkoran

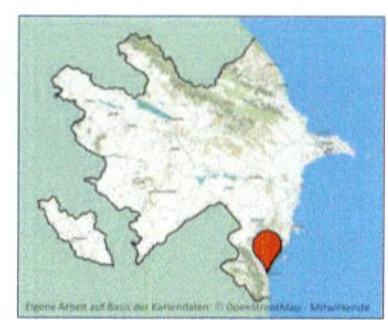

Lenkoran (oder: Länkäran) ist mit 53.000 Einwohnern die größte Stadt im Süden des Landes. Sie befindet sich im gleichnamigen Rayon und ist dessen Verwaltungssitz.

Die Einwohner der Stadt sind zum großen Teil Talyshen, die ihre Traditionen bis heute erhalten konnten. Auch das Gebiet dieser Stadt hat Spuren einer jahrtausendelangen Besiedlung, die bis in die Steinzeit zurückreichen. Im 16. Jh. gewann die Stadt an Bedeutung und wurde schließlich im Jahre 1747 zur Hauptstadt des Khanats Talysh. In den folgenden Jahren wechselte der persische und russische Einfluss immer wieder, wie in vielen anderen Teilen des Landes. Während eines Aufstandes im Jahre 1993 wurde in Lenkoran die Autonome Talysh-Mugan-Republik ausgerufen, die aber bald wieder zusammenbrach und im aserbaidschanischen Staat eingegliedert wurde.

In Lenkoran und dessen Umland ist die Landwirtschaft ein bedeutender Wirtschaftszweig. Insbesondere der Anbau von Frühlings- und Wintergemüse, aber auch von Reis, Wein, Zitronen und Tee bestimmen die Landwirtschaft. Neben der Landwirtschaft sind die holzverarbeitende Industrie und die Teppichproduktion dominierend.

Sehenswürdigkeiten

Abb. 216: Lenkoran

Abb. 217: Turm von Zindan – ein antikes Gefängnis

Es gibt ein sehenswertes historisches Museum, das an der Stelle des alten Khanpalastes steht, eine große Moschee und einen Basar.
Einige alte Panzer wurden zu Denkmalen umgewidmet.
In der Innenstadt ist ein ehemaliger Gefängnisturm aus roten Backsteinen, in dem sich heute eine kleine Kunstaustellung befindet, sehenswert. Der alte Leuchtturm in der Nähe des Bahnhofes funktioniert zwar noch, ist aber inzwischen recht weit von der Küste entfernt, weil sich das Meer immer weiter zurückgezogen hat. In der Nähe des Bahnhofes steht eine Statue von Hazi Aslanov, einem Kriegshelden aus dem 2. Weltkrieg. Im Heydar Aliyev Kulturzentrum kann man eine Fotoausstellung über Heydar Aliyev sehen. Die Stadt ist bekannt für Tee, Blumen und das Nationalgericht Lavangi (→S.52).

Gefängnisturm
38°45'02.4"N 48°51'23.4"E
38.750654, 48.856493
QV24+7H Lenkoran

Touristeninformation

Das Touristeninformationszentrum befindet sich in der Hauptgeschäftsstraße „Mir Mustafaxan“. Hier können auch geführte Wandertouren in die Talysh Berge gebucht werden.

Talysh Berge

Die Talysh Berge, eine Bergkette im äußersten Südosten des Landes, sind eine wundervolle und naturbelassene Landschaft zum Wandern.

Abb. 218: Talysh Berge im Süden Aserbaidschans

Die Bergkette erstreckt sich in südöstlicher Richtung, einige Gipfel sind bis zu 3.000 m hoch. Die Wandertouren in den Mischwäldern, entlang der Bergtäler und Schafweiden, starten oft in Lerik.

Lerik

Lerik, eine der ganz alten Siedlungen in Aserbaidschan, ist heute die Hauptstadt im gleichnamigen Rayon, in den Talysh Bergen, im Süden des Landes, nicht weit von der Grenze zum Iran.

Lerik
38°46'28.7"N 48°25'05.4"E
38.774627, 48.418159
QCF9+V7 Lerik

Mit Ausnahme der Aussichtspunkte gibt es in der Stadt keine besonderen Sehenswürdigkeiten. Ein kleines Museum informiert die Besucher über das Volk der Talysh. Bemerkenswert ist, dass es in diesem Volksstamm ungewöhnlich viele Hundertjährige gibt.

Wanderung bei Lulakaran

Vom Parkplatz aus beginnt die Wanderung am rechten Ortsrand von Lulakaran, zunächst quer zum Hang mit leichtem Anstieg. Für den Rückweg besteht alternativ die Möglichkeit, den gut begehbaren Hinweg zu benutzen. Der Rundweg ist bergab recht steil und zum Teil von Büschen zugewachsen.

Lulakaran
38°44'29.4"N 48°24'15.3"E
38.741493, 48.404249
PCR3+HM Blaband

Entfernung:	6 km	↺
Höhenmeter:	500 m	↕
Dauer:	3:00 h	
Anforderung:	mittel	(→S.216)

Masalli

Masalli (oder Massally) ist mit 26.000 Einwohnern die Hauptstadt des gleichnamigen Rayons im Süden, etwa 220 km südlich von Baku. Masalli ist vom Kaspischen Meer und von den Talysh- Bergen umgeben. In der Stadt gibt es zwar einige Industriebetriebe, aber der Haupterwerbszweig ist die Landwirtschaft. Im Stadtzentrum stehen eher unscheinbare Gebäude, ein Kulturpalast, eine Statue des Dichters Nizami Ganjavi sowie ein Teeturm.

Der Rayon Masalli ist vor allem bekannt für seine Thermalquellen. Die bekannteste befindet sich in Istisu.

In den Wäldern westlich von Masalli sind viele kleine Seen, Wasserfälle, wilde Flüsse und dazwischen Wanderwege mit Rastplätzen.

Abb. 219: Fluss Valesh bei Masalli

Yardimli Wasserfall
38°56'51.2"N 48°28'41.4"E
38.947552, 48.478166
WFXH+27 Davidonu

Yardimli-Wasserfall

Auf der Straße R47 von Masalli nach Yardimli lohnt sich nach etwa 25 km ein Stopp. Neben der Straße befindet sich der Yardimli Wasserfall, mit einer Höhe von 34 m.

Yardimli
38°54'26.1"N 48°14'37.3"E
38.907251, 48.243692
W64V+WF Yardimli

Abb. 220: Yardimli-Wasserfall

Yardimli

Der Straße R47 weiter folgend gelangt man 25 km nach dem Yardimli-Wasserfall zum Dorf Yardimli, auf einer Höhe von etwa 1.060 m, weit in den Talysh-Bergen. Im Dorf leben 7.000 Einwohner. In Yardimli gibt es eine historische Teppichweberei, ein Museum und ein Militärdenkmal. Unter einer kleinen Hängebrücke im Ort kann man im Flusswasser baden.

Yardimli ist ein guter Ausgangspunkt für einen Ausflug in die Talysh Berge.

Perimbel

Perimbel
38°55'15.0"N 48°07'39.0"E
38.920830, 48.127500
W4CG+8X Perimbel

Zehn Kilometer weiter westlich von Yardimli, an den Hängen des Sarykaya-Berges und ganz nahe zur iranischen Grenze, liegt das Dorf Perimbel. Hier fällt ein kleines Mausoleum auf, in dem die Nachfahren eines schiitischen Imams begraben sein sollen.

Thermalquelle Istisu

Fatima Zahra Sanatorium
38°58'04.7"N 48°32'41.3"E
38.967958, 48.544809
XG9V+6W Dəmbəlov

In Istisu, einem Dorf in den Bergen, etwa 14 km von Masalli entfernt, gibt es eine sehr bekannte Thermalquelle und einen Fluss mit heißem Wasser. Istisu bedeutet übersetzt "heißes Wasser" und das kann man wörtlich nehmen. Die heißen Quellen entspringen an verschiedenen Stellen im Fluss Vilashchay. Das Wasser kommt mit fast 70°C aus der Erde und ist reich an Jod und Mineralien wie Magnesium-Kohlenwasserstoff-, Natriumchlorid- und Calciumverbindungen. Deshalb wird es zur Behandlung sowohl von Nieren- und Lebererkrankungen als auch verschiedener Hautkrankheiten oder Rheuma eingesetzt.

Abb. 221: Fontaine mit warmem Quellwasser bei Istisu

Im bekannten Sanatorium "Fatima Zahra“ haben die Besucher die Gelegenheit, im heißen Mineralwasser zu baden, das wegen der therapeutischen Wirkungen sehr beliebt ist. Nach einem etwa 10-minütigem Bad soll die vollständige Entspannung fast garantiert sein. Insbesondere bei Wunden am Körper soll die Heilwirkung dieses Wassers zu spüren sein.

Istisu ist auch bekannt für die zahlreichen Wasserfälle, tief in den Wäldern der Umgebung.

Wanderung von Istisu zu den Thermalquellen

Thermalquellen
38°57'42.2"N 48°31'49.5"E
38.961722, 48.530420
XG6J+P5 Istisu

Entfernung:	4 km	↔
Höhenmeter:	50 m	↕
Dauer:	1:15 h	
Anforderung:	leicht	(→S.216)

Vom Parkplatz am Sanatorium führt ein etwa zwei Kilometer langer Weg zu einem weiteren Bad mit heißen Quellen, direkt am Fluss. Eine kleine Eintrittsgebühr muss bezahlt werden, da es ein Privatbad ist.

Astara

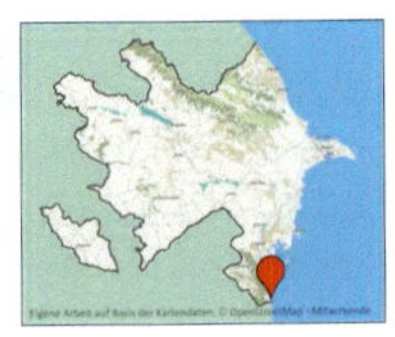

Astara ist die südlichste Stadt des Landes. Sie ist mit 18.000 Einwohnern die Hauptstadt des gleichnamigen Rayons. Die Grenzstadt zum Iran liegt direkt am Kaspischen Meer.

Astara
38°26'57.9"N 48°52'46.5"E
38.449413, 48.879589
CVXH+QR Astara

Seit dem Friedensvertrag von Gulistan, der den 3. Russisch-Persischer Krieg (1804 - 1813) beendete, ist die Stadt durch den Fluss Astaratschai geteilt und hat sowohl einen aserbaidschanischen als auch einen viel größeren iranischen Teil. Heute ist die Stadt ein wichtiger Transitpunkt auf der Straße zwischen Baku und Teheran. Es wird immer mal wieder behauptet, dass es in Astara einige schöne Strände gibt, die für einen Badeurlaub geeignet wären. Bei solchen Empfehlungen ist Vorsicht geboten.

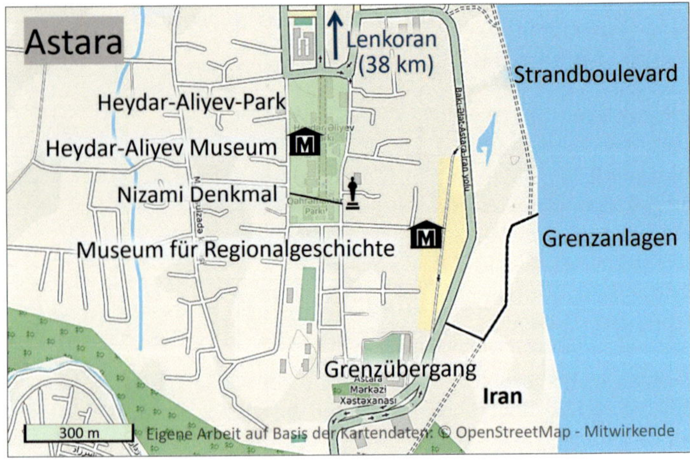

Wirklich einladend wirken die Strände nicht. Bekannt ist Astara für die Teeplantagen, die in dem subtropischen Klima optimale Wachstumsbedingungen haben. In der Stadt lohnt sich ein Spaziergang über den Strand-Boulevard und durch den Heydar-Aliyev Park.

Abb. 222: Strandboulevard und Grenzanlagen zum Iran im Hintergrund

Museum für Regionalgeschichte

Im Museum für Regionalgeschichte werden mehr als 8.000 Exponate, von der Steinzeit bis zur Gegenwart, aus der Region und der Stadt gezeigt. Neben historischen Gegenständen und der Darstellung der Talysch Kultur werden auch alte Münzen und vor allem eine mehr als 2.000 Jahre alte Steinskulptur eines Mannes ausgestellt.

Bergdörfer Sim und Pelikes

Sim Village
38°29'17.6"N 48°38'22.4"E
38.488226, 48.639552
FJQQ+7R Sym, Aserbaidschan

Fast 40 km entfernt von Astara, versteckt in den Bergen und in unmittelbarer Nähe zum Hirkan National Park, liegt das kleine, sehr einfache Bergdorf Sim. In der Umgebung befinden sich Steinreste alter Zivilisationen, darunter große Felsen. Einige von ihnen sind mit Petroglyphen graviert.

Auch das Dorf Pelikes befindet sich ganz in der Nähe. An einer Weggabelung, etwa 4 km vor dem Dorf Sim, führt der Weg rechts nur wenige hundert Meter bergauf nach Pelikes. Hier lohnt sich ein Zwischenstopp und ein Spaziergang zum Fluss Digo, um einen kleinen Wasserfall und die historische Brücke zu besichtigen. Ein Fahrzeug mit Allradantrieb ist zu empfehlen.

Pelikes Village
38°30'50.7"N 48°39'09.2"E
38.514090, 48.652548
GM73+J2 Sym

Feuerquelle Yanar Bulag

Yanar Bulag
38°29'30.7"N 48°49'54.8"E
38.491856, 48.831892
FRRJ+PQ Archivan

Im Dorf Archivan, 7 km nordwestlich von Astara, direkt an der Hauptstraße E119/M3, befindet sich ein Naturphänomen: Yanar Bulag, die brennende Quelle.

Hier kann man die beiden Elemente Feuer und Wasser auf faszinierende Weise miteinander kombinieren.

Ein unauffälliger Brunnen in einem Metallständerrohr befindet sich in einem kleinen weißen Pavillon an der rechten Straßenseite im südlichen Teil des Dorfes. Das Besondere an dieser Quelle ist, dass hier das Wasser einen hohen Methangehalt hat und deshalb für etwa 10 Sekunden brennt, nachdem man mit einem Feuerzeug oder einem brennenden Streichholz in die Nähe des Wassers war. Das Wasser ist aber ein völlig normales Trinkwasser, das sich die Dorfbewohner in Krüge und die Touristen in ihre Wasserflaschen füllen. Die Menschen aus der Region glauben, dass dieses Wasser heilende Eigenschaften hat.

Abb. 223: Gelände der Feuerquelle in Archivan

Bergkarabach

Allgemein

Bergkarabach oder auch Nagorny Karabach ist eine Region im Südosten des Kleinen Kaukasus. Heute leben in diesem Gebiet etwa 145.000 Einwohner, allerdings nach der Flucht der Aserbaidschaner, größtenteils Armenier. Man spricht hier armenisch. Bergkarabach bedeutet übersetzt „gebirgiger schwarzer Garten".

Landschaftlich ist diese Region wegen der Berge des Kleinen Kaukasus wunderschön. Die Menschen sind sehr gastfreundlich.

Abb. 224: Dadivank-Kloster in Bergkarabach

Leider ist diese Region seit langer Zeit zwischen Aserbaidschan und Armenien umstritten. Die Armenier besiedeln das Gebiet seit 3.000 Jahren, wobei die Aserbaidschaner hier ihre eigene Herkunft sehen. Diese Auseinandersetzungen sind unter den Namen der „Bergkarabachkonflikt" (→S.19) bekannt, der mit der Unabhängigkeit der beiden Staaten nach 1918 erstmals auftrat und in der Endphase der Sowjetunion ab 1988 erneut ausbrach. Der Konflikt entwickelte sich schließlich zu einer militärischen Auseinandersetzung. Im Jahre 1991 erklärte sich die Republik Bergkarabach (seit 2017 Republik Arzach) für unabhängig, wird aber bisher international von keinem Mitgliedsstaat der Vereinten Nationen anerkannt. Nach Ansicht der Weltgemeinschaft, d.h. der UNO und der EU, gehört Bergkarabach zum Staatsgebiet von Aserbaidschan. Bis 2020 kontrollierten die Streitkräfte der „Republik Arzach" auch große Teile der an Arzach angrenzenden Gebiete.

Im Jahre 2020 gab es erneut heftige Kämpfe mit vielen Toten und Verletzten, die zu einer neuen Waffenstillstandslinie und einem neuen Friedensplan führten. (Hintergrund →S.19, Karte →S.23)

Der Bergkarabachkonflikt ist nun zunächst wieder beruhigt. Wie stabil dieser Frieden ist, wird die Zukunft zeigen. Die Region wird wohl weiter zwischen Armeniern und Aserbaidschanern umstritten sein.

In Bergkarabach gibt es einige schöne Klöster wie die Klöster Dadivank und Gandzasar. In Shushi und Askeran zeugen alte Festungsruinen von der langen Geschichte und früheren Besiedlung dieser Region.

Stepanakert

Stepanakert ist die Hauptstadt der Republik Arzach. Die Stadt hat 50.000 Einwohner. Stepanakert wirkt wie eine normale armenische Kleinstadt mit der typisch kaukasischen Bauweise. In den Straßen sieht man viele Bauten aus der Sowjetzeit.

Im Zentrum gibt es ein Museum, das den gefallenen Soldaten im Bergkarabachkrieg zwischen 1992 und 1994 gewidmet ist.

Abb. 225: Stepanakert Stadt

Im Artsakb Staatsmuseum wird über die Landesgeschichte informiert.

In Stepanakert steht eines der wichtigsten Monumente des Landes, „Wir sind unsere Berge“, das zum Ausdruck bringt, dass Bergkarabach unbezwingbar ist.

Abb. 226: Monument "We Are Our Mountains" in Stepanakert

Shushi

Shushi liegt etwa 10 km von Stepanakert entfernt auf einem Hochplateau. Im 19. Jh. war die Stadt eine der kulturell bedeutendsten Städte im Kaukasus, in der die armenische und die aserbaidschanische Kultur einst nebeneinander friedlich existierten.

Die Festung von Shushi, die Mitte des 18. Jhs. von Panah Khan erbaut wurde, spielte im Krieg von 1992 - 1994 eine entscheidende Rolle. Sie diente als Raketenstartrampe. Am 9. Mai 1992 wurde hier eine Entscheidung gegen Aserbaidschan eingeleitet. Deshalb war dieser Tag bis 2020 eine Art Nationalfeiertag.

Abb. 227: Ghazanchetsots Kathedrale von Shushi (vor der teilweisen Zerstörung im Krieg von 2020)

Shushi spielte auch im Krieg von 2020 eine wichtige Rolle. Die aserbaidschanische Armee eroberte die Stadt zurück.

Im Waffenstillstandsabkommen und im Friedensplan vom 9. November 2020 wird dies bestätigt. (→S.23)

In Shushi gibt es ein historisches Museum, das Teppichmuseum und die berühmte Ghazanchetsots Kathedrale (→Abb. 227), die allerdings im letzten Krieg am 8.10.2020 teilweise zerstört wurde.

Einreise

Die einzige Möglichkeit in die „Republik Arzach“ einzureisen, besteht über Landverbindungen von Armenien, meist per Taxi oder Bus über die Straße zwischen Goris und Stepanakert, dem Latchin-Korridor.

Die Grenze zu Aserbaidschan ist geschlossen. Man benötigt ein Visum, das entweder vor der Einreise in der Botschaft von Bergkarabach in Jerewan beantragt werden muss oder nach der Einreise im Außenministerium in der Hauptstadt Stepanakert. Das Visum kostet in beiden Fällen 3.000 Dram (Abkz: AMD Kurs 2020: ca. 6,-€), wird sofort ausgestellt und ist bis zu drei Wochen gültig. Das Visum wird in den Pass geklebt und abgestempelt. Es soll auch die Möglichkeit bestehen, das Visum nicht in den Pass zu kleben, sondern auf einem gesonderten Blatt abzustempeln, so dass auch nach einem Besuch von Bergkarabach die Einreise nach Aserbaidschan noch möglich ist. Mit einem Stempel von Bergkarabach im Pass ist die Einreise nach Aserbaidschan nicht mehr möglich. Das sollte man unbedingt bei der Reiseplanung beachten. (→S.229) Die Einreise mit dem privaten Kraftfahrzeug ist von Armenien aus ohne spezielle Formalitäten möglich.

Nachitschewan

Allgemein

Nachitschewan ist seit 1921 eine autonome Republik mit 450.000 Einwohnern. Sie ist eine Exklave und wird vollständig von Armenien, dem Iran und der Türkei umschlossen. Die Grenze zum Iran ist der Aras. Aserbaidschans zweitgrößter Fluss markiert auch im weiteren Verlauf zum Kaspischen Meer die Grenze zum Iran.

Der Hauptteil des Gebietes ist von den Zangazur-Gebirgsketten umgeben, die ein Teil des Kleinen Kaukasus sind.

Abb. 228: Grenzfluss Aras bei Culfa

Die Exklave hat eine eigene Verfassung und ein eigenes Parlament.
Die Bevölkerung besteht fast vollständig aus Aserbaidschanern. Die gesamte Region ist reich an historischen Denkmälern, sowie religiösen Kultstätten. (Karte →S.84)

Geschichte

Die Herrschaft über Nachitschewan wechselte im Laufe der Jahrhunderte oft zwischen den Armeniern, Persern, Arabern, Seldschuken und Mongolen, bis im 17. Jh. die Perser erneut die Macht über Nachitschewan erkämpften. Als Ergebnis des vierten Russisch-Persischen Krieges (→S.15) erlangte Russland 1828 die Herrschaft über das Gebiet der heutigen autonomen Republik. Die Oktoberrevolution in Russland 1818 änderte jedoch die Machtverhältnisse. Von nun an war dieses Gebiet zwischen Armenien und Aserbaidschan umstritten. Unter Stalin wurde Nachitschewan im Jahre 1921 in seinen heutigen Grenzen als autonomes Gebiet innerhalb Aserbaidschans festgelegt. 1924 wurde es eine Autonome Sozialistische Sowjetrepublik innerhalb der Aserbaidschanischen Sozialistischen Sowjetrepublik, allerdings auch schon als Exklave. Bis zum Zusammenbruch der Sowjetunion war ein friedliches Zusammenleben der verschiedenen Völker und Kulturen möglich, doch Ende der 80er Jahre führte der Weg in die Selbständigkeit von Armenien und Aserbaidschan auch zu Spannungen und schließlich zu militärischen Auseinandersetzungen zwischen diesen Völkern. Diese zeigten sich vor allem im Konflikt um Bergkarabach. (→S.21) Auch in Nachitschewan kam es Ende 1989 zu Unruhen.
Am 17. November 1990 war Nachitschewan die erste Region der ehemaligen Sowjetunion, die sich vom Einfluss des Staatenbundes loslöste und sich für unabhängig erklärte, nicht jedoch gegenüber Aserbaidschan.

Natur

Nachitschewan ist zum großen Teil gebirgig auf einer durchschnittlichen Höhe von etwa 1.450 m. Die höchsten Berge sind der Kapudzhukh (3.904 m), an der Grenze zu Armenien, und der Ilandag (2.415 m). In der Exklave gibt es aber auch Wüstenlandschaften und landwirtschaftlich genutzte Flächen.

Wirtschaft

Die Exklave ist ökonomisch vom Hauptland abhängig und erhält deshalb massive Fördermittel von der Zentralregierung in Baku. Dennoch ist die Wirtschaft heute sehr eng mit der Türkei verbunden. Die Haupterwerbszweige sind die Landwirtschaft (Anbau von Tabak, Wein, Obst und Baumwolle), eine eigene Lebensmittelindustrie, die Textilindustrie sowie der Abbau von Eisenerz und Steinsalz. Von nennenswerten Einnahmen durch Touristen dürfte man noch weit entfernt sein, obwohl das Ziel besteht, den Tourismus zu stärken. Aufwendige Renovierungen vieler historischer Denkmäler dienen diesem Ziel.

Nachitschewan - Stadt

Die Hauptstadt Naxçivan (oder: Nachitschewan) ist als eine der ältesten Städte und mit 94.000 Einwohnern der kulturelle sowie wirtschaftliche Mittelpunkt des gesamten Landes. Die Stadt wurde im Laufe ihrer Geschichte, ebenso wie viele andere Städte in dieser Region, sehr oft durch Kriege und Erdbeben zerstört, sodass nur wenige alte Bauten erhalten sind.

Die Stadt am Ufer des Nachitschewan Flusses hat einige Sehenswürdigkeiten zu bieten, die vor allem im Umfeld des großen Heydar-Aliyev Prospekts liegen, der die Stadt von Nord nach Süd durchquert.

Heydar Aliyev (→S.18) wurde am 10. Mai 1923 in Naxçivan geboren.

Die Stadt macht heute einen sehr gepflegten Eindruck, mit zahlreichen Parks, schönen Grünanlagen und vielen Bäumen.

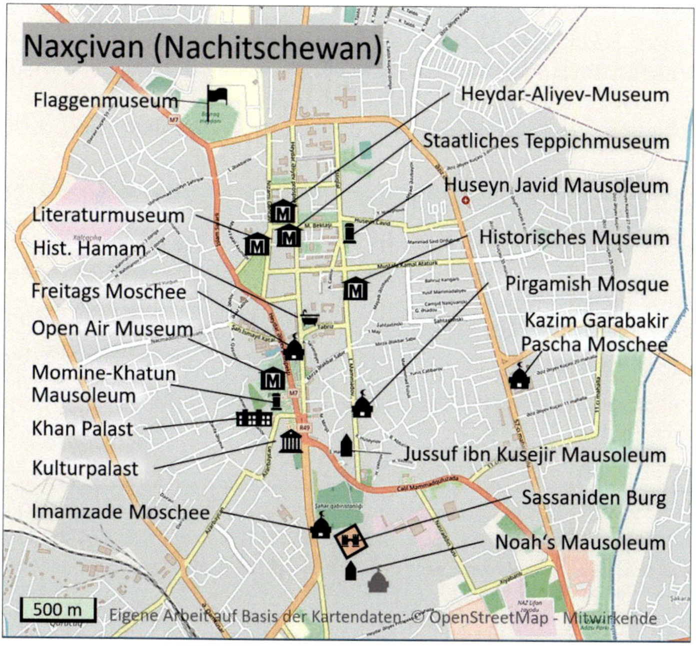

Naxçivan (Nachitschewan)

Flaggenmuseum
Heydar-Aliyev-Museum
Staatliches Teppichmuseum
Huseyn Javid Mausoleum
Literaturmuseum
Hist. Hamam
Historisches Museum
Freitags Moschee
Pirgamish Mosque
Open Air Museum
Kazim Garabakir Pascha Moschee
Momine-Khatun Mausoleum
Khan Palast
Kulturpalast
Jussuf ibn Kusejir Mausoleum
Imamzade Moschee
Sassaniden Burg
Noah's Mausoleum
500 m
Eigene Arbeit auf Basis der Kartendaten: © OpenStreetMap - Mitwirkende

Abb. 229: historische Bauten in Nachitschewan

Yezidabad Burg

Im Süden der Stadt befindet sich auf einer Anhöhe eine teilweise rekonstruierte Sassanidenfestung aus dem 7. Jahrhundert. Sie trägt den Namen des letzten sassanidischen Königs Yazdgerd III. (632 - 651).

Die Burg hatte die Kriege und Eroberungszüge der Jahrhunderte nicht überstanden. Erst im Jahre 2010 wurde sie teilweise wiederaufgebaut, bzw. rekonstruiert. Sie ist als Museum zugänglich. Die Burg ist umgeben von einer breiten, 5 m hohen Mauer. Die Türme an den Ecken haben einen Durchmesser von 10 m. Von der Burgmauer aus bietet sich ein guter Blick auf die Stadt und den angrenzenden Iran.

Direkt neben den Burgmauern befindet sich das Grab von Noah (→Abb. 230) aus dem 7. Jh.v.Chr. Er soll hier nach der Sintflut auf einem Felsen mit seiner Arche gestrandet sein, deshalb betrachten die Einheimischen dies als einen heiligen Ort. Das Mausoleum wurde im Jahre 2006 rekonstruiert.

Abb. 230: Grab des Propheten Noah, links neben der Yezidabad-Burg

Abb. 231: Innenhof der Yezidabad-Burg

Man verlässt den Hügel westlich über eine Treppe in Richtung Heydar-Aliyev Prospekt. Der Weg führt zu einer restaurierten Imamzade-Moschee aus dem 17. Jh. und auf der gegenüberliegenden Straßenseite zunächst zum großen Heydar-Aliyev-Kulturpalast und weiter nördlich zu einem schönen Park.

Khan Palast

In einem großzügigen Park mit Grünanlagen befindet sich der Palast aus roten Backsteinen. Hier residierten die Khane Nachitschewans ab Mitte des 18. Jh. bis Anfang des 20. Jh. Der Palast dient heute als Museum.

Abb. 232: Khan Palast

Momine-Khatun-Mausoleum

Nur 120 m nördlich, zwischen den Grünanlagen des Parks, sind in einem Open-Air-Museum steinerne Tierfiguren zu sehen. Ein paar Schritte weiter steht das Momine-Khatun-Mausoleum aus dem 12. Jahrhundert. Es ist das Grab für die erste Frau des Atabegs in Aserbaidschan, Mohammed Dschehan Pahlevi.

Abb. 233: Momine-Khatun-Mausoleum

Auf dem Weg in Richtung Norden der Stadt gelangt man zunächst zur Freitagsmosche aus dem 12. Jahrhundert.
Vor dem großen Tabriz Hotel, befindet sich im Dede-Korkut Park ein historischer Hamam aus dem 17. Jh. Dieser wird heute nicht als Bad, sondern als Teehaus genutzt.

Abb. 234: Teehaus im hist. Hamam

Im nördlichen Teil von Nachitschewan konzentrieren sich die Museen wie das Literaturmuseum, das staatliche Teppichmuseum, das historische Museum, das Heydar-Aliyev-Museum sowie das Flaggenmuseum.

Flaggenmuseum

Auf einem Hügel im Norden der Stadt, neben der staatlichen Universität, wurde ein großer Park mit zahlreichen Terrassen und Lichtern angelegt, auf dessen höchsten Punkt das sternförmige Flaggenmuseum von weitem sichtbar ist. Es ist den Opfern des 2. Weltkrieges und der Bergkarabachkriege gewidmet.

Huseyn Javid Mausoleum

Das Mausoleum von Huseyn Javid (1882 - 1941), einem bedeutenden nationalen Dichter und Dramatiker, befindet sich im gleichnamigen Stadtpark, östlich der Hauptstraße.

Jussuf ibn Kusejir Mausoleum

Das Mausoleum des Feldherrn Jussuf ibn Kusejir, ein achteckiger Ziegelbau, stammt aus dem Jahre 1162.

Ebenso wie das größere Momine-Khatun Mausoleum und die Freitags-Moschee stammt auch dieses Bauwerk vom Architekten Ajami Nakhchivani, der die nationale Architektur von Nachitschewan maßgeblich beeinflusste. Nakhchivani lebte im 12. und 13. Jh. und war Gründer der nationalen Architekturschule.

Abb. 235: Yusuf ibn Kuseir Mausoleum

Aras Staudamm

20 km südlich der Hauptstadt befindet sich der Aras Staudamm. Dieser Damm wurde zwischen 1963 und 1970 als Gemeinschaftsprojekt von Iran und der Sowjetunion zur Stromerzeugung und Wasserversorgung errichtet.

Duzdag

Die Salzgrotten von Duzdag, 15 km nordwestlich der Hauptstadt, sind eine der ältesten Salzminen der Welt. Das Salz dient heute als Heilmittel. Im physiotherapeutischen Zentrum werden mit Hilfe des besonderen Mikroklimas der Salzhöhle, bei konstanten 7 - 10°C, chronische Atemwegserkrankungen wie Asthma oder Bronchitis behandelt. In der Höhle schmeckt die Atemluft salzig. Neben Tagesbesuchen ermöglicht ein großes, 2 km entferntes Hotel einen längeren komfortablen Aufenthalt zur Erholung. Im 5-Sterne-Hotel stehen ein Aquapark mit Außen- und Innenpools, ein Spa- und Fitnesscenter, Sauna und zahlreiche Sportangebote zur Verfügung.

Duzdag Grotte
39°17'09.6"N 45°19'11.8"E
39.286007, 45.319932
78P9+CX Jahri

Qarabaglar

Das kleine 1.000-Einwohner Dorf im Nordwesten des Landes wurde im 2. Jh. gegründet. Qarabaglar war einst eine bedeutende Siedlung und ein kulturelles Zentrum der Region, mit mehreren tausend Einwohnern sowie zahlreichen Moscheen und öffentlichen Bauten. Am nordwestlichen Rande von Qarabaglar befindet sich der einzige Rest der früheren Stadt, das restaurierte Kultische Zentrum mit dem Mausoleum der Dschahan Kudi Chatun.

Kultische Zentrum
39°25'48.0"N 45°11'33.8"E
39.430011, 45.192708
C5JV+23 Qarabağlar

Abb. 236: Kultisches Zentrum in Qarabaglar

Dies ist eines der wertvollsten Denkmäler mittelalterlicher Architektur in Aserbaidschan. Die Anlage und der Turm mit dem türkisfarbenen Kacheln stammen aus dem 12. bis 14. Jahrhundert. An klaren Tagen ist von hier aus der Berg Ararat in der Türkei zu sehen.

Karki und Neu-Karki

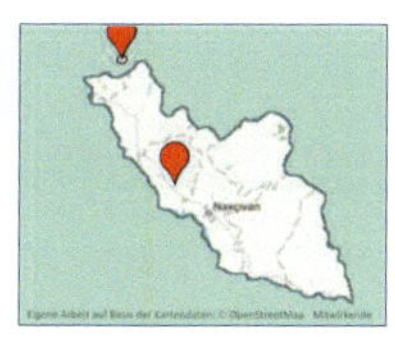

Die Exklave Nachitschewan hat selbst eine Exklave. Ein 19 km² großes Gebiet um das Dorf Karki (aserbaidschan: Kərki, armenisch: Tigranaschen) ist vollständig von armenischem Territorium umgeben. Völkerrechtlich gehört das Dorf zu Aserbaidschan, wird aber seit 1992 von Armenien besetzt und verwaltet.

Abb. 237: Blick auf die Ortschaft Karki

Für die geflüchteten Einwohner wurde 60 km südlich das Dorf Yeni Karki (oder: Neu Karki) gegründet.

Yeni Karki liegt an der Autobahn M7 etwa 15 km nördlich der Hauptstadt. Die Einwohner leben hauptsächlich von Tierhaltung.

Batabat-See

Der Batabat See ist Teil des Naturschutzgebietes Shahbuz State Reserve (→S.89). Der 16 ha große See liegt auf 2.500 m Höhe inmitten faszinierender Natur.

Abb. 238: Batabat See

Das Besondere am See ist, dass eine schwimmende Insel aus Gras und Torf auf dem Wasser treibt. Das Wasser ist sehr reich an Mineralien und soll gut für die Gesundheit sein.

Ashabi-Höhle

12 km östlich der Hauptstadt liegt in den Bergen eines der wichtigsten Heiligtümer Nachitschewans. Innerhalb eines natürlichen Höhlenkomplexes „Ashabi-Kahf" (oder: Siebenschläfer- Höhle) sind eine Moschee aus dem 19. Jh. und Schreine über ein Treppennetz miteinder verbunden. Ashabi gilt seit der Antike als heilig, weil der Koran diese Höhle erwähnt.

Ashabi-Höhle
39°13'05.3"N 45°35'17.3"E
39.218130, 45.588124
6H9Q+76 Najaflidize

Jedes Jahr pilgern tausende Menschen zu diesem Wallfahrtsort, sprechen ihre Gebete, nennen persönlichen Wünsche und hoffen darauf, dass diese dann in Erfüllung gehen.

Abb. 239: Moschee in der Höhle

Abb. 240: Ashabi-Höhle

Ilandag

Der Berg Ilandag, im Rayon Julfa, ist 2.415 m hoch und gilt als Wahrzeichen Nachitschewans. „İlan" bedeutet Schlange und „dag" Berg. Der Schlangenberg ist nur 20 km von der Hauptstadt Naxçivan entfernt und von dort zu sehen. Der beste Ausblick bietet sich jedoch von der kürzlich restaurierten Festung Alinja.

Festung Alinja

Weg zur Alinja Festung
39°11'46.5"N 45°41'17.6"E
39.196239, 45.688208
5MWQ+F7 Xanəgah

Die Festung Alinja aus dem 11. Jh. liegt etwa 6 km vom Berg Ilandag entfernt. Ganz in der Nähe der kleinen Ortschaft Khanaga (oder: Xanəgah) befinden sich die Reste dieser Festung auf einem Vulkanfelsen in einer Höhe von etwa 1.500 m. Ein etwa 1 km langer Weg führt von der Hauptstraße ca. 150 m hinauf zur Burg, die man in etwa 30 Minuten nur zu Fuß erreichen kann. Oben wird man mit einem großartigen Panoramablick belohnt, der an den bekannten Blick auf Machu Picchu in Peru erinnert, denn die Überreste der Festung ähneln der Inka-Stadt sehr. Auf der anderen Seite liegen die schneebedeckten Berge des Kleinen Kaukasus.

Abb. 242: Ilandag - der Schlangenberg - Wahrzeichen von Nachitschewan

Abb. 241: Grabmal von Khanaga

Grabmal von Khanaga

Sheikh Khorasan
39°11'19.4"N 45°42'53.7"E
39.188716, 45.714917
5PQ8+H5 Xanəgah

Etwa 100 m oberhalb der Ortschaft Khanaga (oder: Xanəgah), gegenüber der Alinja Festung, befindet sich ein Grabkomplex aus dem 14. Jh., den die Einheimischen „Sheykh Khorasan" nennen. Hier soll der Geistliche Fazullah Naimi, (1339 - 1401) begraben sein. Besonders schön ist jedoch die Aussicht auf das Tal und die nahegelegenen Felsformationen.

Gamigaya Felszeichnungen

Die Felszeichnungen bei der kleinen Ortschaft Nasirvas stammen aus der Bronze- und Eisenzeit, sind demnach zwischen 3.000 bis 6.000 Jahre alt.

Die Petroglyphen von Gamigaya in der Nähe der Grenze zu Armenien, an den südlichen und westlichen Hängen des Gipfels Kaputdschugh (3.904 m), erreicht man am besten mit einem ortskundigen Führer. Dargestellt werden wie in Qobustan (→S.131) Tiere und Jagdszenen.

Nasirvas
39°09'57.8"N 45°55'23.2"E
39.166057, 45.923123
5W8F+C6 Nəsrivaz

Culfa

In der kleinen Grenzstadt zum Iran leben 13.000 Einwohner. Culfa war schon im 5. Jh. ein wichtiger Handelsort. Später verlor die Stadt an Bedeutung und wurde in den Kriegen und Eroberungsfeldzügen der Perser und Osmanen immer wieder zerstört.

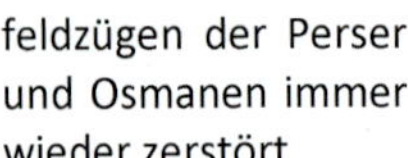

Erst mit dem Bau und der anschließenden Eröffnung einer Eisenbahnlinie zwischen Russland und Persien im Jahre 1906 gewann die Stadt an Bedeutung. So erhielt Culfa im Jahre 1908 einen Bahnhof. Jedoch ist der Eisenbahnverkehr seit dem Bergkarabachkrieg in den 1990er Jahren wieder eingestellt worden.

Abb. 243: Bahnhof in Culfa

Ordubad

Ordubad ist eine der schönsten Städte in Nachitschewan. Sie ist mit 11.000 Einwohnern die zweitgrößte Stadt in der autonomen Republik und die Hauptstadt des gleichnamigen Rayons. Die Stadt liegt im äußersten Süden des Landes, am Ordubad Fluss. Dieser mündet südlich der Stadt in den Grenzfluss Aras.

Die Geschichte der Stadt begann im 12. Jahrhundert. Im Mittelalter gewann Ordubad rasch an Bedeutung und wurde zum Verwaltungszentrum. Drei erhaltene Moscheen stammen aus dem 17. und 18. Jahrhundert. Die Juma Moschee dient heute als Koranschule. Außerdem gibt es ein historisches Museum, ein Kühlhaus aus dem 14. Jh. (im 18. Jh. restauriert) und den in den 1990er Jahren stillgelegten Bahnhof von 1941. Ordubad ist bekannt für die gute Küche, so z.B. für die Ordubad-Walnussrollen, ein bekanntes aserbaidschanisches Gebäck, die berühmte Walnussmarmelade oder die Ordubad-Omeletts aus Butter, Eiern und Honig, die zusammen mit Tee serviert werden. Da die gesamte Region optimale Bedingungen für die Landwirtschaft bietet, ist Ordubad ein wahres Paradies für Gärten, Blumen und Früchte.

Abb. 244: Juma- bzw. Freitagsmoschee

Einreise

Es ist grundsätzlich möglich, diese vom Tourismus unberührte Region zu besuchen. Es gelten die Einreisebestimmungen Aserbaidschans. Die Grenze zu Armenien ist gesperrt.

Die komfortabelste Anreise hat man mit dem Flugzeug aus Baku. Auch von einigen internationalen Flughäfen ist Nachitschewan erreichbar.

Es ist möglich, die Tickets für Inlandsflüge über die offizielle Website von Azerbaijan Airlines www.azal.az zu buchen oder direkt an den Flughäfen in Baku oder Nachitschewan zu kaufen.

Die Flugzeit von Baku nach Nachitschewan beträgt ca. 1,5 Stunden.

Der moderne Flughafen von Nachitschewan (IATA-Code: NAJ) liegt nur 5 km vom Stadtzentrum entfernt.

Auf dem Landwege bleiben lediglich die Verbindungen über die Grenzübergänge zur Türkei und zum Iran als Option für die Einreise. Es gibt wenige Busverbindungen von oder nach Nachitschewan. Für die Busfahrt nach/von Baku (11 h), die über den Iran führt, benötigt man außerdem noch ein Visum zur mehrfachen Einreise nach Aserbaidschan und zusätzlich noch ein Visum für den Iran. Außerdem gibt es Verbindungen in die Türkei nach/von Iğdir (3 h) oder Istanbul (25 h).

Im Land selbst ist man außer auf ein sehr eingeschränktes Busangebot auf Taxis angewiesen.

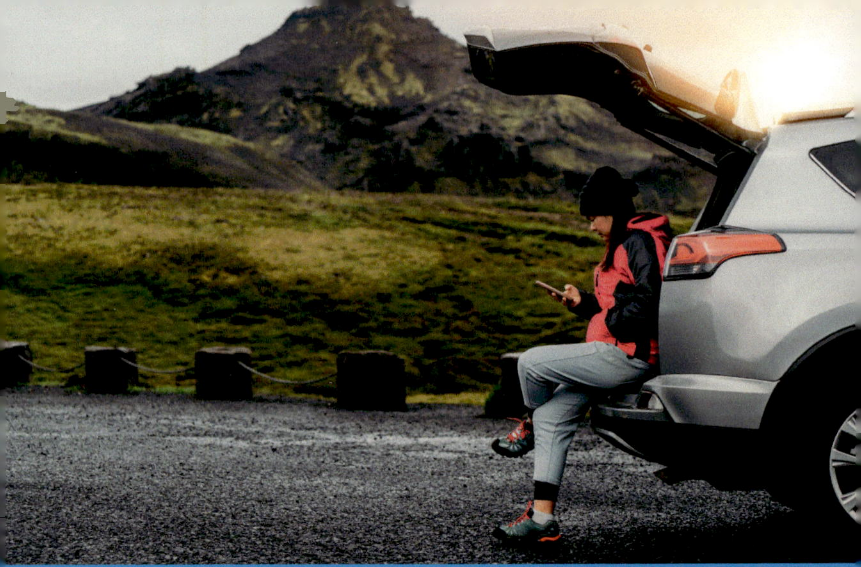

Wanderungen und Erlebnistouren

Wanderungen

Aserbaidschan bietet zahlreiche Möglichkeiten für einen aktiven Urlaub. Die folgenden Wanderrouten können mit dem gescannten QR-Code im Komoot App aufgerufen und angezeigt werden. Um die Routenplanung zur Navigation nutzen zu können, wird allerdings die Installation dieser kostenlosen App benötigt.

Baku

Stadtrundgänge und Wanderungen innerhalb der Hauptstadt

1. Altstadt **Seite 92**

Stadtrundgang - İçəri Şəhər
Rundweg
↺ 4 km ↕ 50 m
🕒 1:30 h △ leicht

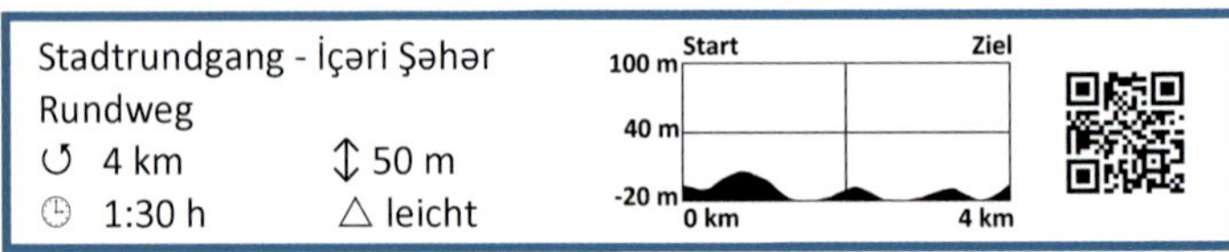

2. Boulevard / Neustadt **Seite 100 / 105**

Spaziergang neben der Altstadt
Rundweg - kombinierbar mit (1)
↺ 10,4 km ↕ 150 m
◷ 3:20 h △ mittel

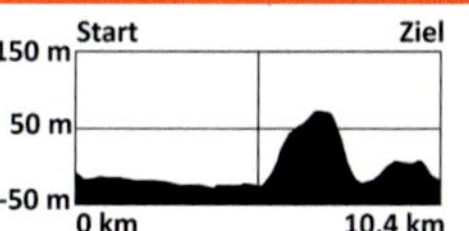

3. Highland Park und Fernsehturm **Seite 103 / 104**

Aussichtspunkte
Rundweg
↺ 5,5 km ↕ 130 m
◷ 2:10 h △ mittel

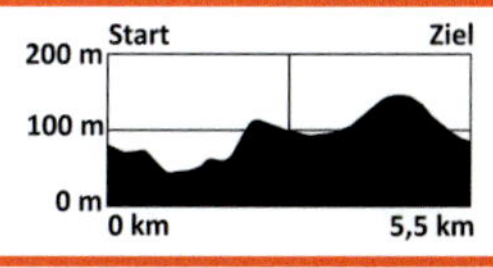

Abb. 245: Souvenirstand in Baku

Rund um Baku

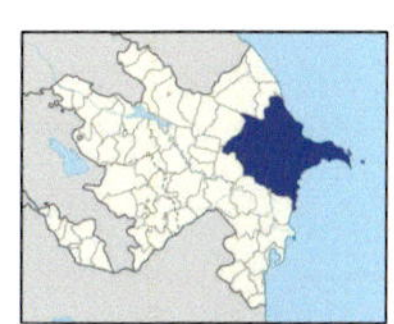

4. Absheron Nationalpark **Seite 66**

Weitere Informationen im Besucherzentrum des Nationalparks

Bunker Trail
Hin- und Rückweg gleich
↔ 2 km ↕ 0 m
◷ 0:35 h △ leicht

Start | Ziel | 50 m | 0 m | -50 m | 0 km | 1 km | 2 km

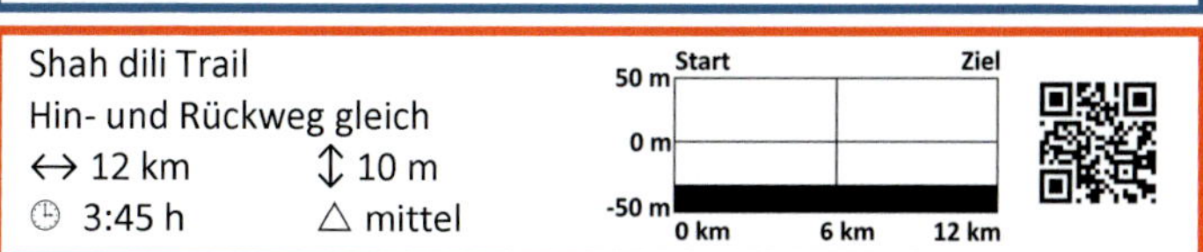

Shah dili Trail
Hin- und Rückweg gleich
↔ 12 km ↕ 10 m
◷ 3:45 h △ mittel

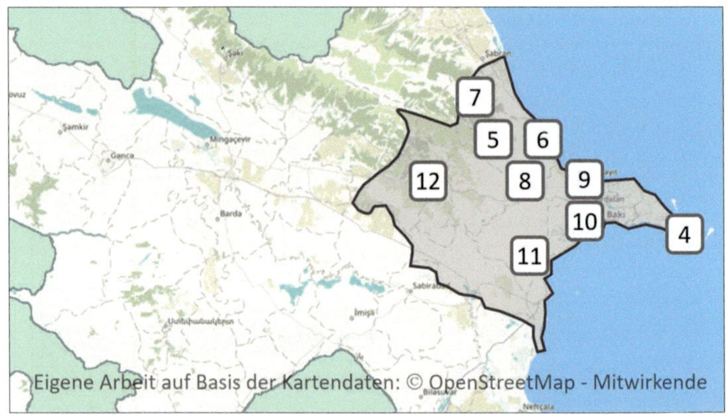

5. Altiaghach Nationalpark **Seite 68**

Informationen zu weiteren Wanderungen und Autorouten sind im Besucherzentrum des Nationalparks erhältlich

Beyakhmedyurd-Vardah Trail
Rundweg
↺ 12,2 km ↕ 490 m
🕒 4:00 h △ mittel

Start | Ziel
1.400 m
1.000 m
600 m
0 km | 12,2 km

6. Besh Barmag Dag **Seite 122**

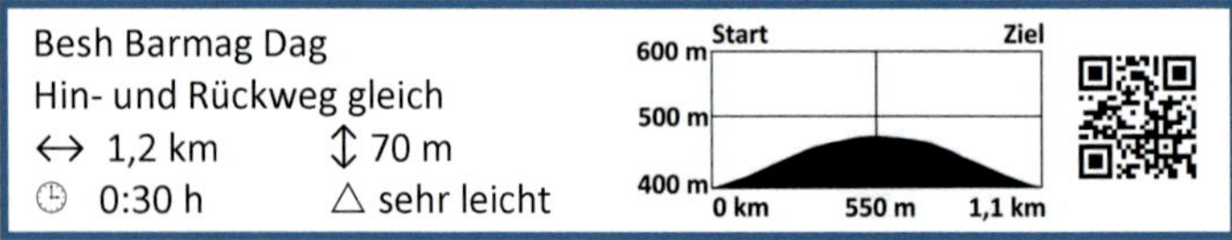

7. Festung Chirag Gala **Seite 135**

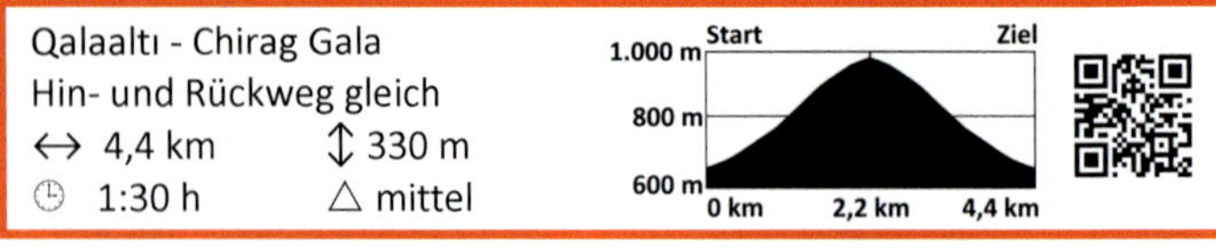

Qaşqayoba - Chirag Gala
Hin- und Rückweg gleich
↔ 1,4 km ↕ 50m
🕒 0:30 h △ sehr leicht

Start | Ziel
1.000 m
800 m
600 m
0 km | 0,7 km | 1,4 km

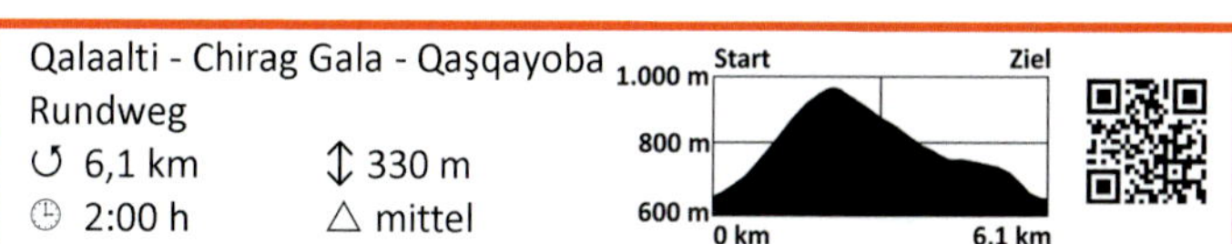

8. Candycane Berge Seite 123

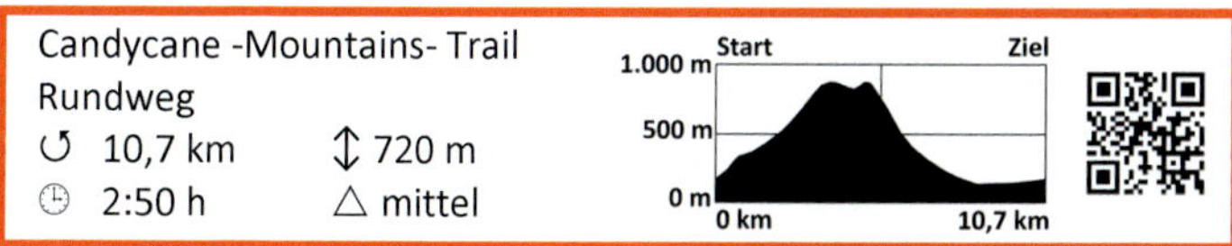

9. Salzseen Seite 119

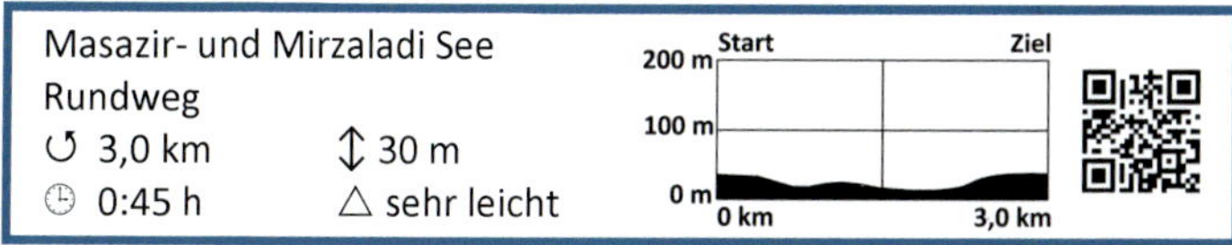

10. Schlammvulkan Seite 115

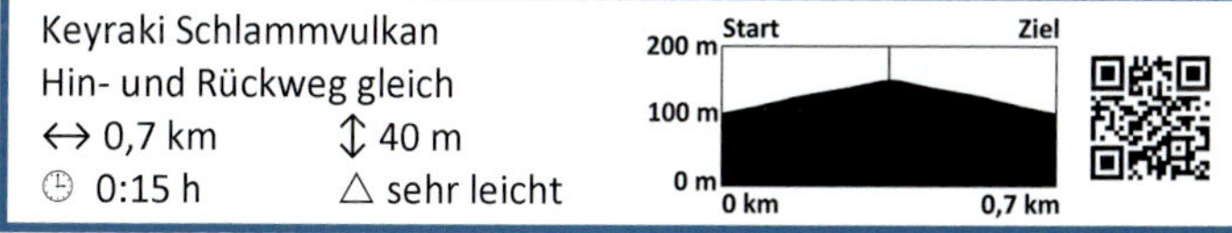

11. Qobustan State Reserve Seite 85 / 131

Qobustan State Reserve
Rundweg
1,0 km — 20 m
1:00 h — sehr leicht

Abb. 246: Wüstenlandschaft und Berge in der Qobustan Region

großer Qobustan Schlammvulkan
Hin- und Rückweg gleich
↔ 9,4 km ↕ 360 m
🕒 3:20 h △ mittel

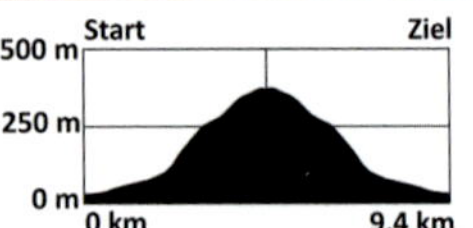

12. Wanderungen bei Shamakhi **Seite 128**

Gulistan Festung
Hin- und Rückweg gleich
↔ 1,4 km ↕ 120 m
🕒 0:45 h △ sehr leicht

Start — Ziel; 1.200 m, 1.000 m, 800 m; 0 km — 1,4 km

Spaziergang durch Shamakhi:
Allee der Märtyrer, Historisches Museum, Djuma Moschee, Sabir´s Museum, Nasimi Memorial Park, Shamakhi Stausee und alte Khansgräber von Eddi Gyumbez

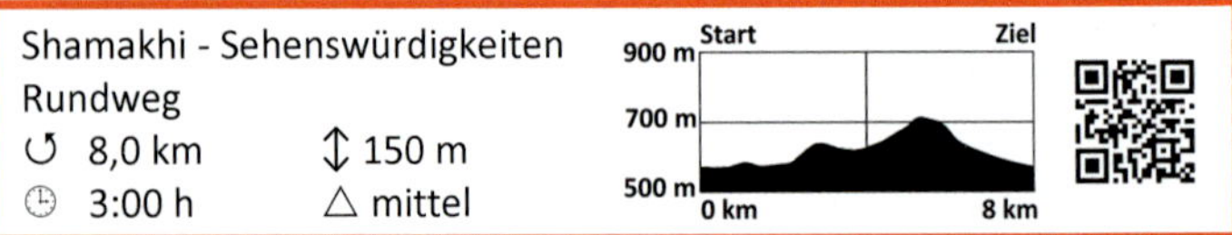
Shamakhi - Sehenswürdigkeiten
Rundweg
↻ 8,0 km ↕ 150 m
🕒 3:00 h △ mittel

Großer Kaukasus

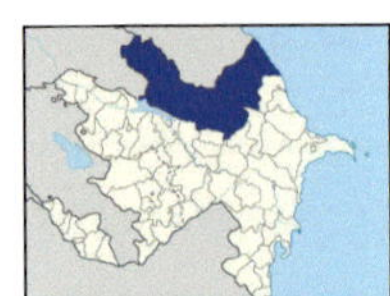

13. Samur-Yalama Nationalpark **Seite 70**
Trails: Tel Spring-Shimali Village (3 km),
Three Pipeline - Caspian Sea (3 km),
Yalama-Salimoba (2 km),
Administrative hall (1 km), Caspian-Cosmos (2 km)

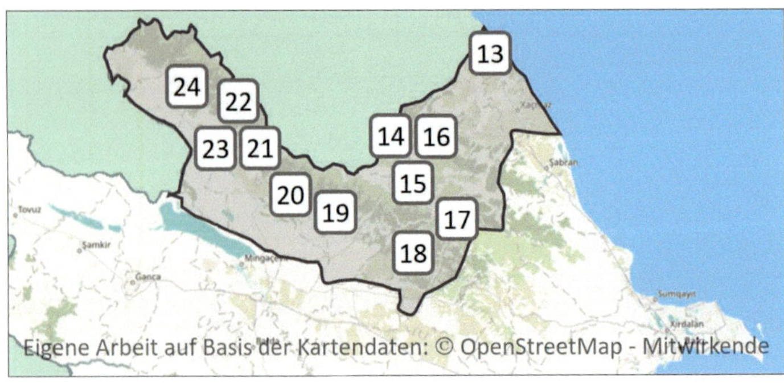

14. Shahdag Nationalpark **Seite 71**

Zahlreiche kurze Wanderungen sowie Ein- und Mehrtagestouren
Weitere Informationen im Besucherzentrum des NP

15. Wanderungen bei Xinaliq **Seite 142 / 143**

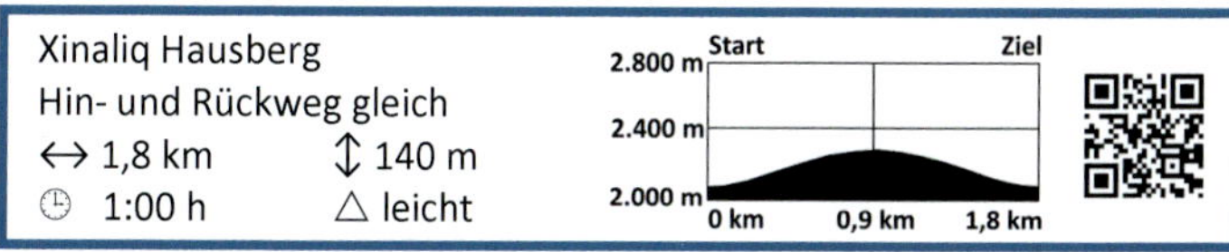

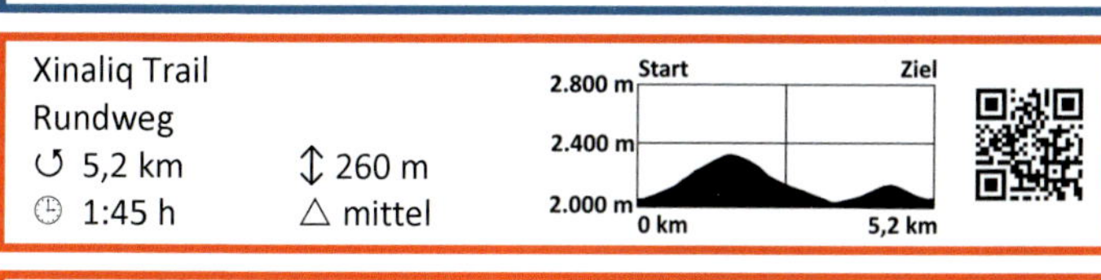

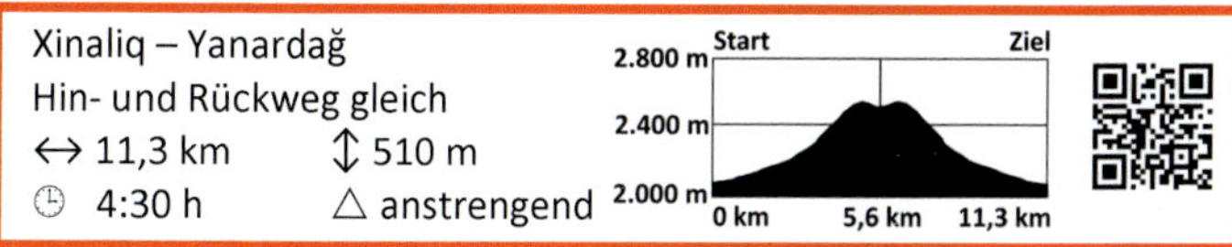

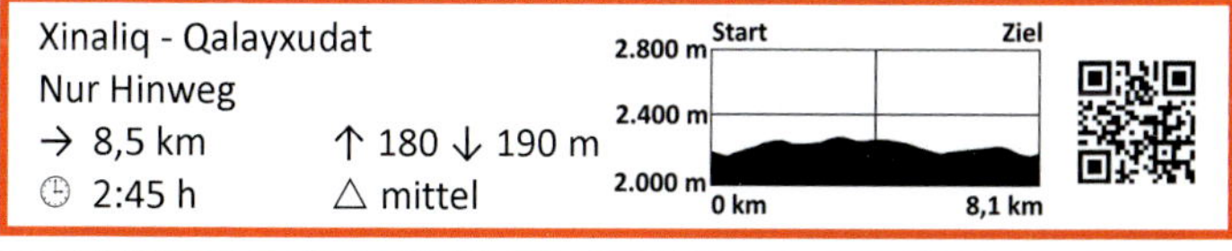

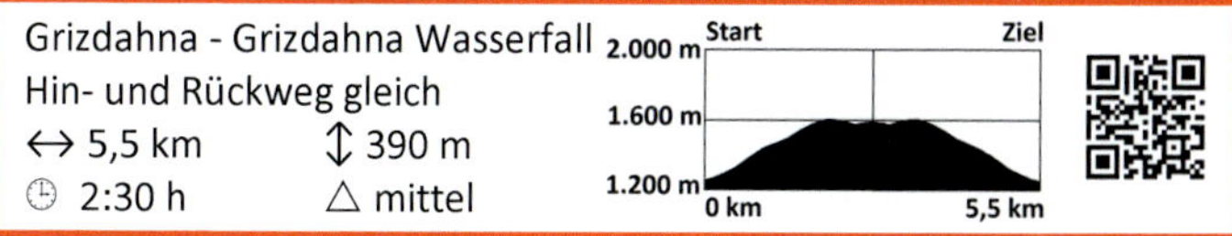

16. Wanderungen bei Laza **Seite 145**

Laza Wasserfall
Hin- und Rückweg gleich
↔ 1,7 km ↕ 100 m
0:45 h △ sehr leicht

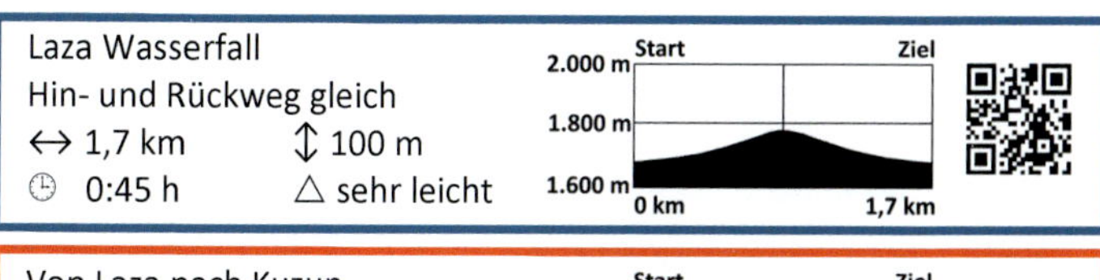

17. Wanderungen bei Lahic

Seite 148 / 149

Girdimancay - Zernava
Hin- und Rückweg gleich
↔ 9,2 km ↕ 420 m
🕒 3:30 h △ mittel

1.600 m Start Ziel
1.200 m
800 m
0 km 4,6 km 9,2 km

Girdimancay - Kohnadakhar
Hin- und Rückweg ähnlich
↔ 8,4 km ↕ 570 m
🕒 3:45 h △ mittel

1.600 m Start Ziel
1.200 m
800 m
0 km 8,4 km

Lahic - Girdiman Burg - Nihal Dag
Hin- und Rückweg gleich
↔ 11,5 km ↕ 840 m
🕒 4:30 h △ anstrengend

2.200 m Start Ziel
1.600 m
1.000 m
0 km 11,5 km

Babadag
Hin- und Rückweg gleich
↔ 14,8 km ↕ 1.350 m
🕒 8:00 h △ anstrengend

4.000 m Start Ziel
3.000 m
2.000 m
0 km 7,4 km 14,8 km

18. Wanderungen bei Ismailli

Garanohur See
Hin- und Rückweg gleich
↔ 12,7 km ↕ 1.040 m
🕒 3:15 h △ anstrengend

2.500 m Start Ziel
1.500 m
500 m
0 km 12,7 km

19. Wanderungen bei Istisu

Im Flussbett des Göyçay
Hin- und Rückweg gleich
↔ 9,2 km ↕ 140 m
🕒 2:30 h △ mittel

1.200 m Start Ziel
1.000 m
800 m
0 km 9,2 km

20. Wanderungen bei Gabala

Seite 151 - 154

Yeddi Gozel Wasserfall
Hin- und Rückweg gleich
↔ 1,3 km ↕ 80 m
🕒 0:30 h △ sehr leicht

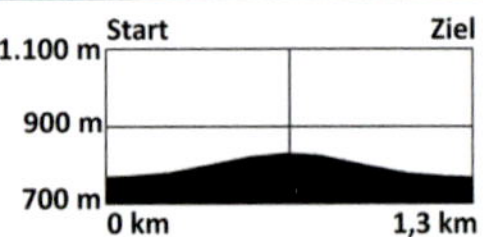

Abb. 247: Tufandag bei Gabala

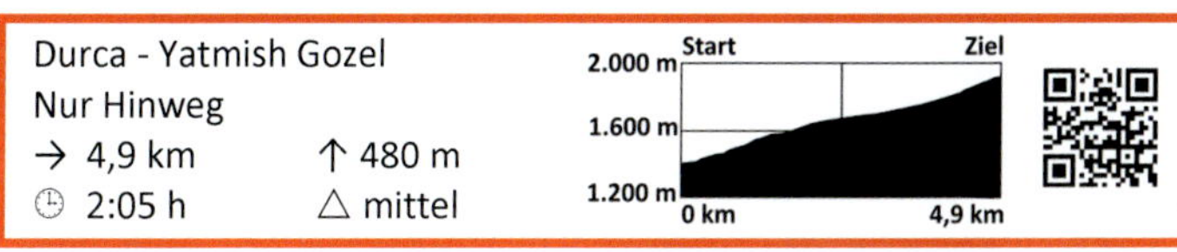

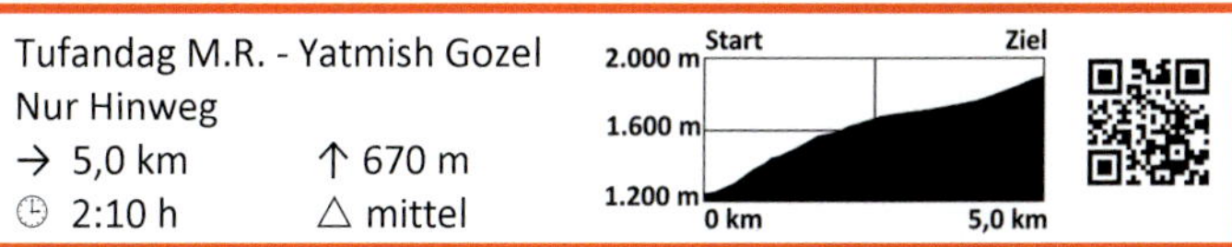

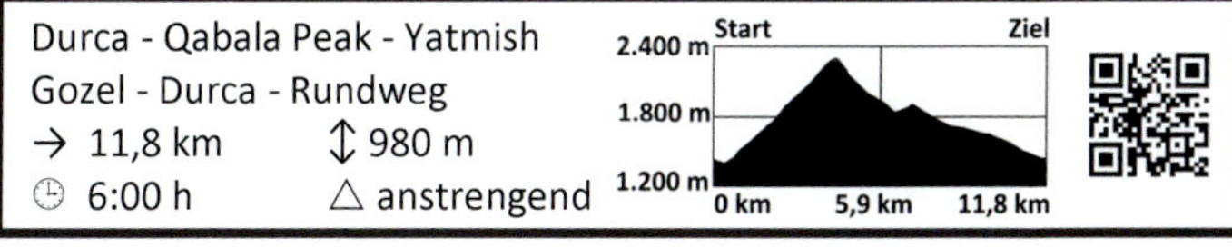

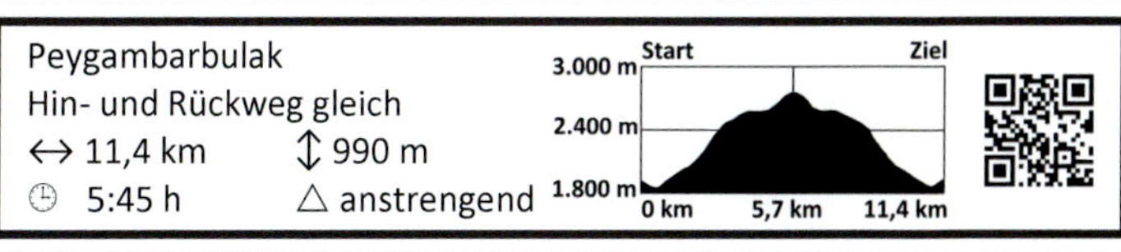

Mucuq Wasserfall
Hin- und Rückweg gleich
↔ 14,6 km ↕ 630 m
🕒 4:00 h △ anstrengend

2.000 m
1.500 m
1.000 m
Start
Ziel
0 km
7,3 km
14,6 km

21. Wanderungen bei Kish / Sheki

Seite 160

Kish - Xan Yaylagi
Rundweg
↺ 10,7 km ↕ 980 m
🕒 3:00 h △ anstrengend

2.500 m
1.500 m
500 m
Start
Ziel
0 km
10,7 km

Abb. 248: Markt in Sheki

22. Wanderungen bei Ilisu

Seite 163

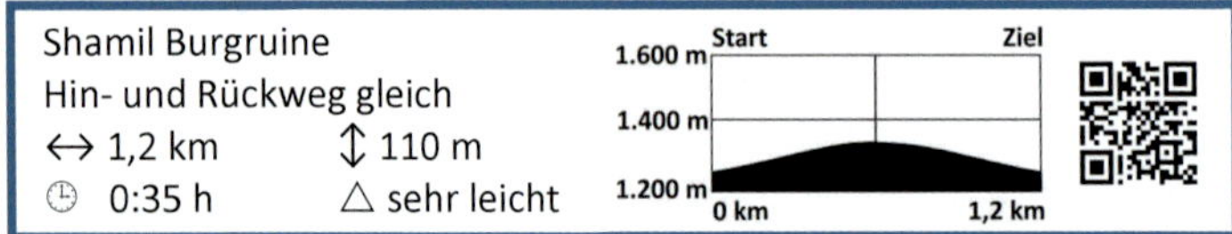

Shamil Burgruine
Hin- und Rückweg gleich
↔ 1,2 km ↕ 110 m
🕒 0:35 h △ sehr leicht

Ram-Rama Wasserfall
Hin- und Rückweg gleich
↔ 2,5 km ↕ 240
🕒 1:20 h △ leicht

1.600 m
1.400 m
1.200 m
Start
Ziel
0 km
2,5 km

23. Wanderung bei Qax

Seite 164

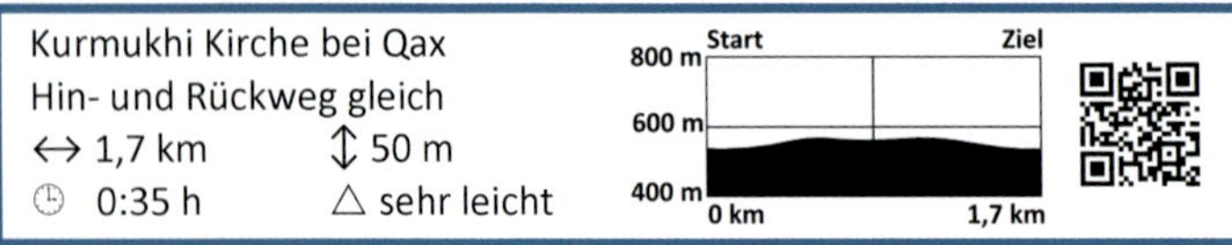

Kurmukhi Kirche bei Qax
Hin- und Rückweg gleich
↔ 1,7 km ↕ 50 m
🕒 0:35 h △ sehr leicht

24. Wanderungen bei Zaqatala

Seite 167

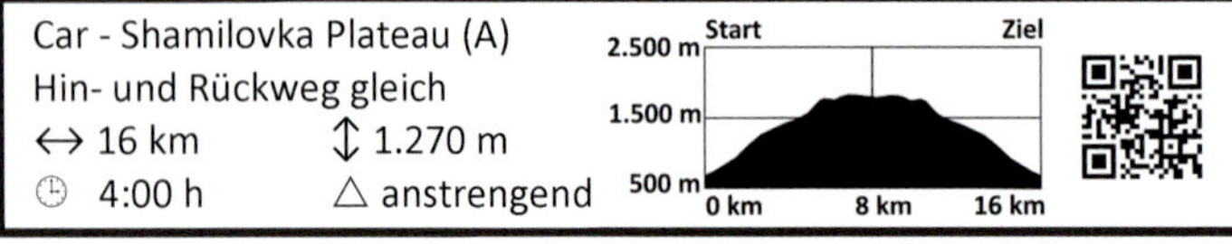

Car - Shamilovka Plateau (A)
Hin- und Rückweg gleich
↔ 16 km ↕ 1.270 m
🕒 4:00 h △ anstrengend

Car - Shamilovka Plateau (B)
Hin- und Rückweg gleich
↔ 16,7 km ↕ 1.150 m
◷ 4:30 h △ anstrengend

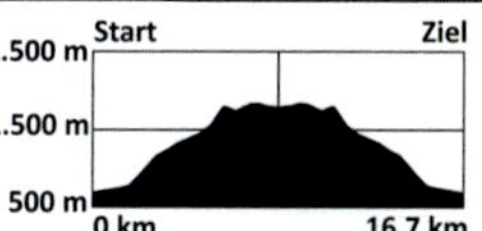

Kleiner Kaukasus

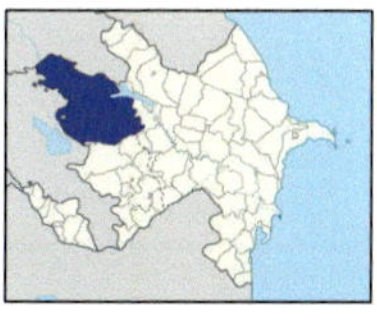

Die zentrale Stadt im Kleinen Kaukasus ist Ganja. (→S.169) Von hier aus ist es möglich, mit einer moderaten Anfahrt, Ausflüge oder Tagestouren in die nahegelegenen Berge zu starten.

25. Sehenswürdigkeiten in Ganja **Seite 169 - 177**

Der Heydar Aliyev Park, das Imamzadeh- und das Nizami - Mausoloeum sind etwas weiter vom Stadtzentrum entfernt und somit außerhalb des Rundweges. (→S.173/174)

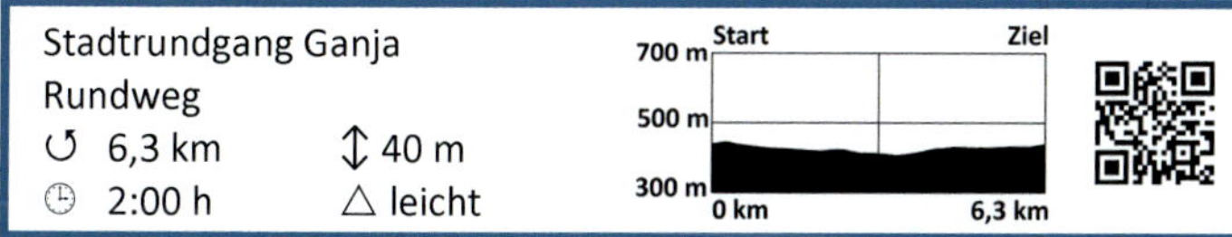

26. Wanderung in Göygöl **Seite 177**

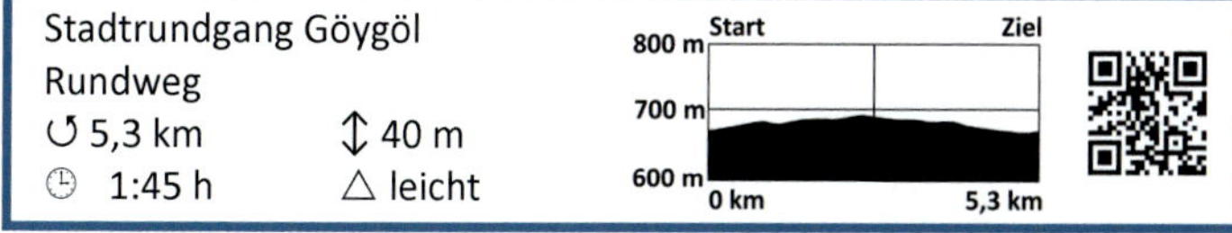

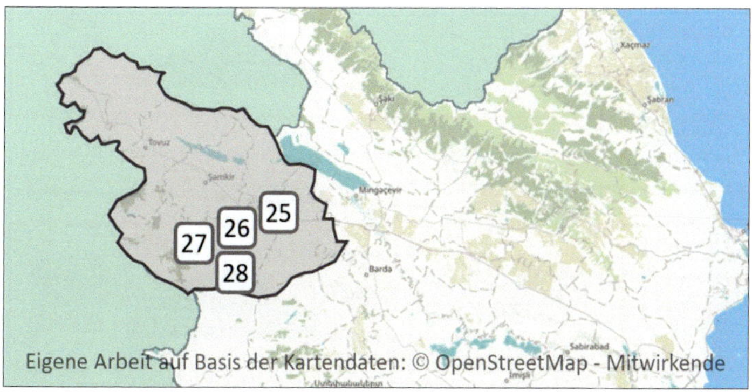

27. Wanderung zum Mahrasa Tempel bei Dashkasan

Dashkasan ist eine Gemeinde mit 11.000 Einwohnern, 40 km südwestlich von Ganja. Die Wanderung beginnt am Ausgang des Dorfes Amirvar in der Nähe von Qazaxli. Den Startpunkt erreicht man nach einer 16 km langen Fahrt von Dashkasan über eine teilweise unbefestigte Straße.

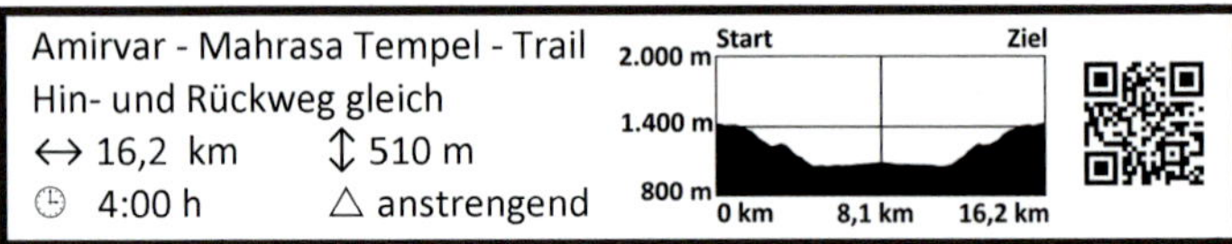

28. Göygöl Nationalpark Seite 74

Informationen zu den Wanderungen und Autorouten sind im Besucherzentrum des Nationalparks erhältlich.

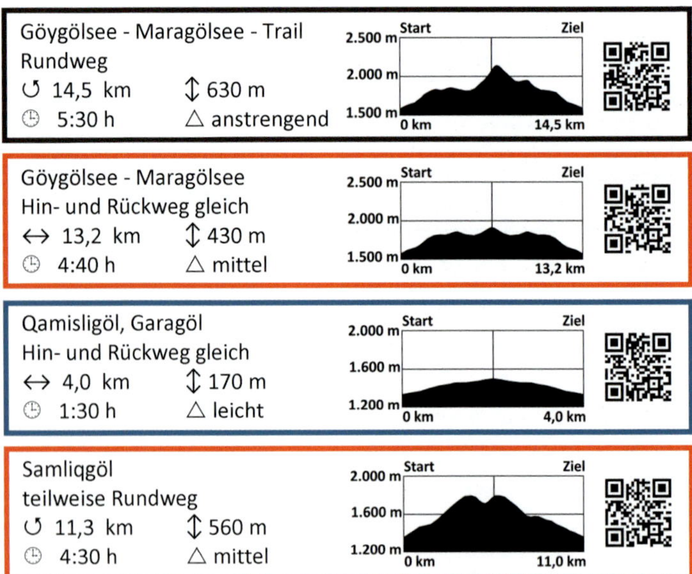

Die Wanderung zum Kapaz Dag beginnt man am besten, nach einer Fahrt mit dem Geländewagen, am östlichen Rand des Nationalparks.

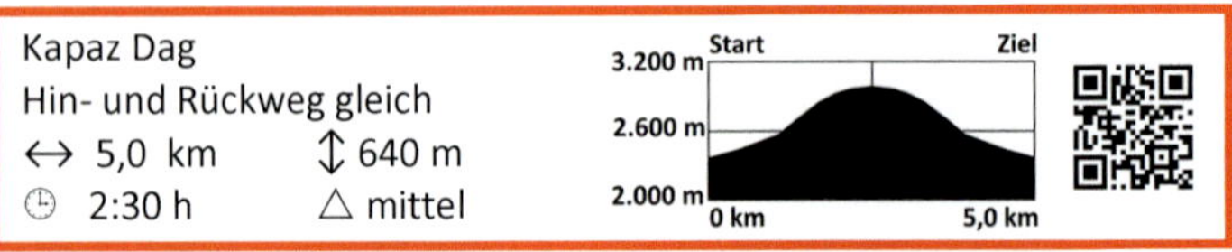

Am Rande des Göygöl - Nationalparks, 6 km nach der Abfahrt in Togana, befindet sich das Dorf Azgilli, dem Startpunkt der folgenden Wanderung.

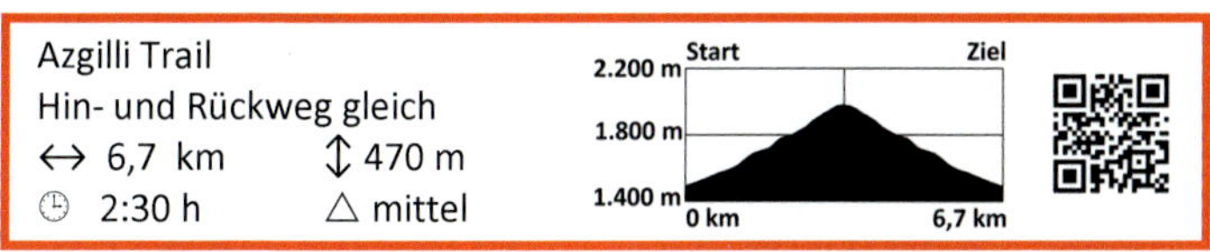

Die Tiefebene

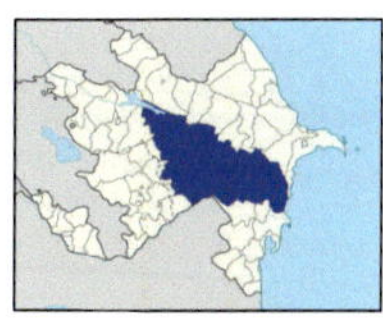

Die Tiefebene wird durch die Kura, den größten Fluss des Landes, geprägt. Da dieses Gebiet zum Großteil landwirtschaftlich genutzt wird, gibt es nur wenige gute Möglichkeiten für Wanderungen.

29. Ag Gel Nationalpark **Seite 77**

Informationen zu Wanderungen und Autorouten sind im Besucherzentrum des Nationalparks erhältlich, u.a. folgende Trails: Pirkhantepe (5 km), Shorgol Lake (5 km), Gara-Gobu (7 km), Imamgulugol (8 km), Teymurgol (10 km), Boyuk-Aggol (10 km), Maraltepe (12 km), Gush-Bazari (18 km)

30. Shirvan Nationalpark **Seite 78**

Informationen zu weiteren Wanderungen und Autorouten sind im Besucherzentrum des Nationalparks erhältlich.

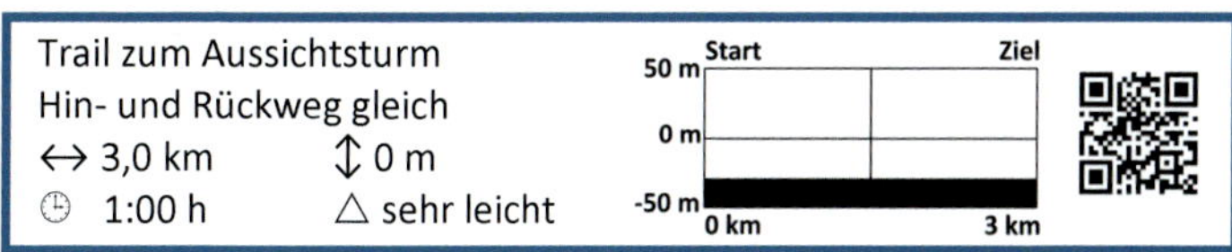

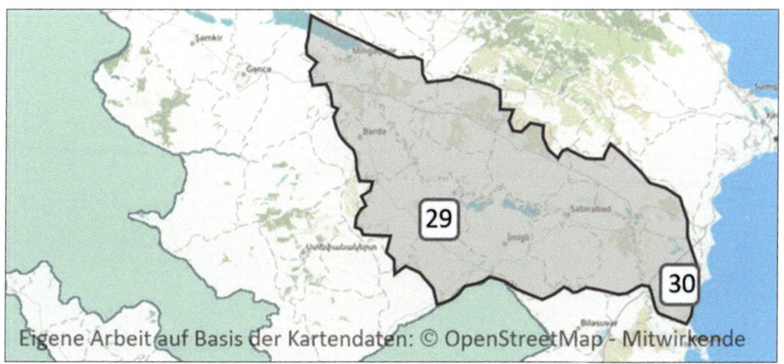

Der Süden

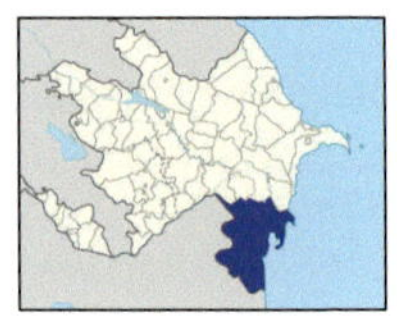

31. Gizil-Agach Nationalpark Seite 80

Informationen zu den Wanderungen sowie Auto- und Bootstouren sind im Besucherzentrum des Nationalparks erhältlich

Gizil-Agach – Schöne Bucht
Rundweg
↺ 3,3 km ↕ 0 m
◷ 0:50 h △ sehr leicht

Start Ziel
50 m
0 m
-50 m
0 km 3,3 km

32. Hirkan Nationalpark Seite 83

Trails: um den See (4 km), Xanbulan (3,5 km), leichter Wald (6 km), Piyekenarud (12 km)

Weitere Informationen im Besucherzentrum des Nationalparks

33. Wanderungen in der Talysh Region Seite 185 - 188

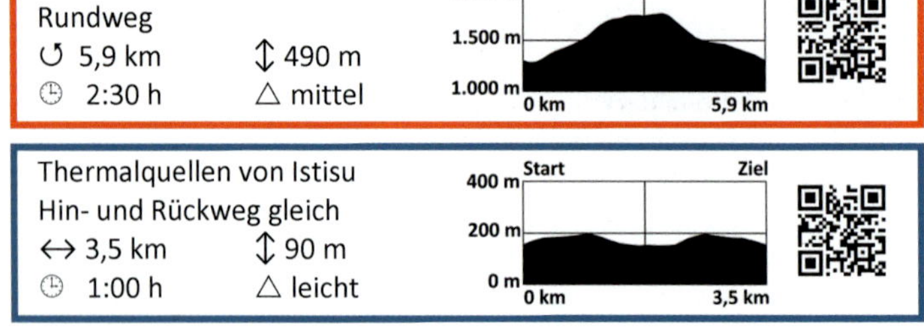

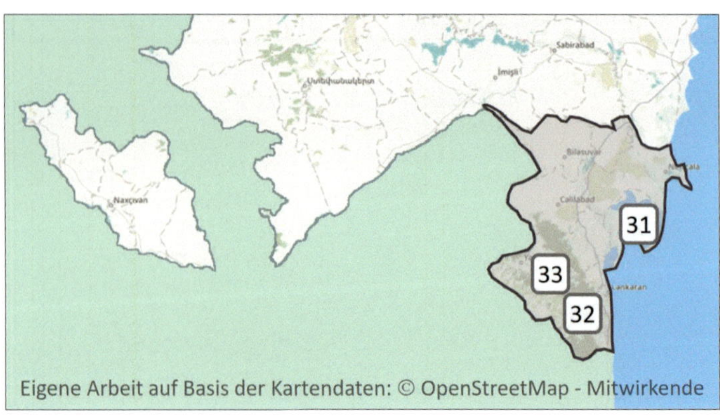

Eigene Arbeit auf Basis der Kartendaten: © OpenStreetMap - Mitwirkende

Nachitschewan

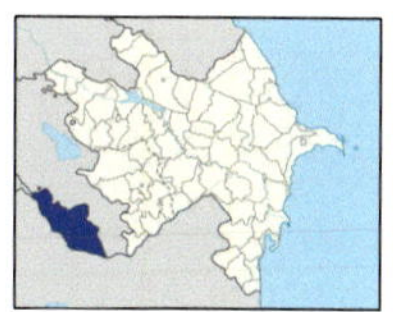

Die meisten Sehenswürdigkeiten der Hauptstadt können an einem Tag bei einer Stadtwanderung erkundet werden.

34. Stadtrundgang in der Hauptstadt **Seite 195 - 198**

Diese Tour beginnt im Süden neben der Yezidabad Burg, führt bis zum Flaggenmuseum im Norden der Stadt und wieder zurück.

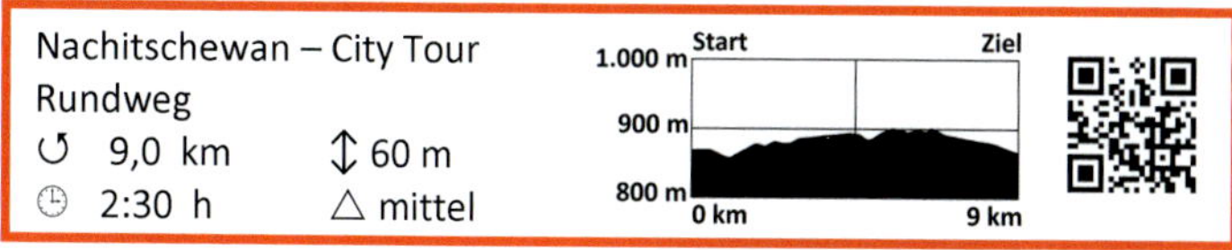

35. Batabat See **Seiten 83 / 200**

60 km bzw. eine Stunde Fahrzeit von Nachitschewan entfernt

um den Batabat See
Rundweg
5,3 km
130 m
1:30 h
leicht
2.400 m
2.200 m
2.000 m
Start
Ziel
0 km
5,3 km

36. Festung Alinja **Seite 201**

35 km bzw. eine halbe Stunde Fahrzeit von Nachitschewan entfernt

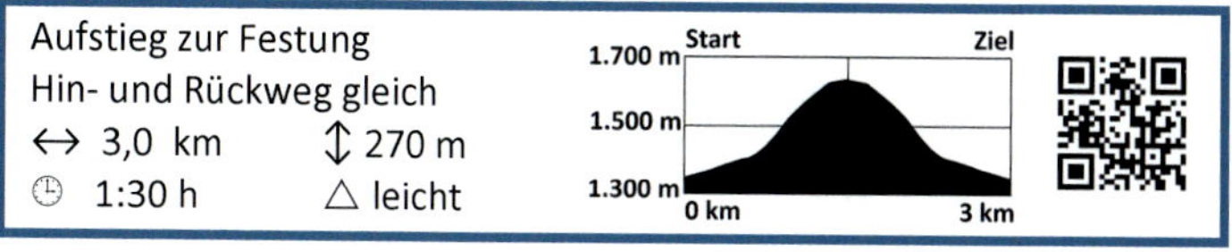

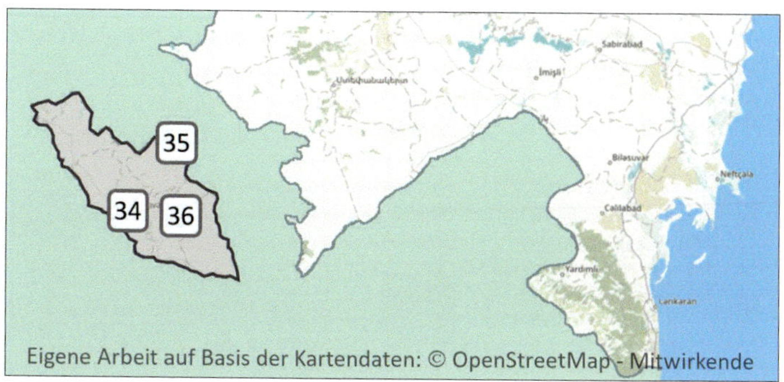

Eigene Arbeit auf Basis der Kartendaten: © OpenStreetMap - Mitwirkende

Offroad Touren

Individualtouristen haben zahlreiche Möglichkeiten, die Natur zu erkunden. Abseits befestigter Straßen und Wege bietet ein Geländewagen nicht nur Fahrspaß, sondern auch die Möglichkeit, Ziele zu erreichen, die mit einem normalen PKW nur schwer oder gar nicht erreichbar sind.
Gelegenheiten für solche Touren sind in allen Regionen des Landes zahlreich gegeben.
Besonders hervorzuheben sind neben den Nationalparks (→S.64ff) die direkte Umgebung von Baku. Hier befinden sich die meisten Schlammvulkane des Landes. Die Wege sind aufgrund des günstigen Klimas meist trocken und sandig. Somit finden die Fahrer von Geländewagen sehr gute Bedingungen für Off-Road-Fahrten vor.
Im Folgenden werden die Geo-Daten einer Auswahl von Schlammvulkanen aufgeführt. Diese können als Zielkoordinaten für die Touren dienen.

1	12 km nördlich von Baku, Nähe Masazir See (→S.115, S.119)	40°27'54.1"N 49°47'28.8"E 40.465025, 49.791322 FQ8R+2G4 Baku, Aserbaidschan
2	über M4 und R6 30 km östlich von Baku	40°22'51.4"N 49°36'34.9"E 40.380940, 49.609703 9JJ5+9VG Baku, Aserbaidschan
3	über M3/E119 45 km südwestlich von Baku	40°14'23.1"N 49°30'21.7"E 40.239735, 49.506026 6GQ4+VCR Sangachal Terminal
4	Qobustan (→S.125) über die M4 45 km westlich von Baku	40°28'50.5"N 49°26'53.1"E 40.480684, 49.448091 FCJX+76 Gobustan
5.1	Qobustan Milli Park 80 km südwestlich von Baku	40°09'54.3"N 49°17'37.5"E 40.165091, 49.293745 578V+2FQ Qobustan-Nationalpark
5.2	Qobustan Milli Park 8 km östlich von 5.1	40°08'28.8"N 49°22'51.6"E 40.141320, 49.380989 49RJ+G9H Qobustan-Nationalpark
6.1	Qobustan (→S.132) über die M3, 85 km südlich von Baku	39°59'44.2"N 49°24'10.2"E 39.995604, 49.402835 XCW3+64W Sychlijar, Aserbaidschan
6.2	Qobustan (→S.132) 5 km nördlich von 6.1	40°01'12.9"N 49°22'19.1"E 40.020242, 49.371978 29CC+6W Sychlijar, Aserbaidschan

7	10 km östlich von Alet (→S.132)	39°59'54.1"N 49°28'26.5"E 39.998360, 49.474017 XFXF+8JR Sychlijar, Aserbaidschan
8	6 km östlich von Qobustan – Stadt (→ S.124)	40°31'05.5"N 49°01'01.2"E 40.518186, 49.016987 G298+7QH Qobustan, Aserbaidschan
9.1	90 km westlich von Baku, über M3 und Qobustan Milli Park	40°14'07.4"N 49°07'42.8"E 40.235401, 49.128550 64PH+5C7 Cheyildagh, Aserbaidschan
9.2	1 km westlich von 9.1	40°14'14.6"N 49°06'46.4"E 40.237394, 49.112888 64P7+X52 Qubalıbalaoğlan
9.3	10 km westlich von 9.1	40°14'42.7"N 49°00'53.7"E 40.245204, 49.014921 62W7+3XM Chayli, Aserbaidschan
10	ca. 150 km westlich von Baku, über M3 und M2	40°12'29.5"N 48°51'12.4"E 40.208185, 48.853438 6V53+79G Chayli, Aserbaidschan
11	110 km südwestlich von Baku, an der M3 (→ S.182)	39°46'12.3"N 49°08'44.8"E 39.770093, 49.145772 Q4CW+28J Ashagi Khalaj, Aserbaid.
12	Bandovan (→S.79, S.89), 130 km südlich von Baku	39°42'10.2"N 49°24'48.3"E 39.702831, 49.413429 8HFFPC37+49

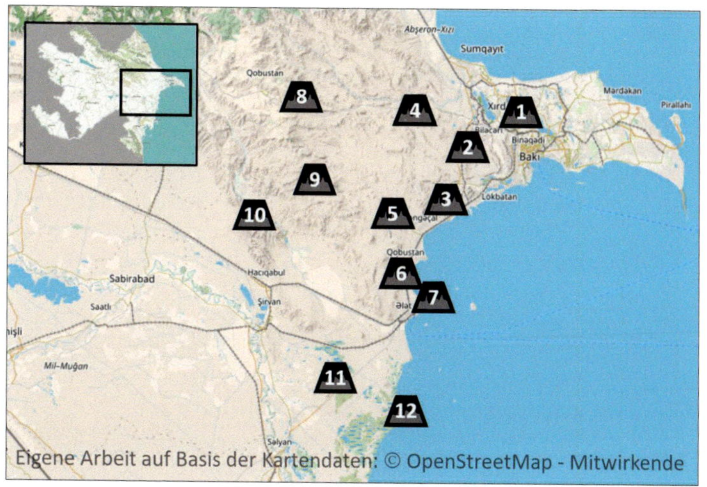

Eigene Arbeit auf Basis der Kartendaten: © OpenStreetMap - Mitwirkende

Rundreisen

3 Wochen – Aserbaidschan komplett

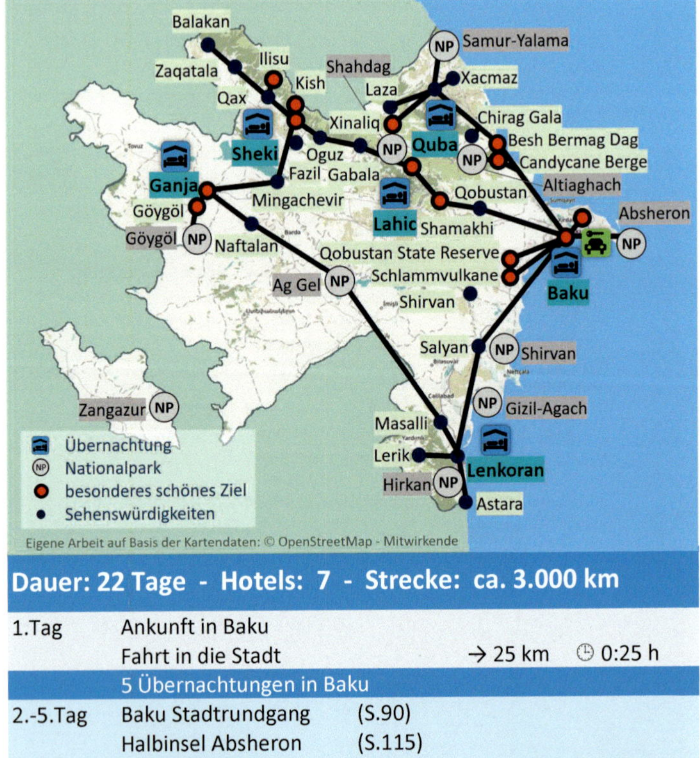

Dauer: 22 Tage - Hotels: 7 - Strecke: ca. 3.000 km

1.Tag	Ankunft in Baku			
	Fahrt in die Stadt		→ 25 km	0:25 h
	5 Übernachtungen in Baku			
2.-5.Tag	Baku Stadtrundgang	(S.90)		
	Halbinsel Absheron	(S.115)		
	Feuertempel	(S.117)	→ 20 km	0:30 h
	Yanar Dag	(S.116)	→ 15 km	0:30 h
	Sumgait	(S.118)	→ 35 km	0:45 h
	Masazir Salzsee	(S.119)	→ 15 km	0:30 h
	Absheron Nationalpark	(S.66)	→ 60 km	1:00 h
	Qobustan	(S.131)	→ 65 km	1:00 h
	Schlammvulkane	(S.132)	→ 80 km	1:20 h
6. Tag	Fahrt nach Quba		→ 170 km	2:30 h
	Möglichkeit zum Zwischenstopp bei:			
	Candycane Berge	(S.123)	+ 35 km	0:30 h

	Altiaghach NP, Khizi	(S.67)	+ 70 km	🕒 1:00 h
	Besh Barmag Dag	(S.122)	+ 17 km	🕒 0:40 h
	Chirag Gala	(S.134)	+ 25 km	🕒 1:00 h
	Xacmaz	(S.135)	+ 15 km	🕒 0:15 h
	3 Übernachtungen in Quba			
7. - 8.Tag	Quba	(S.137)		
	mögliche Tagestouren von Quba nach:			
	Xinaliq	(S.140)	↔100 km	🕒 2:40 h
	Laza	(S.144)	↔ 96 km	🕒 2:00 h
	Xacmaz	(S.135)	↔ 55 km	🕒 1:00 h
	Samur-Yalama	(S.69)	↔115 km	🕒 2:00 h
9. Tag	Fahrt nach Lahic		→ 300 km	🕒 4:30 h
	Möglichkeit zum Zwischenstopp bei:			
	Qobustan	(S.124)	+ 5 km	🕒 0:10 h
	Shamakhi	(S.126)	auf der Route	
	3 Übernachtungen in Lahic			
10.-11.Tag	Lahic	(S.146)		
	Möglichkeiten für Wanderungen im Großen Kaukasus			
12. Tag	Fahrt nach Sheki		→ 160 km	🕒 2:30 h
	Möglichkeit zum Zwischenstopp bei:			
	Gabala	(S.150)	auf der Route	
	Wanderungen	(S.152)		
	3 Übernachtungen in Sheki			
13. Tag	Sheki	(S.156)		
	Festungsanlage, Khanpalast, historische Altstadt			
	Bergdorf Kish	(S.159)	↔ 10 km	🕒 0:20 h
14. Tag	Tagestour nach:			
	Qax	(S.164)	→ 45 km	🕒 0:40 h
	Ilisu (über Qax)	(S.161)	↔ 116 km	🕒 2:00 h
	Zaqatala	(S.166)	→ 75 km	🕒 1:00 h
	Balakan über (Zaqatala)	(S.168)	↔ 200 km	🕒 3:00 h
15. Tag	Fahrt nach Ganja		→ 150 km	🕒 2:10 h
	Möglichkeit zur Besichtigung von:			
	Fazil	(S.156)	+ 30 km	🕒 0:35 h
	Mingachevir	(S.180)	+ 3 km	🕒 0:05 h
	3 Übernachtungen in Ganja			
16. Tag	Ganja	(S.169)		
17. Tag	mögliche Toren nach:			
	Göygöl	(S. 174)	→ 15 km	🕒 0:25 h
	Göygöl Nationalpark	(S.74)	↔ 90 km	🕒 2:00 h
	Naftalan	(S.178)	↔ 130 km	🕒 1:45 h
18. Tag	Fahrt nach Lenkoran		→ 400 km	🕒 4:20 h

	Möglichkeit zum Zwischenstopp bei:				
	Ag Gel Nationalpark	(S.76)	+	14 km	🕒 0:20 h
	nur von der Südroute R18 erreichbar, nicht von M2/E60				
	3 Übernachtungen in Lenkoran				
19. Tag	Lenkoran ist ein guter Ausgangspunkt für Ausflüge zu den Sehenswürdigkeiten und Naturerlebnissen im Süden:				
	Lenkoran	(S.183)			
	Astara	(S.188)	↔	85 km	🕒 1:10 h
	Yanar Bulag bei Astara	(S.189)	↔	80 km	🕒 1:00 h
20. Tag	Lerik	(S.185)	↔	105 km	🕒 1:10 h
	Hirkan Nationalpark	(S.81)	→	15 km	🕒 0:15 h
	Masalli	(S.186)	→	40 km	🕒 0:40 h
	Yardimli	(S.186)	→	90 km	🕒 1:45 h
	Thermalquellen Istisu	(S.187)	→	50 km	🕒 0:50 h
21. Tag	Fahrt nach Baku		→	250 km	🕒 2:45 h
	Möglichkeit zum Zwischenstopp bei:				
	Gizil-Agach Nationalpark	(S.80)	+	40 km	🕒 1:00 h
	Shirvan Nationalpark	(S.78)	+	10 km	🕒 0:10 h
	Qobustan	(S.131)	+	10 km	🕒 0:20 h
	Schlammvulkane	(S.132)	+	15 km	🕒 0:40 h
	1 Übernachtung in Baku				
22. Tag	Fahrt zum Flughafen		→	25 km	🕒 0:25 h
	Abreise				

Abb. 249: Verkaufsstand am Straßenrand, Obstkonserven und Lavashana, runde Scheiben aus getrocknetem Fruchtsirup

2 Wochen – Baku und Kaukasus

Dauer: 15 Tage - Hotels: 6 - Strecke: ca. 2.100 km

1.Tag	Ankunft in Baku			
	Fahrt in die Stadt		→ 25 km	🕒 0:25 h
	4 Übernachtungen in Baku			
2.-4.Tag	Baku Stadtrundgang	(S.90)		
	Halbinsel Absheron	(S.115)		
	Feuertempel	(S.117)	→ 20 km	🕒 0:30 h
	Yanar Dag	(S.116)	→ 15 km	🕒 0:30 h
	Sumgait	(S.118)	→ 35 km	🕒 0:45 h
	Masazir Salzsee	(S.119)	→ 15 km	🕒 0:30 h
	Absheron Nationalpark	(S.66)	→ 60 km	🕒 1:00 h
	Schlammvulkane	(S.132)	↔ 160 km	🕒 2:30 h
	Qobustan	(S.131)	+ 10 km	🕒 0:20 h
5. Tag	Fahrt nach Quba		→ 170 km	🕒 2:30 h
	Möglichkeit zum Zwischenstopp bei:			
	Candycane Berge	(S.123)	+ 35 km	🕒 0:30 h
	Altiaghach NP, Khizi	(S.67)	+ 70 km	🕒 1:00 h
	Besh Barmag Dag	(S.122)	+ 17 km	🕒 0:40 h
	Chirag Gala	(S.134)	+ 25 km	🕒 1:00 h
	Xacmaz	(S.135)	+ 15 km	🕒 0:15 h

Tag	Programm	Seite	Strecke	Dauer
	2 Übernachtungen in Quba			
6. Tag	Quba	(S.137)		
	mögliche Tagestouren von Quba nach:			
	Xinaliq	(S.140)	↔100 km	🕒 2:40 h
	Laza	(S.144)	↔ 96 km	🕒 2:00 h
	Xacmaz	(S.135)	↔ 55 km	🕒 1:00 h
	Samur-Yalama	(S.69)	↔115 km	🕒 2:00 h
7. Tag	Fahrt nach Lahic		→ 300 km	🕒 4:30 h
	Möglichkeit zum Zwischenstopp bei:			
	Qobustan	(S.124)	+ 5 km	🕒 0:10 h
	Shamakhi	(S.126)	auf der Route	
	1 Übernachtungen in Lahic			
8.Tag	Lahic	(S.146)		
	Möglichkeiten für Wanderungen im Großen Kaukasus			
	Fahrt nach Sheki		→ 160 km	🕒 2:30 h
	Möglichkeit zum Zwischenstopp bei:			
	Gabala	(S.150)	auf der Route	
	Wanderungen	(S.152)		
	3 Übernachtungen in Sheki			
9. Tag	Sheki	(S.156)		
	Festungsanlage, Khanpalast, historische Altstadt			
	Bergdorf Kish	(S.159)	↔ 10 km	🕒 0:20 h
10. Tag	Tagestour nach:			
	Qax	(S.164)	→ 45 km	🕒 0:40 h
	Ilisu (über Qax)	(S.161)	↔ 116 km	🕒 2:00 h
	Zaqatala	(S.166)	→ 75 km	🕒 1:00 h
	Balakan über (Zaqatala)	(S.168)	↔ 200 km	🕒 3:00 h
11. Tag	Fahrt nach Ganja		→ 150 km	🕒 2:10 h
	Möglichkeit zur Besichtigung von			
	Mingachevir	(S.180)	+ 3 km	🕒 0:05 h
	3 Übernachtungen in Ganja			
12. Tag	Ganja	(S.169)		
13. Tag	mögliche Toren nach:			
	Göygöl	(S. 174)	→ 15 km	🕒 0:25 h
	Göygöl Nationalpark	(S.74)	↔ 90 km	🕒 2:00 h
	Naftalan	(S.178)	↔ 130 km	🕒 1:45 h
14. Tag	Fahrt nach Baku		→ 360 km	🕒 4:15 h
	Shirvan	(S.181)	+ 20 km	🕒 0:20 h
	Qobustan	(S.131)	+ 10 km	🕒 0:20 h
	1 Übernachtung in Baku			
15. Tag	Fahrt zum Flughafen		→ 25 km	🕒 0:25 h
	Abreise			

2 Wochen – Baku und Großer Kaukasus

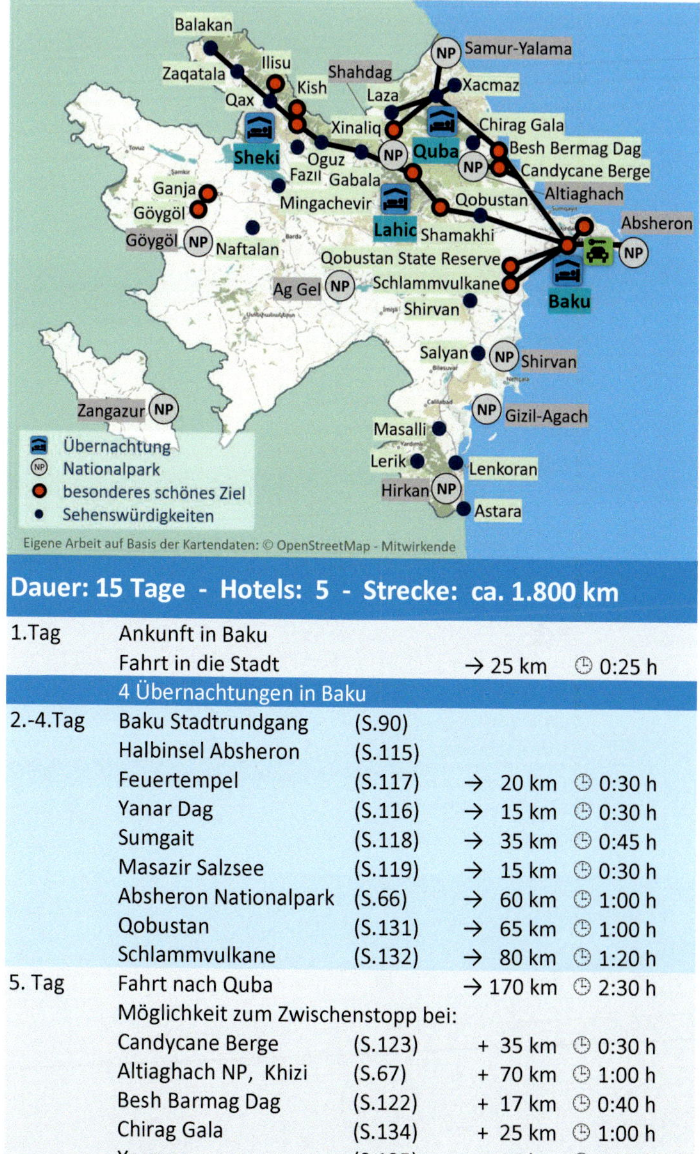

Dauer: 15 Tage - Hotels: 5 - Strecke: ca. 1.800 km

Tag	Programm	Seite	Strecke	Zeit
1.Tag	Ankunft in Baku			
	Fahrt in die Stadt		→ 25 km	0:25 h
	4 Übernachtungen in Baku			
2.-4.Tag	Baku Stadtrundgang	(S.90)		
	Halbinsel Absheron	(S.115)		
	Feuertempel	(S.117)	→ 20 km	0:30 h
	Yanar Dag	(S.116)	→ 15 km	0:30 h
	Sumgait	(S.118)	→ 35 km	0:45 h
	Masazir Salzsee	(S.119)	→ 15 km	0:30 h
	Absheron Nationalpark	(S.66)	→ 60 km	1:00 h
	Qobustan	(S.131)	→ 65 km	1:00 h
	Schlammvulkane	(S.132)	→ 80 km	1:20 h
5. Tag	Fahrt nach Quba		→ 170 km	2:30 h
	Möglichkeit zum Zwischenstopp bei:			
	Candycane Berge	(S.123)	+ 35 km	0:30 h
	Altiaghach NP, Khizi	(S.67)	+ 70 km	1:00 h
	Besh Barmag Dag	(S.122)	+ 17 km	0:40 h
	Chirag Gala	(S.134)	+ 25 km	1:00 h
	Xacmaz	(S.135)	+ 15 km	0:15 h

	3 Übernachtungen in Quba			
6. - 7.Tag	Quba	(S.137)		
	mögliche Tagestouren von Quba nach:			
	Xinaliq	(S.140)	↔100 km	🕒 2:40 h
	Laza	(S.144)	↔ 96 km	🕒 2:00 h
	Xacmaz	(S.135)	↔ 55 km	🕒 1:00 h
	Samur-Yalama	(S.69)	↔115 km	🕒 2:00 h
8. Tag	Fahrt nach Lahic		→ 300 km	🕒 4:30 h
	Möglichkeit zum Zwischenstopp bei:			
	Qobustan	(S.124)	+ 5 km	🕒 0:10 h
	Shamakhi	(S.126)	auf der Route	
	3 Übernachtungen in Lahic			
9.-10.Tag	Lahic	(S.146)		
	Möglichkeiten für Wanderungen im Großen Kaukasus			
11.Tag	Fahrt nach Sheki		→ 160 km	🕒 2:30 h
	Möglichkeit zum Zwischenstopp bei:			
	Gabala	(S.150)	auf der Route	
	Wanderungen	(S.152)		
	3 Übernachtungen in Sheki			
12. Tag	Sheki	(S.156)		
	Festungsanlage, Khanpalast, historische Altstadt			
	Bergdorf Kish	(S.159)	↔ 10 km	🕒 0:20 h
13. Tag	Tagestour nach:			
	Qax	(S.164)	→ 45 km	🕒 0:40 h
	Ilisu (über Qax)	(S.161)	↔ 116 km	🕒 2:00 h
	Zaqatala	(S.166)	→ 75 km	🕒 1:00 h
	Balakan über (Zaqatala)	(S.168)	↔ 200 km	🕒 3:00 h
14. Tag	Fahrt nach Baku		→ 360 km	🕒 4:15 h
	1 Übernachtung in Baku			
15. Tag	Fahrt zum Flughafen		→ 25 km	🕒 0:25 h
	Abreise			

Abb. 250: Großer Kaukasus bei Xinaliq, Rayon Quba

Eine Woche – Baku und Umgebung

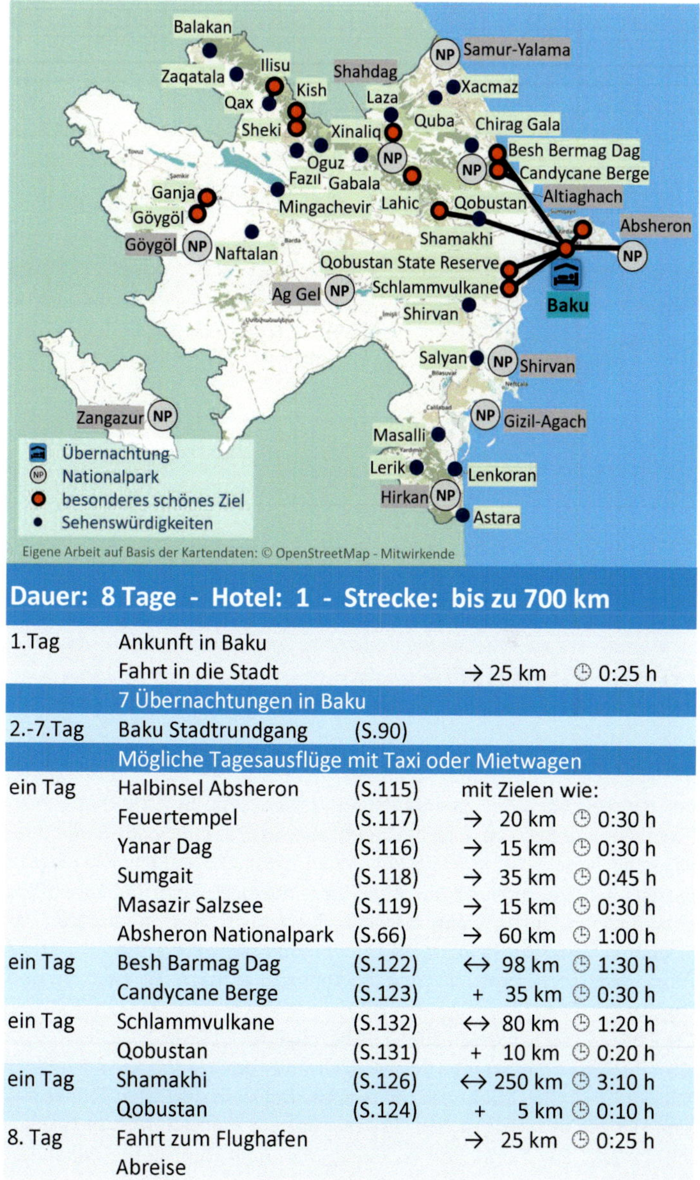

Dauer: 8 Tage - Hotel: 1 - Strecke: bis zu 700 km

1.Tag	Ankunft in Baku			
	Fahrt in die Stadt		→ 25 km	0:25 h
	7 Übernachtungen in Baku			
2.-7.Tag	Baku Stadtrundgang	(S.90)		
	Mögliche Tagesausflüge mit Taxi oder Mietwagen			
ein Tag	Halbinsel Absheron	(S.115)	mit Zielen wie:	
	Feuertempel	(S.117)	→ 20 km	0:30 h
	Yanar Dag	(S.116)	→ 15 km	0:30 h
	Sumgait	(S.118)	→ 35 km	0:45 h
	Masazir Salzsee	(S.119)	→ 15 km	0:30 h
	Absheron Nationalpark	(S.66)	→ 60 km	1:00 h
ein Tag	Besh Barmag Dag	(S.122)	↔ 98 km	1:30 h
	Candycane Berge	(S.123)	+ 35 km	0:30 h
ein Tag	Schlammvulkane	(S.132)	↔ 80 km	1:20 h
	Qobustan	(S.131)	+ 10 km	0:20 h
ein Tag	Shamakhi	(S.126)	↔ 250 km	3:10 h
	Qobustan	(S.124)	+ 5 km	0:10 h
8. Tag	Fahrt zum Flughafen		→ 25 km	0:25 h
	Abreise			

Praktische Tipps zur Reise

Reiseplanung

Anreise

Die meisten Besucher Aserbaidschans reisen über den internationalen Flughafen von Baku an. Es gibt Direktflüge aus Frankfurt oder Berlin oder Flüge mit Zwischenstopp in Istanbul, Wien, Moskau oder Kiew. Die Flugzeit beträgt von Deutschland aus etwa viereinhalb Stunden bei Direktflug, entsprechend länger, wenn man mit einem Zwischenstopp anreist. Der Flughafen von Baku ist etwa 30 km vom Stadtzentrum entfernt und die Fahrt dauert zwischen 30 und 40 Minuten je nach Verbindung und Tageszeit.

Die Einreise von Armenien aus ist nicht möglich.

Vom Flughafen aus hat man drei Möglichkeiten der Weiterreise nach Baku. Mit dem Taxi, Bus oder dem Mietwagen. Mit dem offiziellen Taxi kostet eine Fahrt in die Stadt ca. 35 - 50 AZN. Bezahlt werden kann im Taxi nur mit Bargeld. Der Taxistand ist direkt vor dem Flughafenterminal. Die offiziellen Taxis sind weiß mit grünen Logo auf der Seite. Taxis müssen keine Taxameter haben, deshalb sollte man nicht vergessen, den Fahrpreis vor Antritt der Fahrt auszuhandeln. 35 bis 50 AZN sind üblich, abhängig von der Tageszeit.

Für 5 AZN ist es möglich, mit dem Taxi vom Flughafen zur ersten Metrostation (Koroglu) zu fahren, um von dort mit 4 bis 6 Stopps in die Innenstadt weiterzufahren. Die Metro fährt zwischen 06:00-24.00 Uhr.

Stressfreier ist die Weiterfahrt ab dem Flughafen mit einer vorgebuchten privaten Baku Airport Tour.

Inoffizielle Taxis sind günstiger als Offizielle. Diese Taxis sind nicht gekennzeichnet und stehen am Ende der Parkzone hinter dem Taxistand. Man kann für etwa 20 AZN in die Stadt fahren, wahrscheinlich mit einem alten Lada.

Visum/ Visa

Die Einreise nach Aserbaidschan ist mit dem Reisepass möglich, auch der vorläufige Reisepass wird anerkannt. Die Reisedokumente müssen noch mindestens drei Monate nach Ablauf des Visums gültig sein. Kinder benötigen einen eigenen Reisepass.

Für die Einreise wird außerdem ein Visum verlangt, das vor Antritt der Reise beantragt werden muss. Dieses kann auch bei den zuständigen Botschaften, am besten online, beantragt werden. Im Internet gibt es viele Seiten, die diesen Service anbieten. Am günstigsten ist es auf der offiziellen Webseite der Regierung.

www.evisa.gov.az

Man kann hier das e-Visum in nur 3 Schritten erhalten (beantragen, bezahlen und e-Visum herunterladen). Das e-Visum wird innerhalb von 3 Arbeitstagen ausgestellt. Dabei muss eine gut lesbare Passkopie als JPG Datei mit einer max. Dateigröße von 1 MB angehängt werden.

E-Visum-Anträge können für eine Einzelperson, für eine Familie (mindestens 2 und maximal 10 Personen) oder für eine Gruppe (mindestens 10 und maximal 300 Personen) erstellt werden.

Die Gebühr für e-Visa beträgt 20 US-Dollar. Ein Betrag von zusätzlich 3 US-Dollar werden als Servicegebühr für die Bearbeitung eines elektronischen Visumantrags erhoben.

Das e-Visum wird an die E-Mail-Adresse eines Bewerbers gesendet und muss ausgedruckt bei Einreise vorgezeigt werden. Das Visum ist innerhalb des angegebenen Zeitraums von 90 Tagen für 30 Tage gültig.

Wer in seinem Reisepass ein Visum aus Armenien hat, wird voraussichtlich bei der Einreise länger befragt, kann aber in aller Regel einreisen. Wer aber aus den von Armenien besetzten Gebieten Bergkarabach einreisen möchte, dem wird die Einreise verweigert.
In Aserbaidschan gilt eine Meldepflicht für alle ausländischen Reisenden, die einen Aufenthalt von mehr als 15 Tagen in Aserbaidschan planen. Die Registrierung ist unmittelbar nach der Ankunft beim staatlichen Migrationsdienst durchzuführen, spätestens jedoch am 15. Tag.
Wenn Sie in einem Hotel untergebracht sind, erfolgt die Registrierung unmittelbar beim Check-In. Bitte fragen Sie bei Ihrer Unterkunft nach, ob diese Sie automatisch ordnungsgemäß registriert.

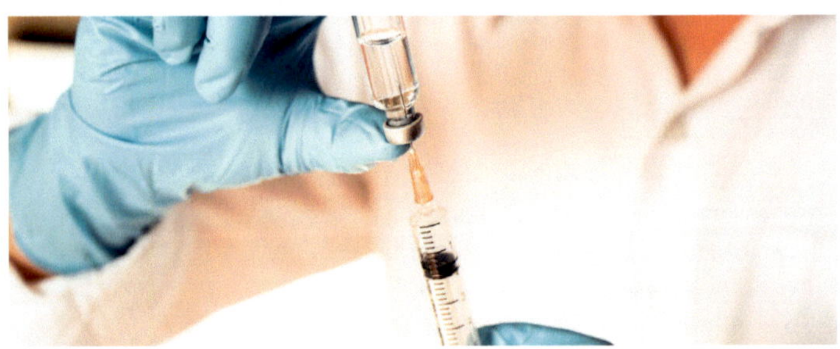

Impfungen / Reiseapotheke

Jeder Reisende nach Aserbaidschan sollte über die für Deutschland allgemein empfohlenen Standardimpfungen verfügen. Es wird zu einem Schutz vor Diphtherie, Tetanus, Hepatitis A und Influenza sowie bei längeren Aufenthalten auch vor Hepatitis B und Polio geraten. Im äußersten Süden des Landes, an der Grenze zum Iran, besteht in den Monaten Juni bis Oktober ein minimales Malariarisiko. Eine Prophylaxe wird jedoch nicht empfohlen, weil das Risiko sehr gering ist.
Eine Reiseapotheke sollte jeder Urlauber bei sich haben. Der Inhalt hängt natürlich nicht nur vom Reiseziel, sondern auch von der Reisedauer ab, u.a. sollte enthalten sein:

- Sonnenschutzmittel (für Kinder mit hohem Lichtschutzfaktor)
- Verbandsmaterial
- Insektenschutzmittel
- Mittel gegen Übelkeit und Erbrechen
- Schmerzmittel
- Mittel gegen Magen- und Darmprobleme
- Mittel gegen Reisekrankheit

Elektrizität

Die Netzspannung beträgt 220 V bei einer Frequenz von 50 Hz. In Aserbaidschan werden die Steckdosen Typ C (ohne Schutzkontakt) und F (mit Schutzkontakt) verwendet. Ein Adapter ist nicht notwendig.

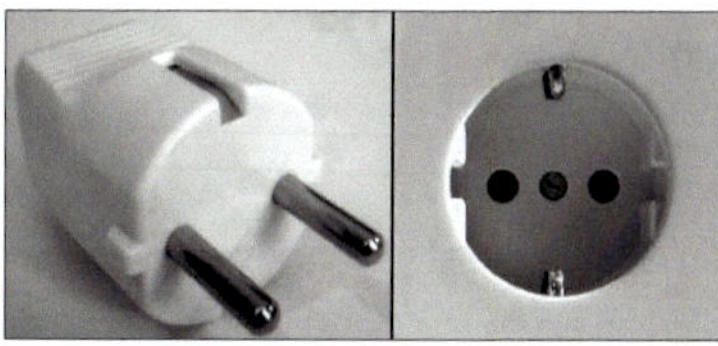

Abb. 251: Stecker Typ F

Maßeinheiten

In Aserbaidschan wird ebenso wie in Deutschland das metrische System benutzt. Alle Maßeinheiten, insbesondere für Entfernungen (km), Geschwindigkeit (km/h) und Temperatur (°C) stimmen mit denen in Deutschland überein.

Beste Reisezeit

Für Rundreisen eignen sich am besten die Monate April bis Juni und September und Oktober.

Da Aserbaidschan sehr vielfältig ist, vom Hochgebirge im Norden bis zum Kaspischen Meer im Süden, hat das Land auch eine große klimatische Vielfalt. Die beste Reisezeit ist abhängig von der Region. Im Tiefland sind die Monate von April bis Juni die Schönsten, mit klarem Himmel und grünen Wiesen. Im Juli und August ist es in den Ebenen und im Bereich der Küste meist zwischen 35°C bis 40°C sehr heiß und schwül. Touren in den Bergen sind besonders gut in diesen beiden Sommermonaten zu empfehlen. In Baku ist der Oktober der angenehmste Monat. Am Kaspischen Meer ist es auch im Winter recht mild, aber in den Bergen ist es kalt und fällt Schnee. Im Januar und Februar ist Skisaison.

Während der Reise

Zeitzone

Aserbaidschan befindet sich in der GMT+4 Zeitzone, also drei Stunden vor Deutschland. Im Jahre 2015 wurden die Uhren zum letzten Mal auf Sommerzeit umgestellt. Seitdem ist die Sommerzeit abgeschafft, d.h. die Zeitverschiebung im Sommer beträgt nur zwei Stunden.

Vorsichtsmaßnahmen

Sicherheit

Aserbaidschan und Baku sind sehr sicher. In Baku gibt es viel Polizei und ziemlich viele Überwachungskameras. Sie vermitteln eine große gefühlte Sicherheit, die aber auch wirklich gegeben ist. Die tatsächliche Kriminalität ist sogar geringer als in vielen europäischen Großstädten. Selbst europäische Frauen bleiben ohne Begleitung völlig unbehelligt.
Von Reisen in die Region Bergkarabach wird dringend abgeraten. Auch die Gebiete, die unmittelbar an der Grenze zu Bergkarabach liegen, wie die Bezirke Agdam, Füsuli, Dschabrayil, Sangilan, Kubadli, Ladschin und Kalbadschar sollten gemieden werden.
Mit dem aserbaidschanischen Touristenvisum ist es gar nicht möglich, in das Gebiet Bergkarabach zu reisen, da dieses von Armenien verwaltet wird. Wer einmal von Armenien aus nach Bergkarabach eingereist ist, erhält anschließend auch kein Touristenvisum für Aserbaidschan.
In allen anderen Gebieten Aserbaidschans ist die Sicherheitslage außerordentlich gut, es gibt nur wenig Kriminalität.
Touristen sollen sich jederzeit ausweisen können, also immer den Reisepass oder zumindest eine Kopie davon bei sich haben.

Hygienische Verhältnisse

Nicht überall in Aserbaidschan sind die hygienischen Verhältnisse so wie in Europa. Baku ist zwar sehr modern, aber in den abgelegenen, kleinen Ortschaften findet man nicht immer den gewohnten Standard. Es ist deshalb ratsam, das Trinkwasser in Flaschen zu kaufen. Eiswürfel sollten gemieden werden, denn diese werden oft aus Leitungswasser hergestellt.

Verhaltensregeln und Umgangsformen

Begrüßung

Die Männer begrüßen sich mit einem Handschlag, küssen sich auf die Wangen sowie mit dem Wort „Salaam". Frauen begrüßen sich mit einer Umarmung und Wangenküssen. Frauen und Männer begrüßen sich in der Regel nicht mit Handschlag, weil muslimische Frauen fremde Männer laut Tradition nicht berühren dürfen. Das gilt jedoch nicht für Touristen.

Kleidung

Man kleidet sich zwar eher leger, allerdings werden Flipflops und zu legere Kleidung als respektlos betrachtet.

Anrede

Menschen gleichen Alters sprechen sich in der Regel mit dem Vornamen an, während man die Personen bei größerem Altersunterschied oder bei Respektspersonen mit „Bey" (Herr) bzw. „Hanum“ (Frau) und dem Nachnamen anspricht.

Einladung

Wer eingeladen wird, sollte zunächst ablehnen, bevor man schließlich zusagt. Üblich ist es, ein kleines Geschenk mitzubringen, wie zum Beispiel einen Blumenstrauß oder Pralinen. Am besten wäre es natürlich, wenn das Geschenk einen Bezug zum Gastgeber hat. Beim Betreten von Privathäusern ist es angebracht, die Schuhe auszuziehen.

Moschee

Beim Betreten einer Moschee müssen die Schuhe ausgezogen werden, Knie und Schultern sollen bedeckt sein und Frauen müssen ein Kopftuch tragen.

Fotografieren

Fotografieren kann man fast überall, jedoch nicht in Moscheen, in der Metro und in öffentlichen Gebäuden. Ansonsten gibt es keine Einschränkungen. Natürlich sollte man fragen, bevor man Menschen fotografiert. Es ist verboten, militärische Anlagen zu fotografieren.

Als Fußgänger

Die Fußgängerunterführungen in Baku sollte man benutzen, auch wenn sie teilweise recht weit voneinander entfernt sind.

Essen

Beim Essen am Tisch sollte man, wie hierzulande auch, die Ellenbogen nicht auf die Tischplatte stützen und die Hände sollten darauf ruhen. Das Essen wird nur mit der rechten Hand berührt, so wie in allen anderen muslimischen Ländern auch.

Trinkgelder

Die Trinkgelder sind generell kein Muss. In großen Städten, Hotels und Restaurants wird jedoch empfohlen, etwa 10 % des Rechnungsbetrages Trinkgeld zu geben, sofern auf der Rechnung keine Servicegebühr ausgewiesen ist. Auf geführten Reisen oder Touren erhält der Reiseleiter und der Fahrer natürlich auch ein Trinkgeld. Diese Personen sind oft darauf angewiesen. Im persönlichen Ermessen liegen normalerweise 1-2 Euro pro Reiseteilnehmer und Tag für den Fahrer und 2-3 Euro pro Reiseteilnehmer und Tag für den Reiseleiter.

Medizinische Versorgung

Ärzte und Krankenhäuser

In Baku gibt es viele gut qualifizierte Ärzte, die auch Englisch und zum Teil Deutsch sprechen. Die Krankenhäuser entsprechen zwar nicht den europäischen Standards, sind aber modern.
Auf der Internetseite der Deutschen Botschaft in Baku kann man die aktuellen Empfehlungen für deutschsprachige Ärzte in Baku und Aserbaidschan als PDF abrufen:
www.baku.diplo.de
Die hier abrufbare Liste ist gegliedert für Ärzte und Krankenhäuser sowie für die einzelnen Fachrichtungen.

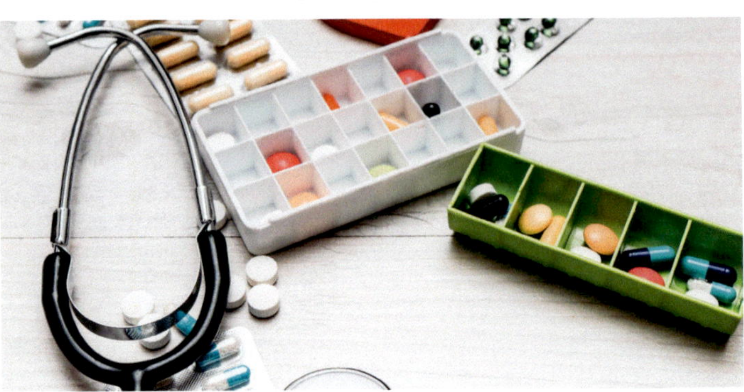

Bezahlung

Alle Medikamente und Behandlungen müssen vor Ort selbst und bar bezahlt werden. Erst nach der Rückreise kann man diese Kosten bei seiner Reisekrankenversicherung geltend machen und die Kostenübernahme klären.

Apotheken

Apotheken sind mit dem Schild: "Aptek" gekennzeichnet. Sie sind in Baku zahlreich und auch recht gut sortiert. Auch in anderen kleineren Städten ist die medizinische Versorgung über die Apotheken gut, wenngleich das Sortiment dort nicht ganz so umfangreich ist. Die Apotheken sind in Baku häufig auch 24 Stunden geöffnet.

Notrufnummern in Aserbaidschan

Polizei:	102
Feuerwehr:	101
Krankenwagen:	103
Fundbüro in Baku:	5909191

Tourist-Information

Baku Tourism Information Center
Uzeyir Hajibeyov Street 70, AZ 1101 Baku, Azerbaijan

Telefon / Internet: Telefon: +994 12 498 12 44
E-Mail: info@bakutourism.az

Öffnungszeiten:

Montag bis Freitag:	09:00 - 18:00
Samstag, Sonntag:	11:00 - 16:00

Geld und Reisekasse

Die Landeswährung ist der neue aserbaidschanische Manat (AZN). Sowohl in Baku als auch in kleineren Städten und auf dem Land ist die Geldversorgung problemlos am Geldautomaten möglich. Zu beachten ist, dass bei vielen Banken nur geringe Beträge (200 AZN) in einem Vorgang abgehoben werden können. Die einfachste Möglichkeit ist es, sein Geld an Wechselstuben im Flughafen, in Baku oder den anderen größeren Städten zu tauschen. Die Wechselkurse unterliegen allerdings zum Teil recht großen Schwankungen. Deshalb lohnt es sich, Kurse zu vergleichen.

Devisen können von Ausländern in unbegrenzter Höhe eingeführt werden. Diese müssen beim Zoll deklariert werden.

Der Verbleib der Devisen muss bei der Ausreise nachgewiesen werden. Ansonsten sind bei Ein- und Ausreise keine Zolldeklarationen mehr auszufüllen.

Kreditkarten werden in großen Hotels und Restaurants meist akzeptiert. In kleineren Geschäften und Lokalen sollte man jedoch die lokale Währung bei sich haben.

Die Einfuhr und Ausfuhr der lokalen Währung „Manat" bzw. AZN ist verboten. Deshalb kann man nicht schon im Vorfeld der Reise die Landeswährung eintauschen. Das Reisebudget muss allerdings nicht besonders groß bemessen werden.

Einkaufen

Die Möglichkeiten zum Einkaufen sind sehr vielfältig. Es gibt große und kleine Supermärkte, Shopping Malls und Märkte (Basare).

Supermärkte öffnen überwiegend montags bis samstags von 8.00 bis 23.00 Uhr. Einige größere Supermärkte sind täglich rund um die Uhr geöffnet. Alle anderen Geschäfte öffnen montags bis samstags meist von 10.00 bis 22.00 Uhr.

In kleineren Läden kann man nur mit Bargeld bezahlen, denn Kreditkarten werden normalerweise nur in besseren Restaurants, Geschäften und Hotels akzeptiert.

In Baku gibt es mehrere Shopping-Malls und Märkte, insbesondere im Gebiet der Neustadt. Hier werden auch internationale Markenkleidung und Schuhe angeboten. In der Altstadt gibt es viele Souvenirläden und auch einige Kunsthandwerks- sowie Teppichgeschäfte.

Zu den bekanntesten Malls gehört die Port Baku Mall. Sie ist die älteste und luxuriöseste Mall in der Stadt. Hier sind die Geschäfte der internationalen Weltmarken vertreten.

Die Ganjlik Mall ist eines der neuesten Einkaufszentren in Baku. Sie ist die größte Mall mit mehr als 150 Geschäften der verschiedenen Preiskategorien sowie auch Restaurants und Cafés auf einer Fläche von ca. 55.000 m².

Die Park-Bulvar-Shopping-Mall mit einer Verkaufsfläche von ca. 17.000 m² ist ein echtes Denkmal der modernen Architektur. Direkt im Gebäude befindet sich außerdem ein Planetarium.

Die schönste Einkaufsstraße der Stadt ist die 3,5 km lange Nizami Street. Die Straße ist gesäumt von vielen schönen Gebäuden aus dem späten 20. Jahrhundert.

In der Neftchilar Avenue, in der Nähe des Baku-Boulevard, sind die berühmtesten Marken der Welt in Edelboutiquen vertreten.

Der Central Store ist das älteste Kaufhaus in Baku und wurde bereits 1961 eröffnet. Angeblich kann man hier auf über vier Etagen den besten Schmuck in der Stadt kaufen.

Wer gerne mit authentischem und orientalischem Flair einkaufen möchte, geht am besten in einen Basar. Der älteste Markt ist der Taza Basar, zwischen der Nizami Street und der 28.Mai-Metro Station.

Der Yashil Basar (Grüner Markt) von Baku ist der größte Basar der Stadt und wird besonders für das Einkaufen von Obst und Gemüse, aber auch von Fleisch- und Milchprodukten empfohlen.

Der Nasimi-Basar ist nach dem berühmten aserbaidschanischen Dichter und Mystiker Imamaddin Nasimi benannt. Der Nasimi-Basar zählt zu den berühmten Basaren in Aserbaidschan. Er befindet sich im zentralen Teil der Stadt-Azadlig Avenue.

Öffnungszeiten

Die meisten Geschäfte und Supermärkte haben täglich von 9:00 Uhr bis 21:00 Uhr, teilweise sogar bis 22:00 Uhr, geöffnet. Alle anderen Geschäfte haben normalerweise bis 19:00 Uhr geöffnet. Läden mit dem Schild „24Чaca“ sind rund um die Uhr geöffnet.

Banken und Verwaltungen sind samstags und sonntags zwar geschlossen, haben aber an den Wochentagen üblicherweise zwischen 10:00 Uhr und

17:00 Uhr geöffnet. Wechselstuben sind oft auch später noch geöffnet. An touristisch interessanten Orten sind Wechselstuben oft leicht zu finden. Auch Museen sind zwischen 10:00 Uhr und 17:00 Uhr bzw. 18:00 Uhr geöffnet. Restaurants gestalten ihre Öffnungszeiten nach Belieben, sind aber oft bis spät in die Nacht geöffnet.

Unterkünfte

In Baku gibt es eine sehr große Auswahl an Hotels in allen Preisklassen. Über die bekannten Suchmaschinen im Internet, wie zum Beispiel www.booking.com oder www.hrs.com, ist das Buchen überhaupt kein Problem. Auch in Sheki, Ganja, Quba, Lenkoran oder anderen Städten sind Hotels in allen Kategorien buchbar. In kleineren Hotels ist der Standard manchmal etwas einfacher. Es kommt auch vor, dass man das Badezimmer mit anderen Gästen teilen muss.
Auch über „Airbnb" kann man aus einer großen Auswahl von kleinen und großen, aber meistens günstigen Wohnungen, wählen.

Kommunikation und Internet

Die internationale Vorwahl für Aserbaidschan ist +994 oder 00 994. Um nach Deutschland zu telefonieren, muss die +49 oder 0049 vorgewählt werden. Handyempfang ist in fast allen Gebieten verfügbar. Es gibt Roamingverträge mit über 300 verschiedenen Anbietern auf der ganzen Welt.
Da Aserbaidschan außerhalb der EU liegt, sind die Kosten sowohl für Mobile Daten oder auch Telefonie meist recht hoch. Es empfiehlt sich, das Handy nur im Flugmodus zu betreiben und lediglich die GPS-, Bluetooth- und WLAN-Funktion zuzulassen. So kann man sich vor den empfindlich hohen Kosten der Mobilfunkbetreiber schützen.
WLAN-Verbindungen gibt es in vielen Hotels und einigen Restaurants, vor allem in Baku. Meist ist das für die Kommunikation und Recherche vor Ort ausreichend.

Wer auch unterwegs nicht auf den Handyempfang verzichten will, für den empfiehlt sich eine Prepaid-Karte. Diese erhält man u.a. gleich am Flughafen oder in Supermärkten bzw. Kiosken.

Navigation

Die Eingabe der Adressdaten in ein Navigationssystem ist in Aserbaidschan nicht immer einfach, weil manchmal die Straßennamen nicht bekannt, die Straßenschilder fehlen oder auch einfach nur die benötigten Buchstaben auf der Tastatur nicht zur Verfügung stehen. Deshalb kann es sinnvoll sein, das gewünschte Ziel einfach per Koordinate einzugeben. Um sich trotzdem schnell zurecht zu finden und die gewünschten Sehenswürdigkeiten oder die Wegpunkte schnell ansteuern zu können, sind hier im Reiseführer die geographischen Koordinaten in den kleinen grauen Kästchen in drei verschiedenen Schreibweisen angegeben.

zum Beispiel:

Villa Petrolea 40°22'48.2"N 49°53'37.6"E 40.380052, 49.893763 9VJV+2G Baku	

Name Grad Minuten Sekunden Dezimalgrad Plus Codes	Geo-Position QR Code

Je nachdem, welches Navigationssystem man verwendet, ist es mit der einen oder der anderen Angabe möglich, diese Punkte einzugeben und somit das Ziel zu finden. Mit dem QR Code wird die Eingabe vereinfacht.

Transport und Verkehr

Flugzeug

Der größte Flughafen des Landes ist der internationale Flughafen von Baku, Heydar Aliyev (IATA-Code: GYD). Der Flughafen wurde erst 1999 modernisiert und 2004 nach dem ehemaligen Präsidenten Aserbaidschans, Heydar Aliyev, umbenannt. Er ist der einzige bedeutende internationale

Verkehrsflughafen in Aserbaidschan und liegt 15 km östlich der Hauptstadt. Fast alle internationalen Verbindungen enden hier.
Verbindungen aus Frankfurt/Main, Wien, Zürich, Paris oder Moskau sind für Touristen besonders interessant. Die kleineren Flughäfen in Ganja, Zaqatala und Lenkoran sind Regionalflughäfen und spielen für Touristen kaum eine Rolle.

Straßenverkehr

Die meisten Touristen bewegen sich innerhalb von Aserbaidschan mit Bus oder Auto, d.h. hier mit Taxi, Mietwagen oder Limousine mit Fahrer, die von vielen Agenturen angeboten werden. Die Straßen in Aserbaidschan sind insgesamt recht gut. Zwischen den größeren Städten gibt es Autobahnen. In ländlichen Regionen führen die Wege durch viele Dörfer, deshalb muss man hier mit längeren Fahrzeiten rechnen. Es wird, wie in Mitteleuropa auch, auf der rechten Straßenseite gefahren. Im Straßenverkehr gilt absolutes Alkoholverbot (0,0 Promille).

Abb. 252: verschiedene Taxis in Baku

Taxi

Taxis sind sehr beliebt und recht günstig. Es gibt sehr viele Taxis, so dass man nie länger warten muss. Diese werden sowohl von Firmen als auch von Privat angeboten. Die Black-Cabs, die man aus London kennt, sind hier lila. Sie werden deshalb auch „Auberginen" genannt.
Die Firmentaxis sind weiß oder gelb und an dem offiziellen Taxi-Schild zu erkennen. Deren Fahrer haben normalerweise gute Englischkenntnisse und kennen Baku sehr gut.
Die alternativen Privattaxis verfügen über keinen Taxameter, d.h. man sollte den Fahrpreis vor Fahrtantritt aushandeln. Die Konversation wird dabei schwierig werden, denn fast keiner der Fahrer spricht Englisch. Eine Fahrt innerhalb Bakus sollte nicht mehr als 15 AZN kosten, zahlbar immer in Manat und nicht in Euro oder US-Dollar.

Es ist in Baku auch möglich, Taxis über Apps via Smartphon zu buchen. Die beliebtesten Apps sind "Bolt Taxi", "Uber Taxi", "Utap Taxi", "Etaximo" und "Omega Taxi".

Mietwagen

Abb. 253: ein komfortabler SUV als Mietwagen

Auch der Mietwagen ist eine günstige Art der Fortbewegung, insbesondere für Touristen, die ihre Unabhängigkeit lieben und auch unterwegs gerne spontane Entscheidungen treffen möchten.
Alle großen Mietwagenunternehmen sind vertreten. Über die entsprechenden Internet-Portale können die Mietwagen vorgebucht werden. Direkt am Flughafen kann das Auto rund um die Uhr in Empfang genommen werden. Größere SUVs und Allrad Fahrzeuge sind relativ günstig. Das Tankstellennetz ist sehr gut ausgebaut und sehr dicht. Die Preise für Benzin und Diesel sind landesweit einheitlich auf günstigem Niveau (Preise 2019: Normal 0,90 AZN, Super 1,50 AZN, Diesel 0,60 AZN). Mit einem Allradfahrzeug hat man die Möglichkeit, die Schotterpisten im Kaukasus oder in Qobustan problemlos zu bewältigen. Ein internationaler Führerschein wird zwar immer wieder empfohlen, ist aber nach unserer Erfahrung nicht notwendig.

Zug

Abb. 254: Metro Station in Baku

Zugverbindungen gibt es zwischen den meisten größeren Städten. Für die Urlaubsreise sicherlich nicht die komfortabelste Art zu reisen.

Metro

In Baku gibt es ein gutes Metrosystem, das einzige U-Bahn-System Aserbaidschans. Der erste Abschnitt ist seit 1967 in Betrieb.
Auf einem Streckennetz von insgesamt 36 km werden 4 Linien und 25 Stationen betrieben. Eine Fahrt ist sehr günstig und kostet streckenunabhängig 0,20 AZN, ebenso wie Bustickets.

Informationen im Internet

Geschichte/ Kultur

www.socar.de
www.branobelhistory.com
www.azer.com

aktuelle Nachrichten/ Wetter

www.azerbaijan.az (in Englisch)
www.azertag.az/de

allgemeine Informationen zu Aserbaidschan

www.laender-lexikon.de/Aserbaidschan
www.goruma.de/laender/asien/aserbaidschan
www.azerb.com

allgemeine Informationen/ Reiseinformationen

www.goruma.de/laender/asien/aserbaidschan
www.asien.net/aserbaidschan
www.lonelyplanet.com/azerbaijan

allg. Informationen/ Reisetipps/ Sehenswürdigkeiten

www.travellersarchive.de/reiseziel/aserbaidschan
www.derreisefuehrer.com/guides/asien/aserbaidschan

Tourismusinformationen/ Touren/ Hotels

www.azerbaijantourism.az
www.azerbaijan.travel/en/azerbaijan
www.discoverazerbaijan.az
www.bakucard.az (→S.114)

Nationalparks

https://nationalparks.az/	Überblick/ Touren	
https://e-xidmet.eco.gov.az	Tickets kaufen	(→S.64)
www.eco.gov.az	Nationalparks	(→S.64)

Visum/ Medizinische Versorgung

www.evisa.gov.az	Visum/ Visa	(→S.229)
www.baku.diplo.de	Ärzte und Krankenhäuser	(→S.234)

Gesetzliche Feiertage

1.- 2.	Januar	Neujahr
20.	Januar	Volkstrauertag (Tag der Märtyrer)
8.	März	Internationaler Frauentag
20.-21.o. 21.-22.	März	Novruz Bayram Frühlingsfest
11.	Mai	Tag des Sieges über den Faschismus
28.	Mai	Tag der Republik (das Ende des 2. Weltkrieges im Mai 1945)
15.	Juni	Tag der nationalen Rettung (Erinnerung an die Wahl von Heydar Aliyev zum Vorsitzenden des Obersten Sowjets in Aserbaidschans im Jahr 1993)
26.	Juni	Tag der Streitkräfte
20.	September	Tag des aserbaidschanischen Ölarbeiters
18.	Oktober	Tag der Unabhängigkeit
09.	November	Flaggentag
12.	November	Tag der Verfassung
17.	November	Tag der nationalen Auferstehung (Erinnerung an Studentenproteste gegen Russlands Politik im Jahre 1988)
31.	Dezember	Tag der Solidarität der Aserbaidschaner in aller Welt

Neben den festen Feiertagen gibt es auch islamische, bewegliche Feiertage, die vom Mondkalender abhängig sind. Diese sind das zweitägige islamische Opferfest, (Qurban bayrami) und das dreitägige islamische Fest des Fastenbrechens, im Anschluss an den Ramadan (Ramazan bayrami).

	Opferfest Qurban bayrami	Fest des Fastenbrechens Ramazan bayrami
2022	09. – 11. Juli	02. – 04. Mai
2023	28. – 30. Juni	21. – 23. April
2024	16. – 18. Juni	10. – 12. April
2025	06. – 08. Juni	30. März – 01. April
2026	27. – 29. Mai	20. – 22. März
2027	16. – 20. Mai	09. – 11.März

Zollbestimmungen

Obst und Gemüse sowie aserbaidschan-kritische Texte dürfen nicht importiert werden. Einige Waren können nur in beschränktem Umfang bzw. nur mit der Genehmigung des Kulturministeriums ausgeführt werden. Dazu gehören:

- Kaviar (höchstens 125 g)
- Alkoholische Getränke (höchstens 3 l)
- Lebensmittel bis max. 10 Kilo (jedoch kein Stör)
- Bargeld (kostenlose Ausfuhr von max.10.000,- US-$
- Waren/ Gegenstände im Wert von max. 1.500 US-$, für jedes nicht volljährige Kind zusätzlich Waren im Wert von 500 US-$
- Antiquitäten, Kunstgegenstände, alte Teppiche u.ä. nur mit entsprechender Genehmigung des Kulturministeriums
  Zigaretten (höchstens 600 Stück)

Diplomatische Vertretungen

Deutsche Botschaft

Straßenanschrift
Baku ISR Plaza, Nizami Str. 69,
1005 Baku, Azerbaijan

Telefon / Internet

Telefon: +994 12 465 41 00
Fax: +994 12 465 41 28
E-Mail: info@baku.diplo.de
Webseite: http://www.baku.diplo.de

Postadresse
Botschaft der Bundesrepublik Deutschland,
P.O. Box 28/29, AZ 1005 Baku, Aserbaidschan

Öffnungszeiten

Montag bis Donnerstag:	08:30 - 12:30 Uhr und 13:15 - 16:00 Uhr
Freitag	08:30 - 14:00 Uhr

Außerhalb der Öffnungszeiten hat die Botschaft für dringende Notfälle (keine Visaangelegenheiten) einen Bereitschaftsdienst eingerichtet. Dieser ist für deutsche Staatsangehörige unter der Mobilfunknummer +994 - (0)50 243 01 24 telefonisch und per SMS erreichbar.

Österreichische Botschaft

Straßenanschrift
Landmark III, 7. Stock, 90A Nizami Street
1010, Baku; Azerbaijan

Telefon / Internet
Tel.: +994 12 465 9933
Fax: +994 12 465 9994
E-Mail: baku-ob@bmeia.gv.at
Webseite: https://www.bmeia.gv.at/oeb-baku/

Öffnungszeiten
Montag bis Freitag 09:00 - 17:00 Uhr
Nur außerhalb der Öffnungszeiten kann die Notrufnummer gewählt werden: +994 77 277 0071

Schweizer Botschaft

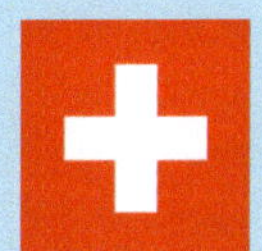

Straßenanschrift
Icheri Sheher (Old City)
Böyük Qala Street, N° 9,
1004 Baku, Azerbaijan

Telefon / Internet
Zentrale +994 12 437 38 50
E-Mail: baku@eda.admin.ch
E-Mail: baku.visa@eda.admin.ch (in Visaangelegenheiten)
Webseite: https://www.eda.admin.ch/baku

Öffnungszeiten
Montag bis Donnerstag 08.30 - 13.00 und 13.45 - 17.30
Freitag 08.30 - 13.00 und 13.30 - 16.00

Sprachführer Aserbaidschanisch

Aserbaidschan

Aserbaidschanisch ist dem Türkischen sehr verwandt und wird weltweit von ca. 20 bis 30 Mio. Menschen gesprochen, die vor allem in Aserbaidschan, dem Iran, im Irak und in der Türkei leben. Außerdem gibt es auch kleinere Gruppen, die in Georgien, Russland, der Ukraine, Armenien, Kasachstan und Syrien leben.

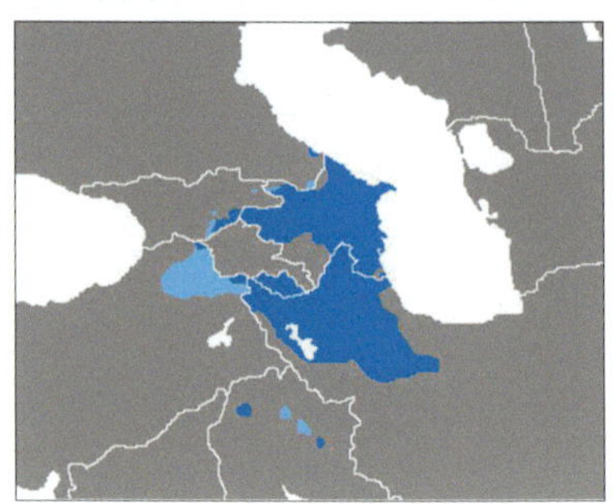

Abb. 255: Weltweite Verbreitung der aserbaidschanischen Sprache

Aserbaidschanisch ist eine Turksprache und innerhalb dieser Sprachfamilie neben dem Türkischen eine der größten Sprachen.

Seit 1992 wird aserbaidschanisch mit dem türkischen Alphabet in lateinischen Buchstaben geschrieben. Zuvor wurde sowohl das arabische als auch das kyrillische Alphabet verwendet.

Alphabet und Aussprache

Aserbaidschan	Aussprache mit deutschen Buchstaben	
A a	A a	
B b	B b	
C c	Dsch dsch	(wie in Dschungel)
Ç ç	Tsch tsch	(wie in Tschüss)
D d	D d	
E e	E e	
Ə ə	Ä ä	(wie in Ähre)
F f	F f	
G g	wie „gj"	
ğ gh	wie das deutsche „r"	
H h	H h	
X x	Ch ch	(wie in Koch)
İ i	I i	(wie in Sinn)
J j	J j	(wie in Journal)
K k	fast wie „kj"	
Q q	wie deutsches „g"	
L l	L l	
M m	M m	
N n	N n	
O o	O o	(wie in Kost)
Ö ö	Ö ö	(wie in können)
P p	P p	
R r	R r	(wie ein süddeutsches r)
S s	S s	(wie in Riss)
Ş ş	Sch sch	(stimmlos)
T t	T t	
U u	U u	(wie in Mutter)
Ü ü	Ü ü	
V v	V v	
Y y	Y y	(wie in Jacke)
Z z	S s	(wie in Sommer)

Die wichtigsten Worte für die Reise

Deutsch	English	Aserbaidschan
Hallo	Hello	Salam
Guten Tag	Good day	Salam
Auf Wiedersehen	Good bye	Hələlik
Tschüss	bye bye	Hələlik
Ja	Yes	Bali
Nein	no	Xeyr
Danke (Dir)	Thank you	Sag ol
Danke (Ihnen)	Thank you	Sag olun
Bitte (Du)	please	Buyur
Bitte (Sie)	Please	Buyurun
Prost!	Cheers!	Saglığına!
Entschuldigung	excuse	Bağışlıyın
Hilfe	help	Kömək edin
Toilette	Toilet	Tualet
Eingang	entry	Giriş
Ausgang	exit	Çıxış

Zahlen

eins	one	bir
zwei	two	iki
drei	three	üç
vier	four	dörd
fünf	five	beş
sechs	six	alti
sieben	seven	yeddi
acht	eight	səkkiz
neun	nine	doqquz
zehn	ten	on

Wochentage

Montag	Monday	bazar ertəsi
Dienstag	Tuesday	çərşənbə axşamı
Mittwoch	Wednesday	çərşənbə
Donnerstag	Thursday	cümə axşamı
Freitag	Friday	cümə
Samstag	Saturday	şənbə
Sonntag	Sunday	bazar

Allgemeine Vokabeln für Touristen

Deutsch	English	Aserbaidschan
Abendessen	Dinner	Şam yeməyi
Altstadt	old town	Köhnə şəhər
Autovermietung	Car rental	Avtomobil kirayəsi
Bahnhof	train station	Qatar stansiyası
Bahnsteig	platform	Platforma
Berg	mountain	Dağ
Burg	Castle	Qala
Bus	bus	Avtobus
Kaffee	coffee	Qəhvə
Denkmal	monument	Abidə
Einkaufen	shopping	Alış-veriş
Essen	food	Yemək
Flugzeug	plane	Təyyarə
Fluss	river	Çay
Frühstück	breakfast	Səhər yeməyi
Haltstelle	station	Dayan
Gleis	platform	İzləmə
Kaufhaus	department store	Mağaza
Kellner	waiter	Ofisiant
Kirche	church	Kilsə
Markt	market	Bazar
Mittagessen	lunch	Nahar
Moschee	mosque	Məscid
Museum	museum	Muzey
Parkplatz	parking	Park çoxdur
Polizei	police	Polis
Rathaus	town hall	Şəhər meriyası
Rechnung	invoice	Bill
Restaurant	restaurant	Restaurant
Rezeption	reception	Qəbul
Sauna	sauna	Sauna
Souvenir	souvenir	Suvenir
Taxi	taxi	Taksi
Tee	tea	çay
Touristeninformation	Tourist Information	Turist haqqında məlumat
Trinken	drink	İçməli
Zug	train	Qatar
Zentrum	center	Mərkəz

Anhang

Stichwortregister

Bildnachweis

Shutterstock - ID: 255729355:
Foto Seite 2: Registerkasten/ Frannyanne; **Foto Seite 6:** Flagge und Landumriss von Aserbaidschan/ esfera; **Abb. 8:** Reliefkarte/ S.25/ Schwabenblitz; **Abb. 11:** Karabagh-Pferd/ S.29/ ETIBARNAME; **Abb. 10:** Talish Berge, Yardimli Masalli/ S.27/ zef art **Abb. 12**: Ölindustrie/ S.32/ Ahmad Mukhtar Photo; **Abb. 13:** Erdölförderung vor der Küste bei Baku/ S.33/ aquatarkus; **Abb. 14:** Landwirtschaft in der Tiefebene, Traktor pflügt die Erde/ S.36/ Aleksandr Melnikov; **Abb. 15:** Baku Skyline/ S.37/ saiko3p; **Abb. 24:** Festtagstisch zum Novruz Rayram/ S.50/ alisafarov; **Abb. 26:** Plov/ S.52/ Perfectionist31; **Abb. 29:** Lavangi/ S.52/ Perfectionist31; **Abb. 35:** Ovdukh Suppe/ S.54/ Fanfo; **Abb. 36:** Kufta Bozbash/ S.54/ Nina Alizada; **Abb. 41:** Tandoori-Brot/ S.55/ Genc Subhan; **Abb. 42:** Gebratener Fisch Lavangi/ S.56/ turkan_design; **Abb. 44:** Shaker Churek Kekse/ usmee; **Abb. 49:** Sherbet/ S.57/ mirzamlk; **Abb. 56:** Historischer Bahnhof in Baku/ S.61/ Camrador; **Abb. 58:** Nizami Ganjavi/ S.62/ Javid Kheyrabadi; **Abb. 60:** Nationalpark Absheron/ S.66/ olegmorgun1311; **Abb. 61:** Absheron Nationalpark/ S.67/ olegmorgun1311; **Abb. 63:** Candycane Berge bei Khizi/ S.69/ Denis Sv; **Abb. 65**: Samur- Yalama Nationalpark – Kaspisches Meer/ S.71/ Aleksandr Melnikov; **Abb. 67:** Blick vom Bazardüzü/ S.73/ farcom; **Abb. 69:** Mount Kapaz im Göygöl Nationalpark, 3.065 m/ S.75/ MasyuraN; **Abb. 72:** Khanbulanchay See im Hirkan Nationalpark/ S.81/ Hasanov Mikayil; **Abb. 73:** Talysh Berge, Yardimli Masalli/ S.82/zef art; **Abb. 77:** Krater von Schlammvulkanen in Qobustan/ S.86/ Aleksandar Todorovic; **Abb. 78:** Zaqatala State Reserve/ S.87/ Pecold; **Abb. 79:** Baku bei Nacht/S.91/ Yevgeniy Ponomarenko **Abb. 83:** Palast der Schirwanschahs/ S.93/ saiko3p; **Abb. 84:** Palast der Schirwanschah/ S.93/ ETIBARNAME; **Abb. 98:** Gasim Bey Hamam am Rande der Altstadt/ S.99/ Alizada Studios; **Abb. 99:** Flaggenplatz neben der Christal- Hall (links im Bild)/ S.101/ Marina_Z; **Abb. 100:** Baku Eye/ S.101/ echo.agency; **Abb. 104:** Funicular Baku/ S.103/ ArtEvent ET; **Abb. 105:** Moschee der Märtyrer und Station der Seilbahn/ S.103/ Kononchuk Alla; **Abb. 106**: Baku vom Aussichtspunkt im Highland Park/ S.103/ Boris Stroujko; **Abb. 107:** Allee der Märtyrer/ S.104/ Aliaksei Putau; **Abb. 109:** Fernsehturm/ S.104/ Vastram; **Abb. 113:** Oper Baku/ S.107/ Kononchuk Alla; **Abb. 123:** Großer Keyraki Schlammvulkan bei Baku/ S.116/ maloff; **Abb. 127:** Stadt Sumgait/ S.118/ Sabir Babayev; **Abb. 128:** Masazir-See bei Sumgait/ S.119/ Bikomins; **Abb. 129:** Rahima-Khanum Moschee/ S.120/ President.az/ CC BY 4.0; **Abb. 131**: Große Mardakan-Festung aus dem 14. Jh. / S.121/ Shevchenko Andrey; **Abb. 133:** Museum in Gala/ S.122/ Na_Ta; **Abb. 137:** Diri Baba Mausoleum, 15. Jh./ S.125/ takepicsforfun; **Abb. 139:** Mausoleen auf dem Friedhof "Eddi Gyumbez"/ S.128/ Karasev Victor; **Abb. 140**: Gräber von Kelekhana, bei Shamakhi/ S.129/ Lyokin; **Abb. 141:** Astrophysikalisches Observatorium in Tusi / S.129/ UAphoto; **Abb. 142**: Weintraubenanbau bei Shamakhi/ S.130/ Photographer RM; **Abb. 149:** Chirag Gala Festung/ S.134/ Kirill Skorobogatko; **Abb. 150:** Chanlibel Stadtpark / S.136/ Vastram; **Abb. 152:** Ardabil-Moschee/ S.137/ tenkl; **Abb. 154:** Nizami Park/ S.138/ Vastram; **Abb. 155:** Straße im jüdischen Viertel/ 139/ tenkl; **Abb. 158:** Quba am Fluss / S.139/ tenkl; **Abb. 162:** Juma- bzw. Freitags- Moschee/ S.141/ Kirill Skorobogatko; **Abb. 161:** Xinaliq Dorf mit Blick von der Wanderung zum Hausberg/ S.141/ tenkl; **Abb. 164:** Laza / S.144/ Juraj Kamenicky; **Abb. 166:** Hängebrücke über den Girdmancay bei Lahic/ S.146/ Spumador; **Abb. 167:** Flusstal des Girdimancay und die Straße nach Lahic/ S.146/ alionabirukova; **Abb. 168:** Hauptstraße von Lahic/ S.147/ Nurlan Mammadzada; **Abb. 169:** Dorf Lahic am Flusstal des Girdimancay/ S.147/ Status; **Abb. 173:** Gabala Mountains/ S.153/ Mahmoud Ghazal; **Abb. 174:** Dorf Durca und der Berg

„Peygambarbulak"/ S.153/ Rolf G Wackenberg; **Abb. 175:** Mucug Wasserfall bei Laza/ S.154/ Nikolay253; **Abb. 177:** Sheki Altstadt/ S.156/ tenkl; **Abb. 185:** Sumuq-Gala/ S.161/ akimov konstantin; **Abb. 189:** Ruinen eines Turmes über Ilisu/ S.163/ akimov konstantin; **Abb. 193:** am Ortseingang von Zaqatala/ S.167/ Damian Pankowiec; **Abb. 212:** Baumwollfelder in Aserbaidschan/ S.179/ Elkhan Ganiyev; **Abb. 214:** Badestrand am Mingachevir Stausee/ S .180/ tour-de-segur; **Abb. 215:** Großer Schlammvulkan bei Salyan/ S.182/ Vastram; **Abb. 217:** Turm von Zindan – ein antikes Gefängnis/ S.184/ Karasev Victor; **Abb. 218:** Talysh Berge im Süden Aserbaidschans/ S.185/ Hasanov Mikayil; **Abb. 224:** Dadivank-Kloster in Bergkarabach/ Thomas Dekiere; **Abb. 225:** Stepanakert / Kirill Skorobogatko; **Abb. 226**: Monument "We Are Our Mountains"/ S.192/ Elena Galach'yants; **Abb. 227:** Ghazanchetsots Kathedrale von Shushi/ Martin Trabalik; **Abb. 229:** historische Bauten in Nachitschewan/ S.196/ Polad Gasimov; **Abb. 230:** Grab des Propheten Noah/ Eldar Farz/ S.196;
Foto Seite 204: Woman tourist travel by SUV car for road trip/ Blue Planet Studio; **Abb. 246:** Wüstenlandschaft und Berge in der Qobustan Region/ S.207/ Denis Sv; **Abb. 248:** Markt in Sheki/ S.212/ alionabirukova; **Abb. 245:** Souvenirstand in Baku/ S.205/ Madrugada Verde; **Abb. 249:** Verkaufsstand am Straßenrand, Obstkonserven und Lavashana, runde Scheiben aus getrocknetem Fruchtsirup/ S.222/ Vastram; **Abb. 250:** Großer Kaukasus bei Xinaliq, Rayon Quba/ S.226/ zef art; **Foto Seite 228**: Reiseutensilien/ Bohbeh; **Foto Seite 246 oben**: asiatische Frau mit verschiedenen Grußworten/ Syda Productions

Jens Tippmann:
Abb. 1: Großer Kaukasus bei Sheki/ S.5; **Foto Seite 4:** Zwischen Quba und Xinaliq; **Abb. 2:** Qobustan State Reserve/ S.8; **Abb. 3:** Candycane Berge/ S.8; **Abb. 9:** Schlammvulkane bei Qobustan/ S.26; **Abb. 32:** Guru Khingal/ S.53; **Abb. 47:** Sheki Halva/ S.57; **Abb. 53:** Teppichmuseum in Baku/ S.59; **Abb. 54:** Shebeke-Fenster/ S.60; **Abb. 57:** Nizami Mausoleum in Ganja/ S.62; **Abb. 59:** Schachspieler auf dem Boulevard in Baku/ S.63; **Abb. 75:** Schlammvulkan in Qobustan/ S.85; **Abb. 76:** Qobustan State Reserve/ S.86; **Abb. 80:** Baku Altstadt/ S.92; **Abb. 81:** Westtor zur Altstadt/ S.93; **Abb. 82:** Nordtor zur Altstadt/ S.93; **Abb. 85:** Eingangsportal des Mausoleums/ S.94; **Abb. 87:** Grab von Seyid Yahya Bakuvi/ S.95; **Abb. 91:** Qiz Qalasi oder Jungfrauenturm/ S.96; **Abb. 92:** der mittelalterliche Markt/ S.97; **Abb. 93:** Buchara Karanwanserei/ S.97; **Abb. 97:** historisches Haji Bani Hamam u. Straßenkaffee vor dem Jungfrauenturm/ S.99; **Abb. 101:** Caspian Waterfront Mall/ S.101; **Abb. 102:** Teppichmuseum/ S.102; **Abb. 103:** Klein-Venedig/ S.102; **Abb. 108:** Flame Towers/ S.104; **Abb. 110:** Blick vom Hilton/ S.105; **Abb. 111:** Fountains Square/ S.106; **Abb. 112:** Nizami Street bei Nacht/ S.106; **Abb. 114:** Nizami-Literaturmuseum/ S.107; **Abb. 116:** Regierungsgebäude links, Hochhäuser und Hotels der Neustadt/ S.109; **Abb. 117:** Heydar Aliyev Zentrum in Baku/ S.110; **Abb. 118:** Heydar Moschee/ S.111; **Abb. 121:** Bibi-Heybat-Moschee/ S.114; **Abb. 119:** im Garten der Villa Petrolea/ S.112; **Abb. 122:** Ölförderanlagen bei Baku/ S.115; **Abb. 124:** austretendes Erdgas am brennenden Berg/ S.116; **Abb. 125:** Brennender Berg und Visitor Center/ S.117; **Abb. 126:** Ateschgah - der Feuertempel/ S.117; **Abb. 130:** Pir Hesen Moschee/ S.120/ bearbeitet und freigestellt durch Eric Schulz; **Abb. 132:** Mir Movsum Aga Moschee/ S.121/ bearbeitet und freigestellt durch Eric Schulz; **Abb. 134:** Besh Barmag Dag/ S.122; **Abb. 135:** Straße zu den Candycane Bergen/ S.123; **Abb. 136:** Candycane Berge/ S.124; **Abb. 143:** Eingang zum Qobustan State Reserve/ S.131; **Abb. 144**: Visitor Center in Qobustan/ S.131; **Abb. 145**: im Qobustan / S.132; **Abb. 146**: Felszeichnungen in Qobustan/ S.132; **Abb. 147:** Schlammvulkane in Qobustan/ S.132; **Abb. 148:** großer Schlammvulkan in Qobustan/ S.133; **Abb. 157:** Heydar Aliyev Museum im Heydar Aliyev Park/ S.139; **Abb. 159:** Schlucht des Gudiyalchay/ S.140; **Abb. 160:** Tal

des Gudiyalchay/ S.140; **Abb. 163:** Hausberg bei Xinaliq/ S.142; **Abb. 178:** alte Khan-Moschee auf dem Festungsgelände/ S.157; **Abb. 179:** Sommerpalast des Khan innerhalb des Festungsgeländes in Sheki/ S.157; **Abb. 180:** Winterpalast des Khan in Sheki/ S.158; **Abb. 181:** alte Karawanserei in Sheki/ S.159; **Abb. 182:** kaukasisch-albanische Kirche/ S.159; **Abb. 183:** Büste Thor Heyerdahls/ S.160; **Abb. 184:** Wanderung zum Xan Yaylagi/ S.160; **Abb. 187:** historische Brücke über den Kurmuk/ S.162; **Abb. 188:** bei Ilisu/ S.163; **Abb. 196:** Rathaus am zentralen Platz/ S.170; **Abb. 197:** Heydar Aliyev-Denkmal/ S.171; **Abb. 198:** Grab von Javad Khan/ S.171; **Abb. 199:** Chokak Hamam/ S.171; **Abb. 201:** Ganja Philharmonie/ S.172; **Abb. 202:** Shah Abbas Karawanserei/ S.172; **Abb. 207:** Mausoleum von Nizami Ganjavi bei Ganja/ S.174; **Abb. 208:** Schwäbisches Siedlerhaus/ S.176; **Abb. 209:** St. Johannis Kirche/ S.178; **Abb. 210:** Viktor Klein Haus/ S.178; **Abb. 216:** Lenkoran/ S.184; **Abb. 222:** Strandboulevard und Grenzanlagen zum Iran im Hintergrund/ S.189; **Abb. 252:** verschiedene Taxis in Baku/ S.240; **Abb. 253:** ein komfortabler SUV als Mietwagen/ S.241; **Abb. 254:** Metro Station in Baku/ S.241; **Foto Seite 250**: Altstadt Baku

Gemeinfrei:
Seite 7: Flagge und Wappen; **Abb. 4:** eine schwäbische Familie in Helenendorf bei Ganja/ S.14; **Abb. 5:** Heydar Aliyev, 1997/ S.17; **Abb. 7:** Heydar Aliyev Denkmal in Quba/ S.18; **Abb. 16:** Lomonossow (1711 - 1765)/ S.38; **Abb. 17:** Ludwig Nobel (1831 - 1888)/ S.39; **Abb. 18:** Ölquellen der Brüder Nobel in Balakhani, einem Vorort von Baku/ S.40; **Abb. 21:** Alphonse Rothschild/ S.42; **Abb. 20:** Dmitri Mendelejew/ S.42; **Abb. 23:** N.A. Kudrjawzew (1893 - 1971)/ S.45; **Abb. 43:** Firni/ S.56/ Indian Food Images; **Abb. 50:** Briefmarke mit Aserbaidschanischen Tar/ S.58; **Abb. 51:** die Vorderseite der 1-ANZ Note: die Kamantsche/ S.58; **Abb. 52**: Briefmarke zum Epos "Dede Korkut"/ S.58; **Abb. 62:** Altiaghach Nationalpark/ S.67/ Interfase; **Abb. 74:** Zangazur National Park/ S.83/ Самый древний; **Abb. 88**: Murad Tor/ S.95/ Interfase; **Abb. 195:** Gamisdag im Murovdag/ S.169/ Самый древний; **Abb. 241:** Grabmal / S.201/ Sefer azeri from az.wikipedia.org; **Abb. 251:** Stecker Typ F/ S.231

Freepik.com - 2020-1359342:
Foto Seite 8: Straße im Gegenlicht/ Whatwolf/ 874694; **Foto Seite 10:** aserbaidschanische Flagge/ Natanaelginting/ 1353540; **Abb. 25:** Kuku/ S.51/ KamranAydinov/ 6022966; **Abb. 27:** Gara/ S.52/ KamranAydinov/ 6384518; **Abb. 28:** Dolma - gefüllte Weinblätter/ S.52/ azerbaijan_stockers/ 5017615; **Abb. 30:** Gurza Knödel/ S.52/ KamranAydinov/ 5938228; **Abb. 31:** Khangal/ S.53/ Stockking/ 7572170; **Abb. 33:** Piti mit Lamm, Kartoffeln, Kastanien und Erbsen/ S.53/ @stockking/ 6203842; **Abb. 34:** Dovga Suppe/ S.54/ KamranAydinov/ 6979456; **Abb. 37:** Dushbara Suppe/ S.54/ KamranAydinov/ 6979547; **Abb. 38:** gebratene Dushbara mit Sauce/ S.55/ stockking/ 6203934; **Abb. 39:** Qutab/ S.55/ KamranAydinov/ 6087622; **Abb. 40:** Lavash/ S.55/ azerbaijan_stockers/ 5447691; **Abb. 45:** Pakhlava/ S.56/ Balashmirzabey/ 5358044; **Abb. 46:** Shekerbura/ S.57/ Anikona/ 4247902; **Abb. 48:** schwarzer Tee/ S.57/ @elchinjavadov/ 3926077; **Foto Seite 64:** Berge des Großen Kaukasus/ @saiko3p/ 4712194; **Foto Seite 90:** Touristen suchen Sehenswürdigkeiten/ 1190520 **Foto Seite 229:** Deutscher Reisepass/ Grebeshkovmaxim/ 4836460; **Foto Seite 230 oben:** med. Spritze/ User12715979/ 6140148; **Foto Seite 233:** photographer-holding-the-camera/ Kirakun/ 6788033; **Foto Seite 234**: close-up-stethoscope-near-medication-organizers; **Foto Seite 235:** red_telephone/ zendograph/ 2352258; **Foto Seite 236:** aserbaidschanische Banknoten/ Johan111/ 6171970; **Foto Seite 238**: network-digital-hologram-internet-things-city-background-5g-network-wireless-systems; **Foto Seite 239:** mit dem Kompass auf der Straße/ Tortoon/ 1395808;

Wikimedia Commons:

Abb. 6: Ilham Aliyev, 2014/ S.18/ Claude Truong-Ngoc/ CC BY-SA 3.0; **Abb. 19:** Zarathustra bzw. Zoroaster/ S.41/ www.modellmix.su/products/359/index.htm/ CC BY-SA 3.0; **Abb. 22:** Branobel - Ölproduktion der Brüder Nobel in Baku / S.43/ F.Percy/ CC BY-SA 4.0; **Karte Seite 46**: auf der Basis von „Azerbaijan_ethnic_2003"/ Yerevanci / CC BY-SA 3.0/ zzgl. Bearbeitung von Jens Tippmann: Übersetzung und Änderungen der Anordnung von Legende und Layout; **Abb. 55:** / S.60/ Sefer azeri/ CC BY-SA 4.0; **Abb. 64:** Wald im Samur-Yalama N/ S.69/ HacıyevaGülnar / CC BY-SA 4.0; **Abb. 66:** Shahdag Nationalpark/ S.72/ David Uriarte/ CC BY-SA 4.0; **Abb. 68:** Göygöl-See im Nationalpark/ S.74/ Anarzey/ CC BY-SA 4.0; **Abb. 70:** Bienenfresser/ S.76/ Pierre Dalous/ CC BY-SA 3.0; **Abb. 71:** Shirvan Nationalpark/ S.78/ Dronqqo/ CC BY-SA 3.0; **Abb. 86:** Schah-Moschee/ S.95/ Ludvig14/ CC BY-SA 4.0; **Abb. 89:** Siniq Qala Moschee/ S.95/ Urek Meniashvili/ CC BY-SA 3.0; **Abb. 90:** Freitagsmoschee/ S.96/ Sefer azeri/ CC BY-SA 4.0; **Abb. 94:** Multani Karawanserei/ S.97/ Diego Delso/ CC BY-SA 4.0; **Abb. 95:** Miniaturbuchmuseum/ S.98/ Babək Akifoğlu/ CC BY-SA 4.0; **Abb. 96:** Aliagha Vahid Denkmal/ S.98/ Aabdullayev851/ CC-BY 4.0; **Abb. 115:** Nationalmuseum/ S.108/ Urek Meniashvili/ CC BY-SA 3.0; **Abb. 120**: Nationalstadion Baku-2015 / S.113/ Kremlin.ru/ CC-BY 4.0; **Abb. 151:** Skulpturenpark/ S.136/ Gulustan/ CC BY-SA 3.0; **Abb. 153:** Quba Genozide Memorial/ S.138/ Khalilov/ CC BY-SA 4.0; **Abb. 156:** Gilaki Synagoge/ 139/ Investigation11111/ CC BY-SA 4.0; **Abb. 165:** Shahdag Mountain/ S.144/ Murad Ahmadzade/ CC BY-SA 3.0; **Abb. 170:** auf dem Gipfel des Babadag/ S.150/ By Lyokin http://Lyokin.com/ GFDL; **Abb. 171**: Ruinen des alten Gabala/ S.151/ Emin Bashirov/ CC BY-SA 3.0; **Abb. 172:** Wasserfall "Yeddi Gozel"/ S.151/ Abu Zarr/ CC BY-SA 3.0; **Abb. 176:** Freizeitpark Gabaland/ S.155/ Gulustan - Own work/ CC BY-SA 3.0; **Abb. 186:** Juma (Ulu) Moschee/ S.162/ Interfase/ CC BY-SA 4.0; **Abb. 190:** Basarstraße in Qax/ S.164/ Tərxan Paşazadə/ CC-BY-SA-4.0; **Abb. 191:** St.-Georgs-Kirche/ S.164/ Paata Vardanashvili/ CC BY 2.0; **Abb. 192:** Kurmukhi Kirche/ S.165/ Giorgi Zedelashvili/ CC BY-SA 3.0; **Abb. 194:** öffentlicher Stadtpark in Balakan/ S.168/ Fmelikov/ CC BY-SA 3.0; **Abb. 200:** Shah Abbas- oder Juma- Moschee/ S.171/ Sefer azeri/ CC BY-SA 4.0; **Abb. 203**: Lutherische Kirche/ S.172/ Sefer azeri/ CC BY-SA 4.0; **Abb. 204:** Flaschenhaus/ S.172/ Kaukasischer Panda/ CC BY-SA 3.0; **Abb. 205:** Heydar Aliyev Park Komplex/ S.173/ President.az-CC BY 4.0; **Abb. 206:** Imamzadeh-Mausoleum/ S.174/ Sosialplus/ CC BY-SA 4.0; **Abb. 211:** Ortseingang Naftalan/ S.179/ AzerAlay/ CC BY-SA 4.0; **Abb. 213:** Mingachevir Staudamm/ S.180/ President.az/ CC BY 4.0; **Abb. 219:** Fluss Valesh bei Masalli/ S.186/ CC BY-SA 3.0; **Abb. 220:** Yardimli-Wasserfall/ S.186/ IbrZulya/ CC BY-SA 4.0; **Abb. 221:** Fontaine mit warmem Quellwasser bei Istisu/ S.187/ Məzahir Təhməzov/ CC BY-SA-4.0; **Abb. 223:** Gelände der Feuerquelle/ S.190/ Tərxan Paşazadə / CC BY-SA 4.0; **Abb. 228:** Grenzfluss Aras bei Culfa/ S.193/ M karzarj/ CC BY-SA 3.0; **Abb. 230:** Grab des Propheten Noah, links neben der Yezidabad-Burg/ S.196/ Sefer azeri/ CC BY-SA 4.0 **Abb. 231:** Innenhof der Yezidabad- Burg /S.196/ Elmanmika/ CC BY-SA 4.0; **Abb. 232:** Khan Palast/ S.197/ Araz Yaquboglu/ CC BY-SA 4.0; **Abb. 234:** Teehaus im hist. Hamam/ S.197/ Toghrul Rahimli/ CC BY-SA 4.0; **Abb. 236:** Kultisches Zentrum in Qarabaglar/ S.199/ Sefer azeri/ CC BY-SA 4.0; **Abb. 237:** Blick auf die Ortschaft Karki/ S.199/ Julian Nyča/ CC BY-SA 3.0; **Abb. 238:** Batabat See/ S.200/ Sefer azeri/ CC BY-SA 4.0; **Abb. 239**: Moschee in der Höhle/ S.200/ panoramio/ CC BY 3.0; **Abb. 240:** Ashabi-Höhle/ S.200/ Sefer azeri/ CC BY-SA 4.0**; Abb. 243:** Bahnhof in Culfa/ S.202/ Azerbaijaniboy/ CC BY-SA 4.0; **Abb. 244:** Juma- bzw. Freitagsmoschee/ S.203/ Sefer azeri/ CC BY-SA 4.0; **Abb. 255:** Weltweite Verbreitung der aserbaidschanischen Sprache/ S.246/ Fobos92/ CC BY-SA 3.0;

pixabay.com:

Abb. 138: Djuma-Moschee in Shamakhi/ S.127/ Makalu; **Abb. 242:** Ilandag - der Schlangenberg - Wahrzeichen von Nachitschewan/ S.201/ ilkin Qazi

Abbildungen Einband:
Abb. links oben: Besh Barmag Dag – Fünffingerberg; **Abb. rechts oben:** Baku Altstadt mit den Flametowers; **Abb. links unten:** Baku Heydar Aliyev Zentrum, Baku; **Abb. rechts unten:** Schlammvulkane bei Qobustan State Reserve

Abbildungen im Kapitel „Highlights und Reiseziele im Überblick" S.8 - S.13
Highlights von oben nach unten: **(1.)**: Abb. Einband rechts oben; **(2.)**: Abb. 189; **(3.)**: Abb. 2; **(4.)**: Abb. 9; **(5.)**: Abb. 139; **(6.)**: Abb. 3; **(7.)**: Abb. 134; **(8.)**: Abb. 161; **(9.)**: Abb. 167; **(10.)**: Abb. 177; **(11.)**: Abb. 189; **(12.)**: Abb. 200; **(13.)**: Abb. 241

Kartennachweis

Alle Karten sind eigene Arbeit auf Basis der Kartendaten: © OpenStreetMap – Mitwirkende
www.openstreetmap.org/copyright, CC BY-SA 2.0
Die Karten der Hauptkapitel im Abschnitt „Sehenswürdigkeiten" auf den Seiten 90, 115, 134, 168, 179, 183, 190, 193: sind eigene Arbeit durch Anpassungen der Markierungen auf Basis der Datei „Azerbaijan location map.svg" von: Uwe Dedering, Don-kun (CC BY-SA 3.0)

Hinweis

Alle Informationen wurden mit größtmöglicher Sorgfalt recherchiert oder auf Basis eigenen Erlebens zusammengestellt. Gleichwohl sind Fehler nie ganz auszuschließen. Alle Angaben erfolgen ohne Gewähr. Über Ihre Rückmeldung zum Buch, über Verbesserungsvorschläge oder Hinweise würde ich mich freuen.
Schreiben Sie bitte an: azerbaijan-travelguide@gmx.net

Impressum

Aserbaidschan Reiseführer
2. erweiterte Auflage, erschienen 06-2023
Text, Umschlaggestaltung und Layout: Jens Tippmann
ISBN: 978-3-96229-270-6
www.romeon-verlag.de

Bibliografische Information der Deutschen Nationalbibliothek:
Die Deutsche Nationalbibliothek verzeichnet diese Publikation in der Deutschen Nationalbibliografie; detaillierte bibliografische Daten sind im Internet über http://dnb.dnb.de abrufbar.

Notizen